D1711953

LA CHANSON
PREND SES AIRS

La réalisation de cet ouvrage a été rendue possible grâce à des subventions du ministère des Affaires culturelles du Québec et du Conseil des Arts du Canada.

Composition et montage : Constance Havard
Maquette de la couverture : Raymond Martin
Distribution : Diffusion Prologue

ISBN : 2-89031-173-2
Dépôt légal : B.N.Q. et B.N.C., 4e trimestre 1993
Imprimé au Canada

Collectif sous la direction de
Robert Giroux

LA CHANSON
PREND SES AIRS

Triptyque

Ainsi la chanson contient une expression réelle quoique indirecte de son public, puisqu'il y collabore et qu'elle le reflète. Elle se présente comme une combinaison de paroles et de musique, qui constituent les deux véhicules les plus importants du contenu culturel et émotionnel propre au groupe; elle a un interprète, qui la matérialise dans le présent, que ce soit sur scène ou en disque, et qui la projette dans le corps social en y rajoutant ce que sa personnalité a de direct et de vivant. Comme la vie même, la chanson marche et bouge, elle est toujours concrète et dynamique, elle avance au rythme même de son sens, de son temps (...). Et son réseau culturel est si dense que l'individu isolé, perdu, à vivre avec la chanson, se retrouve décidément en plein milieu de la tribu, où il peut se fondre tout en se retrouvant. Ainsi n'est-il nullement surprenant de constater que de nos jours, avec l'ubiquité des moyens de reproduction mécanique à la portée de tous, c'est dans les situations qui comportent le plus d'aliénation sociale et personnelle que la chanson atteint à sa plus grande popularité, à sa plus grande nécessité de tous les moments.

(Redjeb Jordania, «Boris Vian et la chanson», *Musique en jeu*, nº 30, mars 1978, p. 109)

Introduction

Robert Giroux

Il est facile de répondre à ceux qui se demandent pourquoi s'intéresser à la chanson populaire. Il y a belle lurette que les «chercheurs» anglo-saxons, et tout particulièrement les Américains, se sont penchés sur les pratiques culturelles de masse (à ne pas confondre avec les pratiques populaires de la culture). Il existe en effet toute une littérature en langue anglaise sur la chanson populaire, depuis la Deuxième Guerre mondiale surtout, depuis que le rock'n'roll s'est répandu à travers le monde comme une traînée de poudre dans les années 50, relayé par la beatlemania qui a dominé les années 60, une vague de fond que les modes successives des années 70 (new wave, punk, etc.) n'ont pas réussi à modifier en profondeur. Et pendant ce temps au Québec...

Nous interroger sur les raisons pour lesquelles nous nous penchons sur les manifestations populaires de la chanson, c'est comme nous demander pourquoi nous nous préoccupons de l'état de l'air que nous respirons. La chanson est tellement partout présente qu'elle fait partie de notre quotidienneté : à la radio, au cinéma, à la télévision, dans la publicité (et Dieu sait si celle-ci envahit notre train-train journalier), dans les journaux, les revues, dans les grands magasins, les ascenseurs, partout. Les nouilles ont leurs chansons, les bières leurs

9

musiques, les pétroles leurs rengaines à la hausse et les assemblées politiques leurs stars. Ces chansons et ces rythmes nous transmettent des slogans, des recettes, des valeurs, font passer de l'information, proposent de l'évasion, stimulent le réel, séduisent avec science et efficacité.

L'auditeur, même le plus distrait, enregistre, hausse la tête avec résignation ou s'empresse de fredonner, tout heureux de retrouver une familiarité, de répondre aux clins d'œil qui l'assaillent, d'adhérer à la génération à laquelle il participe, bien malgré lui sans doute, mais bien volontiers. La chanson est le vibromasseur de notre société urbaine, et les vibrations sont parfois si fortes qu'elles se répercutent, à travers les médias omniprésents, dans les coins les plus reculés de la terre. Certains s'en réjouissent, les plus jeunes surtout, d'autres s'en plaignent comme les victimes d'une prise d'assaut, d'une invasion. Un grand nombre jubile d'être au diapason du «big beat» anglo-américain de l'heure, le walkman aux oreilles ou pas; un aussi grand nombre d'auditeurs souffrent au contraire de se voir imposer des rythmes, une langue ou des valeurs qui leur sont totalement étrangères. Comme on le voit, la chanson a le don de provoquer des controverses, entre générations d'une même culture, entre cultures de pays trop grands (aux frontières artificielles) ou de pays trop à l'étroit (aux frontières poreuses), entre civilisations différentes, etc. Instrument de ralliement pour les uns — *La conquête des esprits* de Eudes, vous avez lu? —, cheval de Troie pour les autres, la musique populaire existe, agit, remplit des fonctions diverses de divertissement, d'identification, de propagande, de provocation. Nous avons donc toutes les raisons du monde de nous intéresser à elle, de la surveiller, de la bien connaître, d'en suivre l'évolution et les usages qu'on en fait.

Si le *pourquoi* des recherches sur la chanson se justifie aisément, que les raisons en soient sociales, politiques, idéologiques (esthétiques), technologiques ou économiques, notre propos tentera plutôt d'attirer l'attention du côté du *comment* en parler. S'il semble y avoir unanimité sur la nécessité même d'étudier la chanson dans ses multiples dimensions, les problèmes surgissent rapidement quand nous nous demandons comment nous allons nous y prendre.

C'est dire que nous essayons de nous situer en dehors de son champ de production afin de mieux l'observer, de faire en sorte qu'en étudiant l'arbre, ce dernier ne nous cache pas la forêt. Mais avant d'attaquer la question, nous aimerions ouvrir une longue parenthèse à propos de la jeunesse relative de la chanson québécoise, de l'ignorance que nous en avons et de la richesse de ses «variétés» de manifestations. Cette parenthèse est à lire comme l'expression d'opinions plutôt que comme un discour analytique objectif. Elle se refermera d'elle-même.

Contrairement à l'imprimé, la chanson populaire renvoie à ce qu'on pourrait appeler l'oralité, et cette oralité s'est trouvée d'une manière générale très peu valorisée par les institutions. Il faut ici admettre une exception du côté des folkloristes et/ou des ethnomusicologues qui traitent les produits musicaux ou chansonniers comme des éléments constitutifs d'un patrimoine régional ou national. Le folklore semble en effet avoir joui d'un privilège auprès des universitaires. Les variétés lyriques aussi d'ailleurs, l'autre pôle de l'échelle de valeurs que les musicologues plaquent sur le répertoire des bonnes voix (comme on dirait des belles formes). Le folklore d'une part et le chant lyrique d'autre part. Entre les deux, tout un éventail de produits qui échappent aux catégories de classement des philologues au sens large, qui ont été conséquemment mal conservés : le support qu'était le disque était bien fragile et sa matérialité bien peu noble; la qualité de reproduction vocale et musicale laissait aussi à désirer, bien inférieure qu'elle était, en différé, de la performance en direct comme lors d'un spectacle; la réputation ou la «distinction» sociale des différents intervenants étaient parfois mises en doute à cause, par exemple, des relations que l'on établissait avec le théâtre, les arts de la scène en général, associés qu'ils étaient au loisir, à l'affichage du corps, à l'exhibitionnisme, au plaisir.

Qu'on pense à La Bolduc et à ses tournées rurales, sa popularité semblant se ternir par le fait de côtoyer et de se nourrir du burlesque; qu'on se rappelle le Soldat Lebrun, son succès prenant de l'ombre du fait qu'on en faisait le précurseur de Willie Lamothe et du chanteur country-western qu'on connaît; et ces chanteurs de charme qui ne faisaient qu'imiter les «crooners» américains ou français à la mode; et de cette grande star Alys Robi, ne disait-on pas qu'elle avait perdu l'esprit, sorte de victime du milieu ou du système. Pour les intellectuels métropolitains d'avant les années 50, il n'y avait pas là de quoi se vanter, de quoi nourrir un discours idéologique d'appartenance et d'identité. Pour l'élite, je ne parle pas des fervents auditeurs de Fernand Robidoux mais de ceux que les sociologues appellent les définisseurs de situation, les porte-parole officiels de l'instance critique d'une couche dominante de la population, pour l'élite donc, cela illustrait et traduisait la pauvreté et l'état de domination de notre culture canadienne-française. On a alors vite fait d'ignorer «ça» et de se tourner vers le passé, le folklore, la «bonne chanson», ce versant populaire du répertoire lyrique, celui-là plus savant, plus étranger aussi — mais chapeau bas pour Lionel Daunais —, plus près des modèles de la grande culture, c'est-à-dire celle des voix d'opéra et des musiciens d'orchestre.

Pour toutes ces raisons et bien d'autres, la chanson populaire québécoise est mal connue; sa mémoire gravite autour d'un creux nébuleux, le contour étant constitué d'un amalgame de *La bonne chanson* d'autrefois de l'abbé Gadbois et du répertoire que proposait avec brio le Trio lyrique. Elle apparaît si jeune et elle est si mal re-connue, si peu valorisée, qu'il faut être un peu familier avec les vieilles cultures (européennes) pour réussir à imaginer correctement ce que c'est que la musique en feuilles, la chanson de rue, les spectacles populaires, les tréteaux des troupes itinérantes, les débuts du disque, de la radio, etc. Ces éléments culturels ont été si mal conservés par la mémoire sociale ou les institutions, si peu valorisés et si peu étudiés jusqu'à ces vingt dernières années, que nous sommes prisonniers d'une petite banque de témoignages que les historiographes répètent les yeux fermés... De la chanson populaire québécoise d'avant l'ère de la télévision, même ceux de la génération des «chansonniers» n'en ont guère qu'une image partielle, floue et déformée.

La situation semble vouloir changer. D'abord, les interventions de l'État commencent à porter fruit. Les programmes de subventions montrent que l'État a compris les enjeux économiques, politiques et culturels de la pratique artistique en général[1]. Des travaux importants voient le jour au sein de l'A.R.M.U.Q., de la Phonothèque québécoise et d'autres associations de chercheurs. Des documents audio-visuels comme *La turlute des années dures* et *La guerre oubliée* de Richard Boutet ne sont que des indices de travaux encore en chantier, des collections imprimées et sonores sont en train de se rendre accessibles à un plus large public, des équipes de recherche se consultent, se concertent même, sont de plus en plus conscientes de la nécessité de créer un réseau structuré d'étude de la chanson populaire d'expression française. De ce point de vue, la défunte revue *Québec rock* n'aurait pas que des modèles anglo-américains à imiter. Les revues françaises *Paroles et musique* et *Vibrations* ne sont plus à négliger, la première (devenue *Chorus*) pour la qualité de ses dossiers, la seconde (devenue une collection chez Anthropos) pour la profondeur de l'analyse.

Sans entrer dans le détail des dimensions économiques, technologiques et politiques des interventions de l'État — il faudrait en faire l'objet d'un livre —, nous pouvons tout de même faire remarquer que la publication de l'I.Q.R.C. (*Questions de culture*, n° 7, 1984) intitulée:

«La culture : une industrie?», nous laisse sur notre faim. L'I.Q.R.C. semble se préoccuper davantage des effets d'institutionnalisation de la culture plutôt que des effets d'industrialisation de celle-ci. Et d'ailleurs, il n'y a rien sur le disque ni sur la radio comme supports d'informations et de pratiques culturelles. Et pourtant, la polémique est toujours sur le point d'éclater lors des audiences du C.R.T.C. La radio n'est-elle pas devenue, selon Jacques Attali, «la vitrine, le dépliant publicitaire de l'industrie du disque»? C'est Nathalie Petrowski qui le cite dans un article percutant intitulé : «La conspiration du bruit»[2]. Elle s'élève contre les revendications de CKOI-FM de ne diffuser en ondes que 40 % de chanson francophone au lieu des 55 % réglementaires de produits canadiens (!).

> Forts de leur expérience, les patrons du poste le plus peppé et le plus stressant de Montréal tiraient à bout portant sur la production locale. (...) la production de disques québécois a diminué de 45 % en cinq ans à la faveur du produit américain conspirant contre nous dans le bruit. (...) Il a fallu cinq ans pour que la musique québécoise perde pied devant l'envahissement tapageur. Aujourd'hui l'envahisseur n'est plus seul à conspirer contre elle. Les diffuseurs sont venus lui prêter renfort.

La conspiration du bruit nous viendrait donc de l'industrie anglo-américaine mais aussi de nos propres diffuseurs radiophoniques. Les conflits d'intérêts et de pouvoir se manifestent ici sans gêne et ne sauraient laisser indifférent quiconque est le moindrement sensible au système qui le structure et le façonne en tant que sujet social.

Bref, la chanson québécoise apparaît enfin dans toute sa complexité, et comme produit et encore plus comme pratique.

Complexe dans son évolution, son histoire. Le chercheur se trouve alors tiraillé entre l'établissement d'une périodisation et/ou l'étude des effets de génération, la durée d'une période ne correspondant pas à la durée d'une génération. La périodisation consiste à pratiquer des tranches synchroniques, donc des durées circonscrites par a) la manifestation d'un phénomène de rupture à l'intérieur du champ de la chanson : l'apparition du 33 tours par exemple, ou l'impact de *l'Osstidcho* de Robert Charlebois ou de la grève de Radio-Canada en 1959; ou b) d'un phénomène de rupture extérieur au champ, d'un événement important d'un autre champ qui vient créer de la turbulence dans le champ de la chanson : Octobre 70 par exemple. L'effet de génération est plus complexe à cerner. La génération consiste en un groupe social et historique relativement homogène confronté à des possibilités (des chances) et des enjeux à l'intérieur ou en marge de structures ou contraintes institutionnelles. Une génération se caractérise donc par une configuration et un itinéraire. Cette configuration présente un ensemble de traits : a) une communauté de savoirs pratiques ou un usage de données convergentes; b) la maîtrise d'un langage ou de catégories linguistiques et esthétiques; c) un profil ou modèle de carrière privilégié et enfin d) un marché qui répond ou obéit à différentes fonctions de la pratique artistique populaire à tel ou tel moment de l'histoire de la formation sociale en question.

Bref, la notion de génération renvoie à une image sociale de la pratique artistique (ses modes d'acquisition de connaissances, ses modes de développement de dispositions et ses modes d'appropriation des produits culturels) *et* des usages qu'on en fait, des fonctions qu'on lui accorde ou concède. Le chercheur n'a donc pas la tâche facile. Prenons un exemple : Raoul Duguay. D'où vient-il socialement? Quelles dispositions esthétiques de classe a-t-il développées, comment et pourquoi? Comment cela transpirait-il dans ses œuvres (écrites et orales)? Comment est-il intervenu dans le champ de production de la chanson au Québec, avec qui, contre qui, à quel moment? Donc, à quelle génération s'identifie-t-il, comment a-t-il évolué avec elle , etc. Nous parlerons de «dépôt sonore» comme équivalent d'effets de génération chez un sujet surdéterminé par ses *habitus* de classe. On se rend vite compte que la périodisation est un préalable méthodologique mais que l'étude des (effets de) génération est beaucoup plus riche en enseignement à propos des sujets, que ces derniers soient des créateurs et/ou des consommateurs.

C'est ce tiraillement entre le tracé historique de la périodisation et le profil de carrière d'intervenants au sein de générations, c'est cette tension qui permet d'expliquer l'émergence et l'adoption de tels ou tels types de produits relatifs à la chanson[3].

La chanson québécoise est donc, on en conviendra, complexe dans la reconstitution de son histoire. Elle est complexe aussi dans sa géographie. Jacques Labrecque parle alors de «géographie sonore». Depuis notre ère de moyens de production et de diffusion industriels (de masse) de la chanson populaire, les traits régionaux des produits locaux se sont estompés sous l'effet de l'invasion d'une culture musicale dominante. Et avec les résistances locales sporadiques classiques, nous connaissons ce phénomène aujourd'hui fréquent d'acculturation. C'est ainsi que l'étude de la *pratique* régionale de la chanson populaire peut s'avérer fort instructive, et cela à plusieurs niveaux : a) à celui du repérage des intervenants et des styles dominants (donc des rapports

14

de force locaux); b) au niveau des relations région/métropole (donc des rapports de force à l'échelle nationale); et c) des relations à la culture dominante internationale (donc des rapports de force avec l'extérieur du territoire linguistico-culturel).

Une étude sur la chanson en Estrie nous a déjà permis de développer les principes que nous ne faisons que mentionner ici. La région de Sherbrooke offre en effet un cadre historique où cohabitent deux langues, deux cultures. Une région de plus en plus francophone, plus axée vers Montréal que Québec à cause de l'autoroute des Cantons de l'Est. Avec Drummondville, Sherbrooke est la forteresse de la chanson country-western. La ville profite également, au cours de l'été, de l'animation du Centre d'art du mont Orford, des Jeunesses musicales du Canada; quand arrive l'automne, c'est au tour du Festival de Granby de se faire valoir. Sherbrooke possède encore son université, son quotidien, sa cablodistribution, etc., et tout cela est dédoublé à Lennoxville pour les anglophones de la région. On retrouve donc là tout un réseau fort complexe a) d'intervenants, anglais et français, b) de styles, du folk à la Jim Corcoran à la chanson à texte soigné à la Micheline Goulet en passant par la musique country à la Ti-Blanc Richard; et c) de supports institutionnels, etc.[4]

On l'aura sans doute remarqué, nous distinguons le *produit* qu'est la chanson de la *pratique* qui la rend possible. La chanson est en effet complexe et comme produit et comme pratique, et selon qu'on s'attarde à l'un ou à l'autre, le discours analytique et les opérations méthodologiques vont différer considérablement, jusqu'à constituer deux disciplines bien distinctes. Le tableau qui suit départage les objets d'étude et les discours disciplinaires leur correspondant.

15

La chanson envisagée comme un produit

— on parlera du discours *de* la chanson elle-même, intrinsèquement, dans ce qui la caractérise comme objet concret, de la partition musicale au spectacle en passant par le disque, la radio, etc.

— l'analyse sera dite structurale ou sémiotique : paroles, musique, arrangement, interprétation, orchestration, etc.

— l'analyse est donc immanente, centrée par exemple sur une chanson isolée ou un genre, un style, etc.; on présuppose ainsi l'existence d'une typologie de la chanson dont les chansons seraient autant d'actualisations conformes ou transgressives d'un modèle culturellement reconnu; un même type d'analyse est possible pour le disque, le spectacle, etc.

— se manifeste une autonomie spécifique du champ de production, avec sa propre histoire des genres, ses propres catégories socio-esthétiques, ses rituels, ses supports matériels, etc.

La chanson envisagée dans sa pratique

— on parlera du discours *sur* ou à propos du phénomène de la chanson, discours articulé par les instances qui la rendent possible et qui la dynamisent

— l'analyse pourra être dite structurale mais sociologique, celle du champ de production (de discours) de la chanson

— l'analyse est alors extérieure, périphérique, attentive moins aux objets eux-mêmes qu'à leurs conditions de production, de reproduction, de circulation, de classification et de sélection, de même qu'à leur puissance d'intervention ou non

— se manifeste ici une autonomie spécifique mais relative du champ puisque ce champ (de discours) fait intervenir et dynamise des éléments divers, intervenant à des niveaux différents, formant un système complexe et entretenant des relations avec d'autres champs

L'étanchéité entre les deux approches, correspondant à deux dimensions complémentaires du phénomène de la chanson, l'étanchéité est loin d'être absolue, et c'est ce qui manifeste le mieux la complexité de la chanson populaire. C'est cette complexité que l'article : «De la méthodologie dans l'étude de la musique populaire» tente de décortiquer. On y établit différents niveaux d'analyse selon que l'on s'attarde
a) à la partition, donc aux paroles, à la musique et à l'interprétation;
b) au disque, donc à la performance en différé, comme à la radio;
c) au spectacle ou au vidéogramme, à la performance en direct avec l'image, le «look», le mouvement, la communion-réaction du public, comme à la télévision, au cinéma;
d) aux instances de classement et de sélection, donc aux discours qui véhiculent des critères de valorisation, des catégories esthétiques, des usages sociaux, des modes, des mentalités, etc., bref aux médias en général, aux rapports que le produit (chanson, disque, spectacle, etc.) entretient avec la pratique culturelle, intellectuelle et politique;
e) aux dimensions industrielles, c'est-à-dire la haute technologie d'enregistrement et de diffusion, les rapports commerciaux et industriels évidents entre le disque, la radio, le cinéma, le spectacle, la culture de masse dans son ensemble;
f) aux publics qui manifestent des «goûts», des intérêts (au double sens de curiosités et/ou de profits, ces intérêts correspondant à des enjeux socio-politiques sous-jacents à la pratique chansonnière : le problème linguistique par exemple, les conflits de goûts, les réglementations du CRTC, etc.[5]

Les rythmes culturels, les goûts sociaux, les modes musicales relèvent de l'*incorporé*; que l'on songe aux corrélations qui s'établissent entre l'artiste et les dispositions de son public, et que dire des intermédiaires que coordonne le directeur artistique. Les discours critiques qui définissent, classent et valorisent la pratique artistique relèvent de l'institué. Enfin, l'internationalisation des goûts, des rituels, des styles et des techniques révèle la dimension industrielle de la chanson populaire actuelle : au niveau des supports institutionnels et industriels cohabitent en effet toute une série de réseaux surdéterminés par les instances technologiques, économiques, etc. C'est au niveau de la consommation surtout que se rejoignent avec évidence l'incorporé et l'institué (comment en serait-il autrement des «goûts» à défendre?), là où le sujet social et les lois du marché se confrontent paradoxalement, là où se définissent mutuellement le marché et l'assujettissement culturel correspondant nécessaire à sa constitution. Le produit en vient à justifier sa pratique et ses usages, et *vice versa*. De ce fait, aveuglant comme une évidence, c'est une décision personnelle, individuelle et politique qui entraîne les uns à s'abandonner au matraquage publicitaire (le commercial et l'industriel), les autres à résister et à exiger ce qui répond à leurs goûts intimes (l'incorporé), à leurs intérêts socioculturels (l'institué), à ce à quoi ils ont envie et/ou besoin de s'identifier.

Bref, l'étude du phénomène de la chanson populaire doit être perçue comme une totalité où s'articulent plusieurs systèmes de signes. Elle doit intégrer l'étude des mécanismes de fonctionnement de son champ de production, de reproduction et de circulation : a) comme structure : typologie des «textes» musicaux, de la performance vocale et scénique, etc., et b) comme procès : configurations idéologiques, position des intervenants, lois du marché, etc. Le travail est énorme. Le défi terrifiant. Mais nous finirons bien par y voir clair, question de «mousser la culture» comme le suggère un numéro de la revue *Possibles* («Mousser la culture», vol. 9, n° 4, été 1985).

* * *

Les textes qui suivent sont le résultat d'un intérêt grandissant pour un domaine culturel qui a été trop longtemps relégué aux oubliettes des modes passagères et futiles. Tout se passe comme si l'engouement populaire pour ces modes n'était qu'un phénomène sans signification profonde, alors que les productions savantes des poètes reconnus et lus par une poignée de «happy fews» laisseraient des marques historiques que les institutions auraient pour fonction de maintenir religieusement dans la mémoire capricieuse de la postérité. Trêve de plaisanterie.

Cette dichotomie culturelle commode a longtemps été de tout repos pour les tenants de la grande culture, et institutionnellement rentable. Pourtant, dans le domaine qui nous intéresse, celui de la chanson, c'est le folklore qui a pratiquement toujours servi de caution à des chercheurs universitaires, très compétents par ailleurs, plus préoccupés par le passé «traditionnel» que par le présent trop souvent turbulent. Et comment évaluer aujourd'hui ces travaux philologiques depuis que l'on étudie enfin les dimensions «industrielles» de ces productions (de masse) sans noblesse que sont les chansons populaires?

Ce sont surtout les lettrés qui boudent l'intérêt de ces phénomènes culturels. Il y a pourtant belle lurette que des sociologues ou des économistes se penchent avec passion sur les productions populaires, et les politiciens ont toujours su miser sur les artistes qui pouvaient servir leur cause, leur parti, leur patrie, etc. Pensons à la fête du 24 juin au Québec, à la fête du Canada ou à celle de l'*Humanité* en France.

Bref, la chanson nous semble un champ de recherche inexploré et inexploité, en dépit de sa très grande diffusion, de sa dimension technologique et industrielle considérable et déterminante, de ses enjeux idéologiques certains. En effet, la chanson ouvre des perspectives d'analyse inouïes, ne serait-ce que le fait d'aborder un objet fort complexe, en dépit des apparences trompeuses. Le corpus de la chanson et sa fonction idéologique changent selon les groupes sociaux qui la fabriquent et selon les époques. Entre les enregistrements du Soldat Lebrun et ceux de Raoul Duguay, il existe tout un univers technologique qui doit faire frémir nos pères, et tout un univers de circulation des formes et des contenus culturels, correspondant à des espaces sociaux opposés et des groupes d'âge très différents.

Les documents de travail que nous proposons ici, vous le constaterez, se veulent une ébauche d'une recherche de longue haleine à laquelle nous nous attaquons avec passion. Les productions culturelles que sont les chansons présupposent une définition implicite et préalable à leur constitution au sein du champ de pratique foncièrement sociale et économique où elles s'exercent. L'auteur-compositeur et/ou l'interprète s'appuie sur des codes, des conventions, des rituels et des valeurs idéologiques qu'il partage avec la société, et plus particulièrement avec ce groupe qui constitue son public, le temps qu'il faut pour que la communication demeure active. Ce sont ces codes, ces valeurs et ces groupes que nous cherchons à étudier.

Toute pratique culturelle s'inscrit en effet à l'intérieur de réseaux qui en garantissent le maintien et le dynamisme. Ce sont ces réseaux qu'il faut éclairer, davantage encore que les individus-vedettes eux-mêmes. Ces derniers ne sont souvent que les supports d'épiphénomènes qui les dépassent (façon de parler!). Pensons à Louise Forestier et aux méandres de son répertoire : ces méandres correspondent, entre autres, aux fluctuations socio-culturelles de la société québécoise depuis la fin des années 60, fluctuations que la chanson reproduit avec fidélité, depuis le boum de *l'Osstidcho* jusqu'au pathétique des dernières créations, en passant par les versions folklorisantes des années 70.

La réalisation d'une anthologie illustrée et commentée de la chanson québécoise est urgente. Ce travail sera ardu puisqu'il devra chercher à suivre l'évolution non seulement des textes, des styles et des instrumentations, mais aussi des techniques d'enregistrement sur disques ou sur bandes; suivre aussi les rapports que cette évolution entretient avec des supports majeurs comme la radio, le spectacle, la télévision; mesurer les conformités ou non à la configuration idéologique d'une époque, poussant ainsi des incursions dans les dimensions sociales et économiques du phénomène de la chanson. La complexité de ce phénomène nous fait regretter l'inexistence d'un dossier théorique et méthodologique dans lequel seraient recensés les multiples problèmes qui touchent a) la conservation et la reproduction des documents sonores et imprimés par les appareils institutionnels publics, b) leur mode d'utilisation par le grand public, c) les relations entre les «goûts» présumés des consommateurs et le contrôle du marché des «coûts» par les grandes entreprises.

Ces perspectives méthodologiques sont soulevées dans notre premier texte qui porte sur le Colloque de recherche sur la chanson française qui s'est tenu à Sainte-Baume en novembre 1983. Les problèmes soulevés par la chanson populaire dite de «variétés» sont très nombreux, les documents d'archives difficiles d'accès et les chiffres qui circulent sont toujours assez approximatifs. D'où la nécessité d'affiner nos instruments d'analyse.

C'est la raison pour laquelle nous avons tendance, dans les articles qui suivent, à faire la part entre le discours *de* la chanson elle-même, le discours *sur* la chanson, et le degré de communication entre la vedette, sa performance et son public.

L'étude du texte (paroles, musique et interprétation) relève d'une sémiotique de la chanson. Jacques Julien et moi-même avons mis au point une grille d'analyse qui l'étudie selon différents niveaux, à la fois imbriqués et complémentaires : «De la méthodologie dans l'étude de la chanson populaire». Cette grille révèle la chanson comme un objet tout à la fois textuel (les paroles), musical (les instruments, la mélodie), technique (les arrangements en studio par exemple), esthétique (les typologies chansonnières), social (les différents publics et lieux de réception), politique (les fonctions de la chanson, ses utilisations), et enfin un objet économique (les lois du marché auxquelles obéit l'industrie culturelle...).

Nous avons fourni ici une ébauche de travail en étudiant sommairement ce qui particularise deux types de produits très polarisés dans le champ de production de la chanson au Québec : le western et la chanson contre-culturelle. L'incongruité du rapprochement entre le western et le contre-culturel se justifie par le fait que la comparaison se voulait exemplaire. Il n'en demeure pas moins que cette analyse devrait être plus fine et moins sectaire. On constatera une propension pour le contre-culturel et une condescendance envers l'autre pôle. Cela tient aux «goûts» de l'analyste, à la grande quantité des documents qui ont trait à la «beat generation» et à la pauvreté, disons plutôt la rareté des études sur le phénomène western au Québec. Il faudrait approfondir la recherche dans cette direction : en analyser davantage les conditions de production et en circonscrire sérieusement les publics à travers la province. Ce serait une manière d'en apprendre beaucoup sur la société québécoise objective.

Cette étude, somme toute sémio-sociologique, peut être élargie à d'autres types de produits : le folklore, à la lumière des travaux de Conrad Laforte ou de la revue *Gigue* à Paris, la chanson dite poétique, centrée sur le texte, par opposition à la chanson davantage fondée sur le rythme et parfois soutenue par tout un attirail scénique qui en fait une véritable performance, comme chez Robert Charlebois par exemple ou Claude Dubois. Jacques Julien a alors tenté une typologie de ces catégories esthético-sociales accolées à la chanson populaire pour ensuite signer un second texte sur «Le maniérisme vocal ou la voix porteuse»[6].

Renée-Berthe Drapeau a, quant à elle, suivi l'évolution du mouvement yé-yé — n'était-ce que de la chansonnette? — jusqu'au début des années 70. Cela nous apparaissait combler une lacune dans l'histoire de notre chanson. Les «chansonniers» de l'époque ont reçu une telle attention de la part des historiens que l'engouement pour les groupes à gogo a été interprété comme un égarement, un déraillage, un cran d'arrêt dans la culture québécoise. Cette mise à l'oubli est un réflexe classique de la dénégation institutionnelle. Le fait d'envisager le yé-yé dans la marge du discours et des manifestations nationalistes des années 60 lui accorde tout de même une dimension en conformité avec la tranquillité de la révolution que l'on vivait à l'époque.

Non plus en interrogeant les produits eux-mêmes mais leurs consommateurs, c'est-à-dire les discours *sur* la chanson, on s'aperçoit alors que l'histoire du champ ne se confond pas tout à fait à l'histoire ponctuelle de la production elle-même. L'histoire du champ, c'est plutôt l'histoire des usages qu'on fait de ses produits et des enjeux qu'ils sous-tendent. Ces notions de champ de production et de position des agents de production et de critique du marché des biens culturels sont en effet d'un intérêt capital. Le livre de Pierre Bourdieu sur *La distinction*, sur les déterminants socio-économiques des «goûts» que les consommateurs défendent avec passion, ce livre est partout présent dans nos textes. Une enquête sommaire est en cours à propos des jugements de goûts de différents types de consommateurs de chanson et/ou de musique. Voulant me situer en-deçà de ces enquêtes auprès des communautés culturelles, j'ai porté témoignage de mon propre «dépôt sonore» dans un texte inachevé, divisé en trois parties inégales, qui vont du témoignage trivial à une réflexion en train de mûrir : «Le dépôt sonore (trois fragments d'un livre à venir)».

Typologique d'une part, en centrant notre attention sur les objets eux-mêmes que sont les chansons, notre travail tente aussi de cerner le *phénomène* sociologique que constitue la chanson, comme structure (texte, musique, iconographie, performance vocale et scénique) et comme processus (conditions de production et de reproduction, lois du marché, configurations idéologiques). Nous sommes persuadés de l'efficacité des modèles opératoires proposés par l'école française de sociologie dominée par Bourdieu et son équipe : théorie du goût, concept d'habitus de classe, etc. Ajoutons la notion de réseau, déjà fort en vogue chez les Américains. Des chercheurs comme Hennion[7] et Vignolle[8] en France l'ont utilisée avec bonheur dans leurs travaux sur l'industrie du disque. L'ouvrage de P.-M. Menger, *Le paradoxe du musicien*[9], s'inspire également d'un semblable traitement sociologique du champ de productions culturelles.

Vous ne trouverez pas ici d'étude proprement dite sur l'industrie du disque au Québec. Nous avons gardé ce travail en réserve. Contentons-nous pour le moment de rappeler l'existence de la collection J.-J. Schira des Archives nationales (de l'Estrie) et la collection de Richard Perreault qui la complète jusqu'à aujourd'hui. Jean-Jacques Schira s'efforce ici même de dresser brièvement une histoire de l'édition sonore au Québec jusqu'en 1960. Ses travaux en discographie vont s'avérer très utiles dans l'avenir, permettant de corriger ou de renforcer certaines idées reçues de notre histoire de la chanson. Ils seront d'ailleurs repris, notamment par Danielle Tremblay de l'Université de Sherbrooke. J.-J. Schira a choisi d'illustrer ses propos en se servant de la carrière artistique de La Bolduc. On peut ainsi comparer ce que véhicule la tradition avec ce que révèle l'examen des dates d'enregistrement et de circulation des disques qu'elle a réalisés[10].

Deux visages de la chanson québécoise trouvent également leur place dans ces pages : Jacques Julien s'intéresse à sa «production industrielle» (ce qu'on appelle les «variétés») tandis que Bruno Roy nous en offre une «lecture politique». Les deux faces d'un même disque qui s'interpellent en nous rappelant que les messages n'ont une portée que s'ils profitent de bons haut-parleurs et que l'«industrie culturelle» vend des produits qui transcendent bien souvent le simple bien de consommation... Finalement, nous fermons ce livre sur deux courts textes qui s'intéressent à une Clémence DesRochers méconnue et mésestimée : la chansonnière.

* * *

Suivre l'évolution de l'industrie du disque et du spectacle (depuis 1920 surtout), tenter d'expliquer les dominances françaises et américaines dans cette production pourtant bien populaire que constitue la chanson, observer la création de nouvelles lois du marché que provoquèrent au Québec La Bolduc, par exemple, ou le phénomène des boîtes à chansons. Quand et comment l'industrie de la chanson au Québec s'est-elle objectivement implantée et institutionnalisée? Les indices ou les preuves du développement d'une institution correspondent en effet à l'émergence et à la consolidation d'instances au sein d'un champ de production relativement autonome : les «veillées du bon vieux temps», la radio chantante, les cabarets, le Concours de la chanson de Radio-Canada, facteurs évidents de légitimation, les boîtes à chansons comme élément marginal dans le marché global du disque à l'époque, les palmarès, la musique western, le phénomène K-Tel comme super diffusion de masse, l'empire du rock, le vedettariat, les appareils institutionnels, ce sont là des éléments à replacer sur le grand échiquier du champ de production de la chanson.

Le présent volume est donc plutôt mince quand on songe à l'envergure du projet que nous souhaitons embrasser. Soit. C'est qu'il reste beaucoup à faire, et les chercheurs qui s'intéressent à la chanson sont relativement modestes et peu enclins à diffuser leurs travaux. Il faut dire que les médias ont plutôt tendance à dynamiser le show-biz plutôt qu'à l'interroger de l'intérieur. Un livre d'humeur comme *Chante toujours, tu m'intéresses ou Les combines du show-biz* de Jacques Bertin (Seuil, Paris, 1981) n'existe pas encore au Québec. Il existe bien sûr une critique journalistique, mais les contraintes du média obligent les chroniqueurs à jouer dans le vif de l'actualité et le sommaire d'un texte court.

Nos contributions souhaitent resserrer le ressort de la recherche dans le but de faire rebondir les intervenants du «milieu» et/ou ceux qui aimeraient participer à nos travaux.

23

Notes

1. Cf. à propos de l'article de Carole Simard : «La culture institutionnalisée» (p. 152 surtout) dans le numéro 7 de *Questions de culture*, I.Q.R.C., 1984, numéro qui posait cette question : «La culture : une industrie?».

2. *Le Devoir*, samedi 30 mars 1985, p. 30.

3. Par exempe, les périodes de crise sont des moments de politisation de la chanson, suivies d'autonomisation accrue de son champ de pratique.

4. Voir «La chanson populaire en Estrie» de René Charest et Robert Giroux, in *La chanson dans tous ses états*, Triptyque, 1987, p. 187 à 204, texte repris, augmenté et illustré dans un collectif portant sur *Les Cantons de l'Est*, les éd. de l'Université de Sherbrooke, 1989, 294 p. (p. 235 à 246).

5. Dans *La chanson dans tous ses états*, plusieurs de ces aspects ont été étudiés avec attention. R. Giroux y aborde «Le discours critique portant sur la chanson populaire» (p. 11 à 44) tandis que Renée-Berthe Drapeau étudie «Chant, chanson et chansonnette : 1920-1950» (p. 163 à 186); Manon Poulin compare «Nathalie Simard et Passe-Partout» (p. 205 à 215) tandis que Sylvie Faure analyse «Le mouvement punk (comme) processus de séduction» (p. 217 à 239). Ces textes portent donc sur des questions de «goûts» culturels et des valeurs qu'il sous-tendent. D'autres articles abordent la dimension industrielle de la chanson : «Le disque québécois ne tourne pas rond» de R. Giroux (p. 79 à 89), «Le vidéo-clip et la chanson» d'Yves Laberge (p. 137 à 144), etc.

6. Jacques Julien a publié depuis lors : *Robert Charlebois, l'enjeu d'«Ordinaire»*, Triptyque, 1987, 200p. et *La turlute amoureuse* (érotisme et chanson traditionnelle), Triptyque, 1990, 180 p.

7. Antoine Hennion, *Les professionnels du disque*. Une sociologie des intermédiaires, A.M. Métailié, Paris, 1981, 257 pages.

8. Antoine Hennion et Jean-Pierre Vignolle, *L'économie du disque en France*, La documentation française, Paris, 1978, 174 pages.

9. P.-M. Menger, *Le paradoxe du musicien*, collection Harmoniques, Flammarion, Paris, 1983, 396 pages.

10. En 1987, dans *La chanson dans tous ses états*, Schira et Giroux signaient : «La discographie : un instrument de mesure de la popularité au Québec (1898-1959», Triptyque, p. 57 à 77.

Compte rendu du Colloque de recherche sur la chanson française

Centre international de la Sainte-Baume, nov. 1983

Robert Giroux

Le gouvernement français annonce depuis quelque temps la création d'un Musée national des sciences, des techniques et des industries de la Villette. Ce musée des sciences s'intègre à un projet plus vaste qui comprend également la Parc de la Villette et la Cité de la musique. Cette cité musicale parisienne arrive à son heure et le projet ne manque pas d'animer tout le «monde» de la musique : musiciens, chanteurs, producteurs de disques et de spectacles, associations diverses, etc.

C'est dans ce contexte qu'a mûri l'idée d'organiser un colloque de recherche sur la chanson française. Et comme le phénomène de la chanson est le parent pauvre de la recherche sur les productions culturelles — au profit des productions plus «sérieuses», plus «savantes», plus «profondes» —, il convient de féliciter les responsables de cette initiative pour leur ténacité, leur conviction, leur sens de la planification et leur capacité de trouver des fonds nécessaires pour réunir pendant plusieurs jours des chercheurs de tous les secteurs de la chanson : des chanteurs-animateurs du monde ouvrier, des représentants de la

S.A.C.E.M. et du ministère de la Culture, des sociologues, des professeurs, etc.

Compte tenu des impératifs économiques, le colloque se voulait «français» plutôt que «francophone», même si on remarqua la participation de quelques animateurs de radio belges. Cette dimension «française» de la recherche était, je crois, souhaitable dans un premier temps. D'abord pour des raisons symboliques évidentes : la chanson française doit imposer sa spécificité socio-culturelle; et ensuite, sans accorder ici moins d'importance à ce facteur, et bien au contraire, puisqu'un champ de production n'est bien saisissable que dans sa dimension nationale : en effet, les *instances* de production, de reproduction, de sélection, de classification et de légitimation des chansons ne sont descriptibles et significatives (compréhensibles) que dans une formation sociale donnée. Tout cela pour dire que la chanson québécoise, en ce sens, ne saurait être fondue dans la chanson française, de la même manière que la chanson sud-américaine ne joue pas des mêmes instances que la chanson espagnole.

Ce premier Colloque de recherche sur la chanson française était organisé par le C.R.A.C. de Marseille (Centre de rencontre et d'animation par la chanson) et la Cantiothèque de Paris. Le C.R.A.C. est l'organisateur, depuis 1979, des Semaines de la chanson de la Sainte-Baume (stages pratiques d'été sous la responsabilité de Pierre-Georges Farrugia). La Cantiothèque est une association fondée en 1981 qui s'est donné pour but le développement de la documentation et de la recherche sur la chanson et la musique populaire (sous la responsabilité de Chantal Brunschwig et de Jean-Claude Klein). Le C.R.A.C. assurait la tenue générale et l'animation du colloque tandis que la Cantiothèque se chargeait de la programmation.

LE PROGRAMME

Il n'est pas dans mon intention de résumer ici et de commenter chacune des communications ou chacun des ateliers. Je reproduis tout de même presque l'ensemble du programme, ne serait-ce qu'à titre d'information pour les mordus de la chanson et pour ceux qui auraient l'envie d'organiser à leur tour un colloque du même genre. Par la suite, je me permettrai de tirer les grandes lignes des discussions qui m'ont semblé particulièrement pertinentes et riches en controverses. Le culturel est capricieux et arbitraire, est-il besoin de le rappeler.

Le vendredi 11 novembre 1983 :

— Documentation

a) Problèmes posés par la conservation et l'exploitation du patrimoine français (sources écrites, sonores et visuelles de la chanson française). Exposé de Marie-France Calas de la Phonothèque nationale.
Débat : participation de Georges Delarue (folkloriste), France Vernillat (auteure et productrice spécialisée) et Simone Wallon (Bibliothèque nationale).
b) Présentation de l'activité du «Mannheimer Chansonarchiv» (Centre de documentation sur la chanson de Mannheim-Allemagne). Exposé d'Elisabeth Bügler.

— Approches méthodologiques

Comment analyser la chanson? Table ronde destinée à faire le point sur diverses méthodes d'analyse et problématiques en présence.
Avec la participation de Lucienne Bozzetto (université d'Aix-Marseille, littérature), Louis-Jean Calvet (Paris IV, linguistique), Antoine Hennion (Centre de sociologie de l'innovation), Jean-Rémy Julien (Paris IV, UER de musicologie) et Jacqueline Ozanne (Conservatoires de Lyon et de Châlons). Louis-Jean Calvet était malheureusement retenu à Paris.

— Témoignage d'une tradition chansonnière

La chanson populaire, expression et reflet d'une culture : l'exemple des Cévennes. Avec Jean-Noël Pelen (ethnomusicologue), Jean-Marie Carlotti et Patrick Vaillant (chanteurs-musiciens et collecteurs du groupe Mont-Joïa).

Le samedi 12 novembre était consacré à des ateliers :

— Définition de la chanson folklorique : concepts et pratiques, du romantisme au folk. Introduction de Yvon Guilcher (chanteur-musicien du groupe Mélusine).
— La chanson folklorique et/ou populaire avant les folkloristes. Introduction de Georges Delarue.

27

— La chanson, art régressif. Relation d'une expérience en milieu psychiatrique par David Jisse (chanteur-musicien).

— La revue et l'opérette marseillaises durant les années 30 et 50. Interview d'Adrien Eche (collectionneur) réalisé par Jacques Bonnadier (journaliste). Avec la participation de Pierre Echinart (historien) et de Jenny Helia et Marcel Veran (anciens artistes de revue).

— Chanson et musique savante au XVIᵉ siècle. Les débuts du vau-de-ville. Introduction de Jean-Pierre Ouvrard (Université François Rabelais, Tours).

— La voix, le corps, l'image. Une grammaire de la scène est-elle possible? Introduction de Louis-Jean Calvet (linguiste, Paris IV). Annulé.

— Fonctions et visages de la chanson ouvrière en France au XIXᵉ siècle et au début du XXᵉ. Introduction de Robert Brécy (historien). Avec la participation de Laurent Marty (Lille), Michel Gheude (Bruxelles) et Christiane Oriol (Grenoble).

— Connaître, comprendre, parler la chanson. Les attentes institutionnelles et praticiennes. Rencontre-débat avec les représentants présents du ministère de la Culture, Direction de la musique (Mission «variétés»); de l'Établissement public du Parc de la Villette (Mission «musique»); de la Société des auteurs, compositeurs et éditeurs de musique; de l'Association technique pour l'action culturelle; de l'association Échanges musicaux francophones; de la Discothèque de France; des Centres régionaux de la chanson (Bourges, Rennes); des associations régionales œuvrant en faveur de la culture chansonnière (Marseille, Lyon, Valence, Bourg-en-Bresse, Aix, Nice); du Fonds d'intervention culturel et, enfin, de l'Office municipal socio-culturel de Marseille.

Le dimanche 13 novembre 1983 :

— 2 ateliers : a) La production de la musique de variétés. Sociologie des intermédiaires. Exposé d'Antoine Hennion (sociologue).

b) Transculturalité musicale et identité culturelle: le rock en France et en Europe. Introduction de Patrick Mignon (journaliste). Exposé de Paul Yonnet. Avec la participation d'Éliane Daphy, Jean-Charles Lagrée et Marc Touchet (sociologues).

— Débats de clôture : Les voies et moyens de recherche. Propositions pour un programme de recherche sur la chanson et la musique populaire en France. Débat introduit par Jean-Claude Klein (historien).

COMMENT ÉTUDIER LA CHANSON ou DE LA MÉTHODOLOGIE

Vous aurez remarqué que le programme se voulait varié, large et souple, de manière à toucher plusieurs secteurs de la chanson, à des moments différents de son histoire, et à faire intervenir des praticiens très diversifiés. Grosso modo, on avait affaire à deux perspectives d'atelier correspondant à deux types de chansons (la folklorique traditionnelle et la populaire de variétés) qui, elles, commandaient deux types d'approche : a) d'une part les problèmes de cueillette, de conservation de documents écrits et sonores, de classification; et d'autre part, b) les problèmes de signification, d'interprétation de faits datés et signés, de dimension socio-économique. Bref, le pendule des discours oscillait entre une histoire de la chanson (sa périodisation) et une sociologie des institutions qui la rendent possible, la classent et lui donnent et/ou trouvent une portée culturelle, c'est-à-dire une dimension à la fois technologique, économique, politique, sociale et esthétique. À ces deux perspectives se greffe naturellement une question primordiale : *comment analyser la chanson?*

Cette question était d'ailleurs le titre d'un atelier qui a provoqué beaucoup de discussion. Je vais donc d'abord m'y attarder, ne serait-ce que pour découvrir que cette question mérite des réponses précises et opératoires, et qu'elle ne peut couvrir à elle seule la problématique d'ensemble du phénomène de la chanson (comme structure et comme processus) : au «comment» analyser la chanson, il faut aussi lui ajouter «de qui, pour qui, pourquoi». Ces questions en quelque sorte naïves présupposent en fait toute une série de définitions préalables de la chanson, définitions conformes ou non aux statuts et aux fonctions que les analystes lui assignent au point de départ de leur interrogation. Décrire une chanson n'est pas narrer son évolution à un moment donné de son histoire ni expliquer les voies diverses de ses manifestations ni interpréter les rôles socio-culturels qu'on lui assigne. L'une des quatre opérations que je viens de souligner est parfois privilégiée par les uns; d'autres les jumellent en partie ou en totalité (plus rarement bien sûr). C'est ce dont il faut se souvenir chaque fois qu'il est question de définition de genre (le folklore[1] par exemple, la revue marseillaise[2], la chanson ouvrière[3]) ou d'interprétation des rôles qu'on assigne à la chanson et/ou à ceux qui la pratiquent, soit comme producteur (artiste-compositeur-interprète) soit comme consommateur (critique, programmateur, auditeur, spectateur, etc.).

Le phénomène de la chanson est d'une complexité telle qu'elle a longtemps effarouché même ceux qui auraient pu le mieux se pencher sur elle et en examiner la portée. Faute de l'attention nécessaire, elle a sombré dans les «variétés», avec tous les sens péjorés et multiples qu'on connaît à ce mot. Il est donc temps d'en mesurer toute l'importance. Elle ouvre pourtant des perspectives d'analyse inouïes, ne serait-ce que le fait d'aborder un objet multi-dimensionnel, à la fois textuel, social et économique. Le corpus de la chanson (et sa fonction idéologique) change selon les groupes sociaux qui le fabriquent, le classent et le reconnaissent comme le leur, et avec les époques. Une sémio-sociologie de la chanson se justifie donc de toute urgence, complément à une historiographie en train de se faire.

Les productions culturelles que sont les chansons présupposent donc des définitions implicites et préalables à leur justification comme produits au sein du champ de pratiques sociales et économiques où elles s'exercent. Il y a bien deux grandes manières de définir la chanson. En elle-même d'abord. En effet, selon une perspective interne et structurale, on peut voir en elle un objet autonome à la merci des linguistes, des analystes de textes, des musicologues, etc. Cette approche se confond en fait avec une étude des genres, comme en sémiotique littéraire, et la discipline pourra aussi permettre d'étudier l'évolution de ces genres à travers l'histoire. Le champ de production de la chanson est alors perçu comme relativement autonome, auto-engendreur d'un produit qui serait la juxtaposition d'un texte et d'une musique. Quand on veut faire intervenir les sujets, c'est-à-dire les auteurs-compositeurs et/ou les vedettes-interprètes, on flirte déjà avec une autre manière d'envisager la chanson. Mais si l'on veut éviter le piège de l'énumération des chapelets de vedettes qui jalonnent l'histoire de la chanson, il faut penser le sujet en terme d'interprète, en tant que celui qui ajoute au texte musical une dimension complémentaire : son interprétation (sur disque) et sa théâtralisation (sur scène). «La voix, le corps, l'image. Une grammaire de la scène est-elle possible?» C'était le titre que Louis-Jean Calvet comptait donner à une communication qu'il n'a pu lire puisqu'il était absent. Cette grammaire de la scène a déjà été timidement amorcée dans un secteur spécialisé du chant. Il s'agit d'un article de Nicole Scotto di Carlo : «Analyse sémiologique des gestes et mimiques des chanteurs d'opéra» (*Semiotica*, IX/4, 1973, p. 289-317). Plus près de la chanson populaire, à ma connaissance, je ne peux renvoyer qu'au chapitre d'une thèse de doctorat de Jacques Julien sur le maniérisme vocal et scénique de Robert Charlebois («Robert Charlebois et son public», Sherbrooke, 1983). Il faudrait multiplier ce genre de travail et voir comment chaque époque charrie et privilégie une grammaire de la performance, au même titre qu'une grammaire textuelle et musicale. C'est ici que nous amorçons vraiment une deuxième manière d'aborder et de définir la chanson.

Comme en littérature, la chanson prend en effet la définition qu'on lui accorde selon des présupposés théoriques plus ou moins explicites. Au mieux, c'est l'objet qui délimiterait les disciplines, et non l'inverse, sinon la discipline ne ferait que reproduire ses catégories et/ou ne rechercherait dans l'objet que ses catégories. Plutôt que d'aborder la chanson en elle-même (en une sémiotique des genres), il est possible et même souhaitable de l'étudier par rapport à ses effets, ses fonctions — donc ses publics —, ses relations avec les autres pratiques artistiques et culturelles, les stratégies variables de ses acteurs. Sans reprendre les catégories de Pierre Bourdieu dans sa description des facteurs et des mécanismes de fonctionnement des champs de production (de discours), la chanson étant, qu'est-ce qu'on veut en dire et en faire. Plutôt que de s'interroger sur ce qu'est une chanson, il importerait davantage de se demander comment ça se fait, comment ça s'impose. On assiste là à un déséquilibre fâcheux pour les analystes, mais il caractérise à merveille le champ de production de la chanson et de sa reproduction, sur disque ou en spectacle. Du texte à la musique et à leur théâtralisation devant des publics spécifiques (et parfois assez flous), l'analyste doit effectuer des va-et-vient constants et indispensables.

Pour reprendre une réflexion que j'ai déjà amorcée dans le numéro 15 de la revue *Moebius* (automne 1982, p. 63) à propos de la littérature, se manifestent donc ici, avec ces deux conceptions de la chanson, l'une tournée vers les producteurs (les artistes) et l'autre vers les consommateurs (les publics, l'institution), les deux termes d'une contradiction fondamentale. Dans l'une comme dans l'autre perspective, irréconciliable et dynamique, ça s'impose. Il resterait surtout à voir en clair ce qui se glisse et se trame sous chacun des vocables du *ça s'impose*. Pour couper court à la discussion, disons que cette distinction de perspective (correspondant à des distinctions de catégories d'objets : savant/populaire, littéraire/non littéraire) serait un effet de structure de marché.

31

Et Antoine Hennion me semble avoir trouvé les moyens et la place qu'il fallait pour parler et faire parler cette chanson qui semble ballottée arbitrairement par les modes et l'actualité. Il propose de ne pas partir d'une étude typologique des produits et/ou des publics, non pas non plus d'une perspective temporelle et comparative (avant/après) mais d'une perspective spatiale. Il centre alors ses énergies sur le studio moderne de production de la chanson et sur les positions des acteurs qui travaillent à la fabrication des chansons. Sans nier pour autant, et Hennion insiste là-dessus, les stratégies de travail sur le public, de la manipulation du public et même de sa création. Certains travaux des Presses de l'Université de Grenoble sont concluants à ce propos. Hennion choisit d'étudier la production plutôt que la consommation, tout en sachant que l'une et l'autre, chanson et public, se définissent réciproquement. «La production de la musique de variétés. Sociologie des intermédiaires». Je profite du titre de cette communication de Hennion pour rappeler les titres des deux ouvrages antérieurs que je connais de lui : le plus ancien a été rédigé avec la collaboration de Jean-Pierre Vignolle : *L'économie du disque en France* (La documentation française, Paris, 1978, 174 p.), et le second, moins économiste mais tout aussi empirique, *Les professionnels du disque, une sociologie des variétés* (A.M. Métailié, Paris, 1981, 257 p.).

Dans son étude des acteurs qui se concertent à la production d'un artiste, d'un disque ou d'un spectacle, Hennion centre le plus objectivement possible son attention sur le studio et tout ce qui s'agite à l'intérieur. Le studio n'est-il pas un univers clos où l'on construit et investit un produit à faire valoir?

À ce niveau, les catégories esthétiques normatives sont secondaires. Ce qui devient déterminant, c'est la lutte entre les agents pour imposer ces catégories. Mais cela présuppose de leur part une connaissance profonde (familière) du «milieu» et une attention sérieuse (spécieuse) du public. Mais lorsque les produits marchent bien, pour utiliser une expression commode, lorsque *ça s'impose*, il faut bien constater ce phénomène de reconnaissance par le public et d'identification à un produit et/ou une vedette qui le soutient. Cependant, il ne s'agit pas là d'une donnée qu'il suffirait de reproduire à volonté. On le saurait déjà, pensez-vous! Il s'agit plutôt d'une construction constante. Cette relation artiste-public ne consiste donc pas en la confrontation de deux mondes préconstruits mais de deux entités qui s'autoajustent constamment, par des essais plus ou moins réussis selon les cas.

Le produit n'est donc pas la mise en forme d'éléments qui obéissent uniquement à des règles de fabrication et de promotion. En studio, la chanson est le produit d'un «collage» dont les résultats se manifestent à l'écoute. Les intervenants puisent à un catalogue hétéroclite de procédés qui relèvent autant de la technique que du goût... La chanson n'a donc plus d'autonomie interne. Elle serait plutôt cet *ensemble social* qui se construit à tâtons, le résultat d'un bricolage que constituent la vedette et son directeur artistique, le produit construit et l'attente du public, les manipulations technologiques de la voix et du son, la chanson-vedette et l'auditeur-spectateur, etc. Comme il n'y a pas vraiment de préconstruit, il n'y a plus de manipulation pure et simple des publics par des recettes de production. Cela supposerait le public *connu* à l'intérieur d'une expérience de production. Les études de marketing peuvent servir, bien sûr, à l'ajustement chanson-public, mais la plupart du temps à partir de l'expérience du passé, ne fonctionnant qu'en tant que témoin ou équation (échantillon) approximative à partir de laquelle on cherche à rejoindre le public qui n'est jamais fixé ou uniforme. La procédure essai-erreur permet les jeux de localisation et de simplification d'une part et d'extension et d'amplification d'autre part.

Bref, la vedette et le public sont le produit d'opérations d'acteurs ou le résultat de trois niveaux d'opérations :

a) le niveau de la relation affective et souvent explosive entre la vedette et son directeur artistique — ce dernier jouant aussi le rôle de chef d'orchestre entre les autres intervenants de la production et le public à séduire;

b) le niveau de l'ouverture à l'univers du studio moderne de production, en même temps que ce studio isole les «ingrédients» de fabrication, comme hors public, hors réel social, faisant comme si la production ne devait se penser que comme pure réalité technique;

c) le niveau d'une nouvelle ouverture à un public, une écoute autour d'un public restreint et averti, puis quelque peu élargi, en une production-consommation quasi simultanée, et non plus alternée, puis vers un public de plus en plus large et anonyme... suivant la carrière du disque qui prolongera ces trois niveaux d'opérations de fabrication.

C'est ici que le disque prend son essor, qu'il commence son histoire à lui : il sera étiqueté, transformé, défini, etc. De la même manière qu'un écrit se trouve transformé en œuvre littéraire ou en texte populaire ou en navet par (de) l'idéologie, un disque se trouvera transformé par les instances qui le classeront et le valoriseront comme participant à telle ou telle configuration idéologique. C'est ainsi que certaines chansons peuvent se voir attribuer des statuts différents selon les groupes sociaux qui les adoptent, et plus particulièrement ces chansons dont les textes se proposent comme valeur, celles d'Aristide Bruant interprétées par un chanteur de la trempe de Marc Ogeret, celles de Georges Brassens, portées jusqu'à la haute poésie par les uns, ramenées à la grivoiserie du Gaulois traditionnel par les autres, ou encore chansons d'un Higelin, poète fantaisiste et généreux pour les uns, musicien rocker très moyen pour les autres, etc. Et que dire du caf'conc' considéré aujourd'hui comme l'un des beaux-arts.

LE FOLK-ROCK-POP

C'est ici qu'il convient de rappeler le débat passionnant qu'a soulevé la communication de Paul Yonnet sur le phénomène rock en France : «Transculturalité musicale et identité culturelle». Sociologue, Yonnet était accompagné, entre autres intervenants, de Jean-Charles Lagrée dont le livre *Les jeunes chantent leur culture* a eu un retentissement remarquable. Empiriquement, la présence du rock en France se manifeste tous les jours, à la radio en particulier, ou par des études réalisées ici et là, à Givors par exemple, petite ville ouvrière de 30 000 habitants, composée de 50 % d'immigrants maghrébins, et qui possède un peu moins de 20 groupes rock actifs. S'agit-il d'un phénomène d'aculturation, d'une conséquence de l'impérialisme américain? Quand on constate toutefois la sensibilisation des chanteurs de Givors au contexte ouvrier dans lequel ils évoluent, on sent le besoin de nuancer les réponses toutes faites et (mal) commodes.
Le rock se définirait par trois facteurs. D'abord par le type de musique qu'il a répandu très rapidement à partir de 1954 surtout, sorte de mélange transculturel anglo-américain de la musique populaire des Noirs et des Blancs; le rock ne constitue donc pas aux U.S.A. un bloc culturel opaque et, par ailleurs, il semble dominé par celui de la Grande-Bretagne dont il cherche à se libérer, ne parvenant qu'à l'adapter avec quelques nouveautés plutôt superficielles (le psychédélique par exemple). Le rock se définit aussi par le public qui l'a adopté, un public plutôt jeune et progressivement de toutes les couches sociales. En effet, le rock se définit encore par l'extension sociale et économique que l'on connaît. Si le rock est devenu une musique de masse aux U.S.A. dès 1955, il n'a pu se répandre en France avant 1968. Et selon Yonnet, ce n'est pas à cause de la pau-

vreté ou de la rareté de la production autochtone française que le rock a fait tache d'huile à ce moment-là, mais parce que l'idéologie de la grande culture qui avait été celle de la France depuis 1945 s'est vue minée de tous côtés. Donc, selon Yonnet, la décadence de la chanson française ne proviendrait pas uniquement de l'invasion impérialiste du rock mais aussi de l'idéologie monoculturelle de la France qui a dû céder, en 1968, essoufflée, devant la grande capacité de digestion multiculturelle du rock.

Après la Seconde Guerre mondiale, la France s'est en effet refermée sur elle-même et elle a réussi à retrouver un grand dynamisme interne et, sur le plan culturel, sa chanson s'est vite imposée comme économiquement rentable. Qu'on pense à Charles Trenet, Yves Montand, Francis Lemarque et à tous ceux qui ont participé à «l'âge d'or de Saint-Germain-des-Prés» : Juliette Gréco, Boris Vian, Mouloudji, les frères Jacques, etc. Mais contrairement aux U.S.A. où la chanson est transculturelle, la France, c'est-à-dire Paris, a favorisé l'implantation d'un bloc culturel, de l'idéologie de la grande culture. Durant les années 50, la télévision n'est pas encore un instrument de culture de masse et elle se soumet à cette idéologie de la culture noyautée.

Prenons le cas de Charles Trenet. Il serait un des rares chanteurs français de son temps à avoir défendu une position transculturelle et à pouvoir se vanter d'une adhésion populaire. Il a vraiment réalisé une synthèse de son temps : il a valorisé le jazz-swing dès 1937, presque en même temps qu'aux U.S.A.; ses chansons sont surtout fondées sur le texte, tout en étant récréatives et joyeuses; on a reconnu en elles une inspiration post-surréaliste; enfin, elles chantent tantôt la ville tantôt la campagne, etc. Après la guerre, Trenet va se retrouver devant d'autres compositeurs-interprètes qui vont passer à la poésie, au livre, à l'école, qui vont interpréter des poètes, se plier à la stratégie de reconnaissance culturelle dont je parlais plus haut, réduire en quelque sorte la chanson au texte. Trenet gardera ses distances (ou on le maintiendra à distance) et il se verra péjoré, humilié, refusé à l'Académie française, etc. Même chose pour Tino Rossi, un des plus grands vendeurs de disques, encore aujourd'hui, qui se verra après sa mort péjoré par le journal *Libération*. Jacques Chancel, de France-Culture, reste un représentant encore très efficace de cette idéologie du bloc culturel, idéologie pour laquelle les chansonniers de valeur ne sont que ceux qui sont reconnus par les instances de reconnaissance des productions littéraires restreintes.

Mais comme le trio Brassens-Brel-Ferré ou le duo Aragon-Prévert ou l'unique Juliette Gréco sont d'une génération qui, encore en 1968, s'efforçait davantage à durer et se maintenir plutôt qu'à innover et/ou parler directement à un public jeune, la jeunesse française d'avant 68 ne va qu'emprunter et s'infantiliser dans ce qu'on appelle le yé-yé... jusqu'à la synthèse de Serge Lama. Django Reinhardt va tenter une synthèse des musiques swing-jazz-gitanes, et surtout Alan Stivell. Stivell sera en effet un des rares musiciens chanteurs à se situer dans une position transculturelle et à s'imposer à la jeunesse française — musique bretonne et irlandaise, en marge de la culture française officielle. Il fera école. Le rock, qui a une origine audio-visuelle, sera en effet relayé par ce mouvement de la contre-culture, c'est-à-dire le folk, qui prit son essor après 68, puis la musique pop qui ne cesse de s'épanouir (François Béranger, Higelin, Yves Simon, CharlÉlie Couture, etc.). Il conviendrait de s'interroger d'ailleurs sur la position de classe et de discours de ceux qui parlent de la chanson dans les médias imprimés ou électroniques : pourquoi parler de la contre-culture plutôt que du yé-yé, du punk plutôt que du disco, et au Québec, des «chansonniers» plutôt que des chanteurs western, etc. Il faudrait aussi compléter cette réflexion, Yonnet en convient, par l'analyse de la dimension économique du phénomène rock.

Cette réflexion sur le rock est à poursuivre. Le concept de transculturalité est intéressant mais est-il vraiment rentable? C'est une chose que d'obéir aux productions, aux valeurs et aux goûts de la culture du pays économiquement et militairement dominant de l'époque; et une autre que de se laisser envahir, d'imiter servilement... Il faut dire que la France du temps de Trenet était différente de celle d'aujourd'hui. Par contre, le Québec des années 60 et 70 serait un bel exemple de fermentation transculturelle, mais avec un souci de résistance à la culture dominante au sud du pays. La superbe de la France est toujours la même, mais la force profonde de sa croyance en sa valeur culturelle propre est à regagner. Certains s'y efforcent déjà si j'en juge par la conviction avec laquelle les organisateurs du colloque ont mis en évidence les éléments à la fois permanents et dynamiques des divers niveaux du champ de production de la chanson française. Le débat autour de l'atelier intitulé : «Connaître, comprendre, parler la chanson : les attentes institutionnelles et praticiennes» le prouvait abondamment. Et les espoirs que fait naître le gouvernement socialiste avec la Cité de la musique semblent faire long feu.

LES VOIX-DE-VILLE

Bien d'autres aspects de ce colloque mériteraient d'être rappelés et discutés. La place me manque et d'ailleurs mon intention n'est pas d'être exhaustif. Toutefois, il me semble important de souligner le travail qui se fait à Tours autour de la chanson française. Le musicologue Jean-Pierre Ouvrard étudie l'évolution de la chanson dans ses relations avec la musique savante au début du vau-de-ville, de la «voix-de-ville» disait Joachim du Bellay en 1555, «un même chant par tous les couplets». Cette chanson strophique (rurale, rustique, carnavalesque, etc.) s'opposait à la musique savante proprement dite. Elle était surtout liée à la performance des musiciens (à l'italienne, avec technique et timbre) mais non à des compositeurs véritables qui, eux seuls, auraient pu lui dorer le blason.

Une musicologue, également de Tours, Marie-Véronique Gauthier[4], a travaillé sur une période plus proche de la nôtre et sur un objet moins savant et moins noble que la chanson polyphonique en quatre parties : le discours érotique des sociétés chantantes et des cafés-concerts. Ces sociétés étaient, à trois exceptions près, des sociétés d'hommes qui se réunissaient pour banqueter et composer des chansons. Marie-V. Gauthier y étudie la ritualisation de ces lieux où l'on cultive entre hommes la grivoiserie et l'encanaillement. S'affirme souvent l'omniprésence de la prostituée belle, bête et bobonne. Sur le plan scénique, dans les cafés-concerts surtout, tout converge vers une figuration et une ritualisation du plaisir, du médiocre talentueux : la corbeille et son offre sexuelle publique, fleurie et dentellée; la quête qui suit cette offre et qui confirme la valeur d'échange du spectacle; l'omniprésence de la laideur du corps, de la violence verbale, de la copine sans sexe, du médiocre, de la stripteaseuse, du cirque, etc. Cette grivoiserie s'oppose à un angélisme toujours présent; cependant, la grivoiserie se voit soutenue par une redondance appuyée, une surabondance, une multiplication, un feuilletage de la bouffe (vin, bouteille, asperge, etc.), du sexe (sein, fesse, corset, etc.), du glissement sémantique phallique constant. La femme devient alors un mets délicieux, provoque le cannibalisme. Elle joue le jeu de l'impossible dévorement.

Au-delà de ces métaphores commodes qui servent à condamner un certain type de spectacle paillardier, et avec raison, les participants de l'atelier de Marie-V. Gauthier ont cherché à étouffer dans l'œuf la vive condamnation de la conférencière. Les publications annuelles du Caveau et les étampes de l'Opéra montreraient que la condamnation est un peu abusive si l'on retient l'ensemble de la production chansonnière, dont la thématique était plus vaste, plus politique par exemple ou populiste quand elle ne s'adressait pas surtout à la bourgeoisie. Soit! On rappela que la grivoiserie se retrouve aussi dans la chanson du XVIIᵉ siècle et dans le folklore traditionnel français. Il faut tout de même admettre que ces bergeries et ces galanteries n'étaient pas aussi pornographiques, aussi mysogines, aussi haineuses, aussi honteuses que les chansons qui sortaient de la grande gueule de Thérésa ou même de la «diseuse» Yvette Guilbert. Oui. Mais en plus de Thérésa et de Yvette Guilbert, il y avait aussi la Bordas, bien peu grivoise, la chanson montmartroise, beaucoup plus relevée, plus littéraire, et non paillarde, des vedettes masculines également, comme Paulhus, une mode vestimentaire axée sur l'abondance, la contrainte, la pudeur. De plus, il existait encore les goguettes de quartier, plus familiales, plus populaires. D'autre part, la Lice chansonnière et le Caveau étaient des cénacles très richards et très prestigieux, fréquentés par de hauts magistrats et, sans doute, très admirés et/ou enviés par le petit peuple. Enfin, il faut se rappeler l'existence de la censure (militaire) des textes durant la Première Guerre : les chansons ne pouvant être anticléricales, racistes, antimilitaristes, etc., cette censure se verra compensée par un érotisme un peu grotesque et par de nouvelles danses sociales, notamment le tango.

Il n'est donc pas facile d'étudier globalement le phénomène de la chanson d'une époque précise. L'analyse des chansons elles-mêmes se conjugue à celle des interprètes, à celle des lieux de performance et de leur rituel, à celle des publics, à celle des configurations idéologiques, etc. C'est pour cette raison que les affirmations abusives, les lacunes d'informations historiques, les erreurs de perspective sont souvent le lot des amateurs trop pressés. C'est sans doute pour faciliter la tâche des chercheurs et pallier les discours trop partiaux sur la chanson qu'une équipe de recherche allemande est à mettre sur pied depuis 1980 un centre de documentation sur la chanson française, à Mannheim, une banque de données informatisées sur le monde de la chanson depuis 1945. Le critère de sélection étant celui des auteurs-compositeurs-interprètes (les ACI), exception faite pour Édith Piaf et Maurice Chevalier par exemple — ces exceptions pour le moins arbitraires ont provoqué, vous l'avez deviné, un grand débat d'une heure sur la nécessité d'ajouter des critères complémentaires. Je vous ramène donc au problème de la méthodologie. Ah les universitaires! L'intérêt méthodologique de l'équipe de Mannheim est évident quand il s'agit de travailler sur des chansons isolées ou les séries de chansons... mais l'instrument d'analyse semble peu efficace (restrictif, arbitraire) sur le plan de la signification et de la communication de la chanson comme phénomène de la culture de masse. Décrire n'est pas analyser. Pourtant l'équipe de Mannheim est intégrée à un institut interdisciplinaire de communication esthétique de masse. On a dû déjà mesurer à cet institut toute la complexité du problème.

J'ai assez insisté là-dessus plus haut. J'y reviens pour conclure. La chanson demeure un instrument de travail superbe pour circonscrire les enjeux des productions culturelles. Diachroniquement, on peut travailler son histoire (surtout nationale) selon les genres différents qui s'y manifestent (et les publics et lieux correspondants); on doit aussi avoir à vue l'histoire des autres champs artistiques et/ou des moyens technologiques et économiques de communication. Synchroniquement, la chanson se propose comme a) un système spécifique de signification à trois facteurs (texte, musique, interprétation), b) un système de communication de masse, sur disque et/ou sur scène par exemple, et c) une source de modèles de représentations de la réalité sociale.

Son omniprésence journalière nous inspire cette évidence : connaître la chanson — l'expression est bien connue — c'est s'ouvrir à une épaisseur de sens et d'enjeux dans lesquels nous sommes concernés. Le mérite de ce premier colloque de recherche sur la chanson française a été de nous le rappeler avec force.

Notes

1. La chanson folklorique a fait l'objet de plus d'une communication. Les ouvrages de Conrad Laforte de l'Université Laval semblent bien connus des folkloristes français. Yvon Guilcher a passé en revue les différentes conceptions de la chanson folklorique depuis les Romantiques jusqu'à nos jours.

La thèse des Romantiques lui accorde une origine collective, une création issue d'un jaillissement spontané. Cette thèse par trop mystique ne peut pas être «illustrée» et contredit l'observation la moindrement attentive. Par contre, elle a l'avantage de marquer le caractère universel et impersonnel de la chanson folklorique.

Avant même de proposer des électrolyses de la chanson comme aujourd'hui, la recherche universitaire, celle des philologues en particulier, a imposé une conception positiviste tout à fait opposée à celle des Romantiques. La chanson est l'œuvre d'un auteur ou d'un groupe de collaborateurs. Comme le peuple ne saurait rien produire de valable et de durable, il ne fait que reproduire. La chanson est donc datée, soumise à un milieu; elle n'est pas collective mais provient du travail d'un ensemble d'individus.

Cet impérialisme universitaire a ainsi favorisé les recherches empiriques sur les versions véhiculées par l'histoire. Il s'agit en fait davantage d'une tentative spéculative de reconstitution de la version «primitive» puisque la recherche sur le terrain était rare. Vanité de l'origine d'une part, de son auteur, de sa patrie, etc. Manie de la série d'autre part, des filiations, des emprunts, des influences : on assimile transmission orale et transformation (non) écrite, on confond transformation orale et transcription écrite. Ainsi, ce n'est pas la transmission orale qui devient responsable de la transformation mais le milieu, l'adaptation culturelle du matériau par une communauté. La francisation par exemple des nombreux folklores régionaux... proviendrait de la transformation progressive d'un timbre par une culture musicale constituée, un ensemble d'habitudes rythmiques, phoniques, figuratives, etc.

Yvon Guilcher a par la suite tenté une typologie de la chanson folklorique, relevant quelques éléments stables qui permettent de la distinguer d'autres types de chansons. D'abord

a) elle est *impersonnelle*, sans un auteur ou un interprète, sans même un «je» qui (se) raconte;

b) elle est *intemporelle*, universelle, sans date, même si elle est liée à une culture reconnaissable;

c) elle est *concrète*, dépourvue de l'allégorie par exemple, et très *simple*; en effet, si elle est en langue française, cette langue est simple, *pauvre* (sans cette richesse des patois paysans), ayant sans cesse recours au cliché et/ou aux stéréotypes syntaxiques;

d) elle se mesure donc selon un prêt-à-penser; elle rappelle une *morale traditionnelle*; elle n'est donc que très rarement contestataire;

e) elle suggère aussi une culture musicale géographique sur le plan mélodique, mais cette localisation demeure *archaïque*, difficile à situer, malaisée à dater; c'est une sorte de «climat» archaïque qui la désigne comme traditionnelle; enfin,

f) comme elle n'est pas d'un seul auteur, une même chanson est connue sous plusieurs *versions*.

Voilà comment on peut identifier une chanson folklorique.

Il faut par ailleurs se rappeler que le phénomène de la folklorisation est mort depuis environ un siècle : déperdition du répertoire, stoppage des transformations, etc. Il importe donc, désormais, de ne plus confondre répertoire traditionnel (transcrit en livres) et société traditionnelle, milieu élaborateur fécond avec ses pluralités, ses versions. Une culture populaire vivante présuppose un milieu qui chante tout seul; elle est *partagée*, sans que le chant ait besoin d'être suscité artificiellement.

Et le phénomène folk dans tout cela! Lié à la contestation «alternative» ou contre-culturelle des années 60, le folk n'évoque certes pas le même univers. C'est autre chose, une production nouvelle, et non un simple retour nostalgique à des origines. Il faut lire le volume passionnant de Michel Gheude et Richard Kalisz : *Il y a folklore... et folklore*, Éditions Vie ouvrière, Bruxelles, 1977.

2. La revue et l'opérette marseillaises mériteraient une étude en elles-mêmes tellement elles ont imposé finalement un style. Adrien Eche possède une collection de disques unique au monde de cette pratique artistique qui a eu tellement de faveur, surtout durant l'entre-deux-guerres, et jusqu'en 1950.

Les premières manifestations étaient parfois en patois provençaux, visaient la drôlerie et encourageaient la participation populaire. De 1900 à 1930, avec la popularité des bals, se développent la chanson ouvrière et surtout la «bagatelle». De plus en plus centrée sur Marseille, comme lieu de manifestation et comme traitement de thème — Vive Marseille, V'là Marseille — cette veine musicale populaire sera exploitée par une quinzaine de théâtres à Marseille, avec chacun sa troupe complète. De 1930 à 1950, ce genre s'est donc développé dans un contexte de riches spectacles et de grandes revues, à l'Alcazar par exemple, jusqu'à l'avènement du cinéma.

La revue marseillaise est progressivement montée vers Paris, passant du théâtre de Pagnol au cinéma, Paris étant toujours le lieu de consécration culturelle. On se souvient encore du succès énorme, jusqu'en Afrique du Nord, remporté par ces opérettes marseillaises qu'étaient *Au pays du soleil*, *Le tango du soleil*. Le genre était si vivant, si productif et si autonome qu'on parla même d'un tango marseillais.

Même encore aujourd'hui, les groupes rock marseillais exploitent les ressources du milieu qui est le leur : le soleil, la mer, la gaieté, etc. Le régional rejoint le national par l'affirmation de sa différence, de sa vitalité, et le national devient exportable par ce désir et ce besoin de faire valoir le soi propre.

3. La chanson ouvrière a connu ses heures de gloire en France depuis la Commune jusqu'à la Première Guerre mondiale de 1914-18, avec quelques retours sporadiques durant les années de crise, le Bloc populaire, mai 68, ou durant certaines manifestations collectives de protestation. Dans l'ensemble, les poètes-ouvriers ou les chanteurs-ouvriéristes écrivent pour leurs semblables, la plupart du temps à partir de timbres connus, et parfois en imitant les écrivains-vedettes

41

de leur époque. Ils sont conscients de la fonction et de l'impact de leurs chansons sociales dans tel ou tel contexte. C'est après la Commune que se manifesta une renaissance du mouvement ouvrier et anarchiste en France. Les chansonniers vont se multiplier : ils étaient souvent des militants et parfois des professionnels (comme Montéhus).

La tradition de cette chanson sociale et politique remonte donc aux goguettes du XVIIIe siècle, tradition que Robert Brécy a bien étudiée dans son livre désormais classique : *Florilège de la chanson révolutionnaire de 1789 au Front populaire*, Éd. Hier et demain, 1978. Les goguettes vont petit à petit céder la place au profit des cafés-concerts, moins politiques et davantage axés sur le loisir et le spectacle, et cela jusqu'aux années folles, relayés à leur tour par les music-halls.

Mais les chansonniers de goguettes vont rester vivants grâce à Marc Ogeret, par exemple, qui va réinterpréter les chansons que l'histoire a retenues («Le mouvement du 18 mars» de Charles Gille, «Le chant des ouvriers» de Dupont, celles de Béranger, de Pottier, de Bruant parfois, du groupe de la *Muse Rouge*, de Charles Davray, etc.). Grâce à des historiens qui vont travailler à l'enregistrement de ces documents, au Chant du monde surtout; grâce à des chansonniers modernes qui vont revivifier la tradition, tels Caussimon, Brel, Ferré, Ferrat, François Béranger, etc., et même un Fugain avec «Le chiffon rouge». Grâce aussi à des chercheurs-collecteurs-sociologues qui vont proposer des résultats d'enquête comme celle de Roubaix par Laurent Marty qui a recueilli plus de 400 chansons ouvrières composées de 1850 à 1914, comme celle de Christiane Oriol qui a longtemps fait de l'animation en milieu minier dans le nord de la France, comme Michel Gheude qui, à Bruxelles, avec une émission de radio qu'il consacra d'abord à la renaissance du folklore au début des années 70 puis de plus en plus à la production de chansons pour grévistes.

Au Québec, on connaît le livre *Chansons de lutte et de turlute* réalisé par Yves Alix pour le compte de la C.S.N., et plus près de la tradition, les *Chansons politiques du Québec* par Maurice Carrier et Monique Vachon chez Leméac, etc.

4. Marie-Véronique Gauthier a publié depuis lors un livre remarquable : *Chansons, sociabilité et grivoiserie au XIXe s.*, Coll. historique, Aubier, 1992, 311 p.

Le dépôt sonore

Robert Giroux

*La chanson occupe (...) une place con-
sidérable dans la culture de l'homme
inculte.*

Boris Vian, *En avant la zizique*

J'étais à enregistrer distraitement — pour ne pas dire repiquer
comme un pirate — les deux disques déjà anciens que Pathé Marconi
(C062 11929 et 12345) avait consacrés aux si nombreuses et ravis-
santes chansons de Vincent Scotto, qu'une révélation me plongea dans
un curieux malaise.

Tout en m'occupant de choses et d'autres, j'écoutais et je me
rendais compte que je connaissais presque par cœur la plus grande
partie de ces chansons et orchestrations.   Tino Rossi et Georges
Guétary les ont popularisées, Bourvil aussi, Andrex, Paul Péri, et j'en
passe : «La petite Tonkinoise», «Sous les ponts de Paris», «La trom-
pette en bois», «J'ai deux amours», «Marinella», «La java bleue», «Sur
le plancher des vaches», «La symphonie des semelles de bois», etc.,
toutes des chansons qui ont fait partie de la vie quotidienne de mes
vieux parents, et de mes frères et sœurs qui ont eu le loisir de les mémoriser en les entendant sur disque ou à la radio, toutes ces chansons
dont j'ai la forte impression de ne pas les avoir entendues depuis des

décennies, toutes ces mélodies m'imprègnent comme une éponge asséchée qui ne demande qu'à obéir au fluide merveilleux qui l'envahit soudain.

La mémoire me les restituait au fur et à mesure que le disque m'en rappelait les premiers accords, et tout mon corps participait joyeusement à la redécouverte de ce vieux fond musical endormi tout au creux de moi. Comme à mon insu, ce dépôt sensible remuait à la moindre alerte, fidèle et profond.

Je ne suis pourtant né qu'en 1944, à Montréal, juste un peu avant la révolution technologique et culturelle qu'allait provoquer la télévision. Je me rappelle très bien ces soirées familiales autour de la radio, assis devant l'appareil magique qui chantait et qui nous racontait des histoires. Je suis donc de la génération d'après-guerre qui écoutait *Jeunesse dorée* le midi et les aventures de Zézette (celles de son père surtout) tous les samedis.

Mon adolescence me semble pourtant avoir été bercée par les chansons de Paul Anka. Je les chantais sans rien comprendre aux paroles anglaises et en fixant langoureusement le miroir ovale et quelque peu dépoli de la chambre que je partageais avec mon frère qui a le même âge que moi. Paul Anka est peut-être canadien, mais l'engouement qu'il suscitait provenait bien du même raz-de-marée qui nous avait envahis avec l'explosion souterraine que provoqua le King, le roi du rock'n'roll, Elvis Presley. Je suis, oui, de la génération d'Elvis. Je devais être un «fou d'Elvis» pour reprendre le titre d'un roman, un «Elvis Gratton», même si la caricature est avec lui poussée jusqu'au dérèglement et la dérision.

Il y avait bien aussi le western qui marchait déjà très bien à cette époque-là. De Willie Lamothe, mon frère aîné me chantait les chansons en nasillant et en yodlant, la figure tout épanouie par le plaisir qu'il communiquait. Il chantait beaucoup, mon frère. Pas du Elvis, non, plutôt du Trenet. Il avait même transcrit un cahier complet de chansons françaises. Il nous parlait beaucoup aussi des acteurs et actrices de films américains qu'il dévorait au gré de ses loisirs; pourtant, à cœur de jour, il égrenait les refrains des chansons françaises qu'il connaissait d'ailleurs très bien.

En me laissant ainsi glisser dans le passé, j'ai du mal à mesurer ce qui pouvait bien m'influencer profondément durant les premières années de mon adolescence. Je sais que je n'ai jamais acheté un seul disque d'Elvis Presley... ni des Beatles... Ah oui, une seule fois, un album du groupe, mais c'était pour l'offrir à un ami qui vit aujourd'hui... en France.

L'enregistrement des chansons de Scotto s'est terminé comme cela arrive souvent lorsqu'on veut enregistrer le plus de disques possible sur une seule cassette de moyenne durée. Le côté B de cette cassette Sony se fermait sur des rythmes très gais, avec des orchestrations très caractéristiques de l'après-guerre. Les derniers centimètres de la bande captaient cependant le langoureux «Tango d'un soir» interprété par la vaporeuse (je ne parle que de la voix) Anny Gould. Le fait de redécouvrir ce tango de nostalgie me plongea dans une rêverie souriante, tout en étant déçu de n'avoir pu enregistrer que le début de la chanson. Mais l'atmosphère était là. L'audition des dernières secondes de la cassette ne manqua pas de m'en convaincre. Ma copine, qui a trois années de moins que moi et dont les parents sont de plus de dix ans plus jeunes que les miens, ma copine ne connaissait pas du tout ce tango. Je m'amusais à le lui fredonner, mimant la pose d'un danseur très averti et imitant la voix caverneuse et chaude d'Anny Gould. Cette complainte finit par m'envahir tout à fait. Je l'avais dans la tête. Je me sentais amoureux. Mon amie s'en aperçut rapidement et quelle ne fut pas ma torpeur lorsque, en baisant avec plus de tendresse que jamais, je me tordis dans un sanglot tout à fait inattendu.

Tout se passait comme si un monde venait de s'effondrer, comme si ces mélodies, que je venais d'enregistrer pour un éventuel cours sur la chanson française, n'étaient plus que des vieilleries démodées. Quelle idée idiote de vouloir les faire entendre à des jeunes de moins de vingt ans qui ne sauront réprimer le bâillement ou la moquerie. Ne sont-ils pas de la génération rock, de la pop génération, de celle qui s'est vue façonnée par la grande industrie du disque qui ne cesse de prospérer et par l'amorce d'une contre-culture qui ne cesse de s'étioler dans les lieux communs impuissants et désarmorçants de conflits de «génération».

Quand on a vingt ans, le monde part de nous et y retourne. Quand on a vingt ans, on est éternel : le passé est la naissance du jour et l'avenir un midi sans cesse recherché, poursuivi, jamais atteint, innombrable (à moins d'utiliser les mots des plus vieux, des autres), sans existence. L'appartenance à une classe d'âge ne fait pas une culture, n'est pas une réponse à l'appel et à la toute-puissance d'une pratique culturelle à laquelle on ne saurait échapper.

Le virage technologique que l'industrie internationale est en train de me faire avaler de force m'atteint. Ce matraquage idéologique autour d'un appareillage sur-puissant m'inspire une réflexion qui ne demande qu'à germer. Ça me trotte dans la tête comme une chansonnette. Je vais finir par l'apprendre, *la répétition* aidant et l'imposant. Quand on a cessé de parler de la radio, les gens l'ont écoutée sans se rappeler à tout moment qu'ils étaient en écoute. Performatifs, ils écoutaient. Et ils continuent de ne retenir que ce qu'«on» leur répète. Que cesse la reprise du «Let's Dance» de David Bowie et ils oublieront comme ils ont oublié les chansons des Cailloux et bientôt celles de Vigneault. Quand on a cessé de s'émerveiller devant le cinéma parlant, on l'a regardé en l'écoutant, sans plus. C'était là la véritable merveille, et facile à répéter. On a par exemple inondé les marchés potentiels de spectateurs d'une série ininterrompue de comédies musicales toutes plus débiles les unes que les autres, toutes plus semblables depuis les années 30 jusqu'à aujourd'hui, où les rapports de sexe, de pouvoir et de race sont demeurés immuablement les mêmes — la comédie musicale est une invention américaine! —, où l'argent et les plaisirs exclusifs déterminent des comportements sociaux qui sont devenus comme «normaux» aux yeux des générations qui les ont vus se répéter, se reproduire, s'imposer, etc.

Il est devenu urgent de rappeler à celui qui a vingt ans, c'est-à-dire qui n'a que le passé de son âge, il est devenu impératif de lui faire voir comment, par exemple, la majorité des titres que je nommais plus haut et que j'écoute comme des airs et des paroles autonomes sont le plus souvent des extraits d'opérettes, des chansons-thèmes de films, de comédies musicales, donc des produits issus et sélectionnés en fonction d'un système de production beaucoup plus vaste. *Starmania*! vous connaissez.

Il faut ces exemples gros comme une évidence pour admettre, surtout quand on a quinze ans, que les chansons à la mode de ces dernières années, c'est-à-dire celles que l'on s'émerveille d'entendre partout et à toute heure, sont issues, imposées et sélectionnées selon les lois d'un champ de production qui demeure ce qu'il est dans la mesure où ses produits sont acceptés, appréciés et donc achetés par le plus grand nombre. Ces airs ne sont devenus familiers que grâce à la radio et au disque, de la même manière que les vieux airs finissaient par s'imposer grâce au spectacle de music-hall, au disque, à la radio et au cinéma. Les structures des champs de production et de diffusion ont certainement beaucoup varié, mais le système et la représentation idéologique (sexe, pouvoir, race, âge, loisir, travail, etc.) que les promoteurs artistico-industriels cherchent à maintenir par des stratégies éprouvées en demeurent fort peu modifiées depuis les années 30.

Le monde moderne est né là, en 1930, même au Québec. Mon frère aîné est né à ce moment-là. Moi, en 1944, durant la guerre, en pleine prospérité économique. On nous a pourtant répété que c'était la «grande noirceur»...

* * *

Nous étions à la mer, à Wells, sur la côte atlantique des U.S.A. Chaque année nous nous retrouvons là entre amis, pendant une semaine. Et parmi les bagages, un indispensable appareil radio parce que dans les maisons que l'on arrive à louer dans le Maine, on trouve généralement beaucoup plus un téléviseur (et en couleur par-dessus le marché) qu'une radio — on ne peut pas en dire autant de la plage sur laquelle vous pouvez entendre une dizaine de postes à la fois quand vous avez le malheur de vous y promener la fin de semaine aux heures de pointe du soleil. Le transistor est une invention extraordinaire quand on y pense le moindrement. Mais les usages qu'on en fait remettent sur le tapis les débats empoisonnés autour du bon et du mauvais goût. Le walkman reste encore le compromis idéal... Trève de bavardage, nous étions donc à la mer et j'avais traîné avec moi mon énorme radio-cassette dont le design me décourage mais dont le son me remplit de... tout ce dont j'ai besoin par moment pour me sentir dans mes draps. L'image est peut-être douteuse mais l'impression ne trompe pas et Dieu sait si elle peut être partagée, et selon des harmonies fort diverses.

Comme la télévision m'ennuie, surtout l'été et surtout quand je ne suis pas chez moi (les draps!), la radio m'apparaît capable de bien des dépaysements, même aux U.S.A., pour un Québécois moyen comme je prétends l'être. C'est peut-être une question d'âge, je ne saurais trop l'affirmer, mais après deux jours de régime de cette musique qui domine le monde entier depuis quelques décennies, je commence à déborder. Je n'absorbe plus. J'ai beau me répéter que je suis chez eux, je retrouve cette étrange étrangeté de presque toujours trop les sentir chez nous. J'appelle alors mes cassettes à la rescousse et me réfugie dans un univers de chansons et de musiques de la «renaissance» européenne, quand ce n'est pas les rythmes amples et inspirés que développe Alan Stivell lorsqu'il est à son meilleur. Stivell

47

à la mer, cela a de l'écoute. Voilà bientôt quinze ans que je fredonne ou que je turlute ses airs. Et voilà qu'il remontait encore une fois la nacelle de mon dépôt sonore.

J'avais pourtant pris soin d'apporter les grands et moins grands succès d'Anne Sylvestre, dont les chansons créent des ambiances très singulières, en début de soirée, chez ceux de la génération des années 60, et du Brel-Ferré-Ferrat quand la soirée commence à avancer et à prendre le tournant de la solitude. Tout allait pour le mieux et la semaine a passé comme un éclair, six jours de jeux au soleil et des soirées bavardes entre amis, avec en musique de fond ceux que l'on avait choisi d'entendre et de tolérer afin que l'ambiance y manifeste du nôtre, en toute complicité.

J'avais aussi décidé de profiter de cette halte de repos pour écouter attentivement des chanteurs français dont je ne connaissais souvent que le nom, à peine deux ou trois succès passagers que la radio nous avait fabriqués et que j'écoute la plupart du temps d'une oreille fort distraite, surtout autour du petit déjeuner ou en fin d'après-midi, en attendant les nouvelles. Rappelez-vous ce que raconte «La chansonnette» que chantait Yves Montand... Des chanteurs français donc : Higelin, Lavilliers, Souchon, CharlÉlie Couture et le dernier disque de Renaud. Je ne peux pas parler de ça avec ma fille de 17 ans, elle est branchée ailleurs, vous savez bien! J'espère toutefois pouvoir en parler avec mes étudiants qui approchent de la vingtaine. On verra. De toute cette écoute du matin, textes en main, une petite heure avant les joutes de rakima sur la plage à marée basse, de toutes ces écoutes répétées, ce sont les chansons (texte, musique, interprétation) de Souchon qui m'ont le plus envahi. Elles me suivaient partout. Et je les remettais dans le magnétophone chaque fois que je le pouvais, et je finissais par tomber sur les nerfs de mes compagnons de vacances qui n'y prenaient pas autant d'attention, donc pas autant de plaisir. Appelez ça de l'intérêt si vous voulez. Magnétisé que j'étais.

Pourquoi ces chansons de Souchon et pourquoi agissaient-elles comme un philtre sur toutes mes activités de la journée? Pourquoi cela agaçait-il mes chums qui finissaient par se moquer de mon engouement, de mon envoûtement presque, tellement elles me trottaient dans la tête partout, sous la douche, au jeu, au repas, en promenade, partout, une vraie (dé)possession. Mais si je (j'y) pense à autre chose, c'est-à-dire que le charme puisse être rompu — ce qui n'empêche ni le plaisir ni le désir d'agir —, je pourrais essayer de voir un peu plus clair dans cet aveuglement... Je suis à l'avance persuadé de retrouver davantage de ce que j'y projette, moi, plutôt que des valeurs intrinsèques et exclusives aux chansons elles-mêmes. Le «littéraire» et le sémioticien que je suis ne manque pas d'être séduit par ce désir de Souchon d'affirmer ses dix ans, par ce plaisir qu'il prend à jouer avec les phonèmes, les jeux syllabiques, les rythmes, les calembours, etc. :

C'était l'dégoût
L'dégoût d'quoi j'sais pas mais l'dégoût
Tout p'tit déjà c'est fou
Comme tout me foutait l'dégoût

Voilà que les deux derniers vers se proposent comme un alexandrin bien peu orthodoxe, mais quelle efficacité dans le traitement des sonorités, dans la cascade des vers qui vont de 4 à 12 syllabes, dans le rythme saccadé des mots courts et rimés, dans la confidence à la fois naïve et déconcertante de lucidité. Décidément, les chansons de Souchon me charment à plus d'un titre. Jacques Brel m'avait conquis il y a (déjà) vingt ans par ses exigences morales, ses dénonciations, son pessimisme, sa misogynie, son art de «cracher» la bêtise des conditions humaines, l'utilisation qu'il faisait de l'accordéon musette, etc. Souchon joue du loufoque, et sous la facilité apparente du texte «parlé» et du rythme rock-pop à la mode, il gagne à l'audition répétée, il impose sa voix, il communique ses «beats» et ses chansons se mémorisent petit à petit, bien au-delà de ses refrains qui se veulent parfois simplement accrocheurs. C'est le rythme qui règne, et Souchon a souvent répété que c'était grâce à la musique de Laurent Voulzy qu'il avait trouvé sa manière, qu'il avait compris qu'on ne peut pas coller des textes classiques à la Ferrat-Aragon sur une musique «rockée» et que cela n'avait rien de déshonorant, à moins d'admettre une fois de plus que les poètes sont encore les meilleurs paroliers à mettre en musique, ce qui est fausseté bien souvent démontrée dans la pratique même de la chanson et la réception qu'on lui accorde dans des milieux sociaux très divers.

* * *

C'est tout à fait ça. Tout se passe comme si le commun des mortels n'était qu'un réceptacle, une banque, un dictionnaire de citations musicales. C'est ça. On aura beau multiplier les recherches savantes sur les rapports entre langue, musique et société, n'empêche qu'il n'existe pas à proprement parler de sujet «musicant» de la même manière qu'il existe un sujet «parlant». C'est la mise en garde très judicieuse que développe Redjeb Jordania dans un article fort intéressant intitulé : «Boris Vian et la chanson» (*Musique en jeu*, n° 30, mars 1978, p. 95). Toutes les équivalences proposées entre la langue et la musique d'une part, la parole et l'utilisation des règles morphosyntaxiques de la musique occidentale d'autre part, toutes ces équivalences portent sur ce que seraient ces préexistants (structurés en systèmes : la langue/la musique), mais ne portent pas sur les fonctions parlante et/ou musicale de l'individu au sein d'une formation sociale.

C'est qu'il n'y a pas d'équivalent entre la parole, selon Saussure, et la musique. En effet, si tous les membres d'un groupe linguistique utilisent en tout temps les unités et les structures de la langue dans des productions qui sont plus ou moins originales et toujours individuelles, et cela en des combinaisons presque illimitées, il en va tout autrement pour la musique, même improvisée. Dans tout groupe culturel, la majorité n'utilise jamais les données de la musique pour des créations plus ou moins originales. La musique qui vient aux lèvres ou au corps tout entier est pratiquement toujours celle qui a déjà été composée par d'autres : elle est le résultat d'agencements préétablis de notes et de rythmes, de réminiscences directes, et non des productions autonomes, bien que la majorité ait à sa disposition, ne serait-ce que par habitude auditive, les mêmes sons et la même grammaire musicale que les compositeurs de son groupe culturel.

> Le sujet parlant combine des mots pré-existants selon un schème pré-existant afin d'émettre une parole qui lui est originale. Le sujet musicant (...) peut émettre — ou entendre en mémoire, ce qui revient au même pour la musique (...) — certaines combinaisons ou fragments isolés sous forme de mélodie déjà établie, mais jamais il ne les combine en un tout qui lui soit propre.

À moins d'être compositeur. En effet, si tous les membres du groupe sont sujets parlants, seul un nombre très restreint en est sujet musicant, et ce nombre va même devenir de plus en plus infime si l'on en juge par les transformations sociales que font subir à un groupe culturel donné les inventions technologiques modernes qui misent davantage sur l'écoute des consommateurs que sur la pratique individuelle d'un instrument de musique. Umberto Eco a développé cela, dès 1965, dans deux articles percutants du numéro 6 de la revue

50

Communications : «La musique et la machine» et «La chanson de consommation».

Ainsi, alors que tout homme a à sa disposition un outil à appréhender l'univers et à l'exprimer, une langue, concrétisée par la parole qui lui est propre, ce même individu possède aussi en lui, mais non pas à sa libre disposition, tout un système musical, support de toute une culture musicale, déjà concrétisée en des produits (chansons, rythmes de danses, etc.) qu'il ne sait ni ne peut manipuler librement de façon personnelle, et dont il ne fait que des *citations*.

La situation inverse serait inimaginable, au risque de soustraire la parole de la langue, ou soustraire tout ce qui serait spontanément d'œuvres déjà construites, dont chacun aurait les éléments en mémoire, sans possibilité de les combiner en un tout cohérent et efficace; on serait condamné à ne jamais parler qu'en citations isolées, à ne communiquer que par une écoute partagée, comme au théâtre, et, ne pouvant s'exprimer directement, on attendrait les produits nécessaires à la communication de certains privilégiés qui posséderaient l'art de recombiner les unités et les structures des produits déjà faits, pour en créer des originales. Ce serait donc un monde où les poètes auraient le monopole de la parole. Ça vous rappelle quelque chose?

Sortons vite de ce mythe qui demeure encore bien vivant chez certains littéraires romantiques (ce que les Anglais appellent le «cultural lag»).

S'il est possible d'imaginer des groupes d'illettrés qui s'exprimeraient d'une manière tout à fait convenable quant à leurs besoins, sans jamais avoir été en contact avec un recueil de poèmes ou même un journal, il apparaît toutefois difficile de concevoir un groupe qui porterait en lui son propre système musical sans n'avoir jamais été exposé à aucun produit construit : comptines enfantines, cantiques de Noël, chansons folkloriques, écoutes sur disque, à la radio, etc. Une chanson populaire n'est-elle pas toute chanson reconnue par un nombre relativement élevé de membres d'un groupe culturel dans une période historique donnée. L'usage spontané de la langue que chacun porte en soi a peu à voir avec l'utilisation par un compositeur de la musique de son groupe culturel en une création artistique (et nullement spontanée en principe). C'est le poète ou l'écrivain soucieux du travail textuel qui peut être l'équivalent du musicien, et non monsieur tout le monde qui doit, lui, se contenter de porter en lui une sorte de mémoire individuelle, variable d'un individu à un autre et surtout d'un groupe social à un autre. Et comme il y a autant de langages musicaux qu'il y a de groupes socio-culturels...

Quantitativement parlant, la majorité des individus occidentaux étant musicalement inculte (ou illettrée), le système musical en cours se trouve actualisé dans la chanson. C'est ce qu'exprimait fortement Boris Vian en cette phrase concise que nous reproduisons au début de notre texte. Et comme la musique est produite par un nombre très limité d'individus, c'est à eux qu'il incombe de faire évoluer (tâche toute inconsciente le plus souvent) la musique, de multiplier les types de produits musicaux de manière à ce que le plus grand nombre de combinaisons possibles (bonnes ou mauvaises, peu importe) soient essayées en un temps donné.

Alors que dans la langue la *sélection* de telle combinaison se fait par la grande quantité de sujets parlants qui l'utilisent quotidiennement, la musique le fait par la grande quantité de «chansons» produites par un très petit nombre de membres du groupe. Donc, dans la langue, la sélection se fait par l'usage actif de tous; dans la chanson, «la sélection s'opère par un mouvement passif de rejection et de filtrage», explique R. Jordania, *après coup*, fonctionnant en même temps comme une forme de «feed-back».

Au risque de se répéter, dans le corps social, si tout le monde est sujet parlant, presque personne n'est sujet musicant, tout au plus mélomane, ne prenant aucune part directe à la création musicale, à son élaboration et à son évolution. Comme pour la poésie, la fonction du groupe majoritaire n'en est pas une d'utilisateur créatif mais de critique instinctive passive, filtre arbitraire qui valorise, sélectionne, classe et reproduit certaines formes et/ou écarte tout ce qui n'est pas conforme à la norme légitimée de l'heure, que ce soit par la trivialité ou par l'avant-gardisme, et plus ce filtrage et cet effet de «feed-back» s'opéreront rapidement, plus vite la musique changera, contrairement à la langue qui ne changera que très lentement, son utilisation massive par l'ensemble de ses membres commandant une certaine inertie, ne serait-ce que pour maintenir une cohésion dans la communication linguistique et les pratiques socio-culturelles.

Les goûts plus ou moins changeants des publics sont donc tributaires de ces mécanismes de sélection et/ou d'oubli dans la consommation des produits musicaux d'un très petit nombre de compositeurs. Aujourd'hui surtout, l'industrie moderne du disque, de la radio et du cinéma a enclenché un processus d'accélération toujours plus rapide du rythme d'évolution de la chanson. Il y a plusieurs raisons à cela. L'industrie a tout intérêt à inonder le marché de *nouveaux* produits de manière à accélérer et à amplifier les phénomènes de filtrage et de «feed-back» dont les auteurs-compositeurs-interprètes dépendent au plus haut point. Et inversement, plus les jugements de sélection s'accélèrent, plus la nouveauté se trouve suscitée, et en avant la musique! Et qui plus est, comme il est de plus en plus facile de prendre connaissance des productions culturelles et musicales de tous les coins du globe, l'industrie (multi)nationale et les groupes socioculturels jouent dans un réseau à la fois très large et très accéléré d'interactions, manœuvrent d'une part entre la tentation d'uniformisation des produits et des goûts (et des coûts) et d'autre part le désir de les voir éclatés et ouverts à toutes les formes de marchandises musicales.

L'industrie anglo-américaine du disque est donc à surveiller. Ses ambitions purement économiques débordent sur le social, le politique, le militaire, le culturel, etc.

Pour changer la musique d'un peuple, affirmait déjà Platon, il faut changer ses mœurs et ses institutions. Et de fait, ces changements s'opèrent au fil des décennies. N'allons pas chercher nos exemples dans le tiers-monde. Regardons plutôt ce qui se passe autour de nous.

La musique n'est pas quelque chose d'abstrait, de non signifiant, décrochée de toute attache socio-culturelle. Il faut bannir les essentialistes de la cité. La musique est rendue possible grâce à tout un système de production (de discours) : des agents produisent des objets musicaux selon des normes plus ou moins respectées, mais reconnaissables; ces objets sont valorisés ou rejetés par des délégués de parole officiels, des critiques dont la fonction est de sélectionner et de classer ces produits culturels selon des valeurs légitimées par des instances d'autorité, des vouloir-faire-faire efficaces qui inculquent chez les «artistes» ce désir de fabriquer; les objets sont enfin consommés (empruntés, achetés, échangés, marchandés, etc.) en des lieux divers et selon des rituels qui correspondent aux structures d'accueil de ces lieux de reproduction : salle de spectacle, musée, plein air, etc.

La musique n'est donc pas que pure abstraction. Tout un corps social, toute une vision du monde concourent à son maintien et à son dynamisme.

R. Jordania nous cite cette phrase de S. Langer : «La musique, (...) bien qu'étant de façon évidente une forme symbolique, est un symbole inachevé qui se prête à la révélation de concepts non scientifiques et articule des formes que le langage ne peut pas produire» (*Philosophy in a New Key*, Cambridge, 1957, chap. VIII). Elle rappelle également que les tenants de la musique abstraite et universelle, pure en soi, laissent en général de côté ce qui l'actualise le plus en Occident : la chanson et la musique de danse qui lui est associée. Or, comme on le disait plus haut, ce n'est pas le sens des paroles qui est déterminant, mais bien la chanson dans toutes ses composantes. Et dans la chanson récente, les paroles ne cèdent-elles pas de plus en plus de place aux rythmes, aux sons, etc. La puissance de séduction est telle que même l'unilingue francophone, québécois ou européen, succombe au charme et se laisse porter par le rythme des changements de modes...

L'observation des groupes d'émigrés fournit pourtant depuis fort longtemps des indices et des sens au comportement que nous reconnaissons chez les jeunes francophones. Dans son effort d'intégration au pays d'adoption, la deuxième génération émigrée rejette souvent la langue maternelle et n'arrive plus à la parler, tout en vouant un amour viscéral pour le folklore d'origine dansé et chanté, folklore qu'elle pratique volontiers et qu'elle inculque aux générations suivantes. Le phénomène montre que le véhicule profond des normes culturelles est moins la langue elle-même, explique R. Jordania,

> qu'une sorte d'abstraction linguistico-musicale, transmise et gardée au plus profond du sujet par des rythmes moteurs et musicaux articulés, où la distinction entre musique et langue s'est effacée, cette dernière ayant perdu son contenu sémantique pour n'être plus que séquence sonore. Nous nous trouvons là en face d'un phénomène incantatoire et phatique, qui rejoint — sous un angle différent — la chanson «rock» récente, surtout américaine, où la répétition soutenue des mêmes paroles et rythmes tend à dérober le contenu explicite de la langue pour se mettre à un niveau de base à contenu magico-culturel. (p. 106)

Le référend musical n'est abstrait que pour ceux qui veulent à tout prix l'exprimer en mots, qui s'acharnent à le cantonner au cœur du produit, en une sorte d'immanence autotélique. Le référend musical n'est compréhensible que dans la situation d'énonciation et de réception du groupe culturel dont il émane, et plus ce groupe est homogène, plus les effets sont prévisibles, et plus l'espace-temps culturel est circonscrit, plus sa ou ses significations sont opérantes (faute d'être évidentes).

L'auditeur ou le spectateur réagit en direct, avec son corps même, et non en différé comme un commentateur ou un critique qui doit transformer et investir ses réponses avec des mots. Le public collabore en quelque sorte à la communication que simule le performeur-artiste. Un même langage les réunit, tant et aussi longtemps que le charme demeure actif. Au risque de céder à la dimension magique, théologique même d'un spectacle, surtout quand ce spectacle est à grand déploiement, là où le phénomène se fait le plus grossier, il ne s'agit pas tant de communiquer quelque chose que de communier en quelque chose, à ceci est mon corps..., de participer à une relation toujours plus musicale et de moins en moins verbale.

On peut le regretter, bien sûr, et j'en suis, mais le cheval de Troie culturel que constitue la chanson pour toute société politico-économique dominante, ce cheval de bataille parle aujourd'hui anglais. Il parle ailleurs français, russe, allemand, arabe, etc. Ce cheval doit être identifié et défié par toute société «sous influence». Faute de pouvoir le détruire — encore faut-il le souhaiter —, elle doit apprendre à l'apprivoiser, à le dompter, à le reconnaître comme séduction, au sens de Jean Baudrillard, à le montrer du doigt. Les pouvoirs publics, surtout ceux qui régissent les médias électroniques, ont là une très grande part de responsabilité. Je veux bien ne pas porter de jugements moraux sur les goûts «populaires» de mes contemporains, jeunes et moins jeunes, en matière de chanson; sous peine de me leurrer, j'ajouterai à ces jugements une coloration sociologique, ce qui fera sans doute plus sérieux, en rappelant la bien commode définition du goût que propose Pierre Bourdieu dans *La distinction* (Minuit, Paris, 1979, p. 60) :

les goûts sont sans doute avant tout des dégoûts, faits d'horreur ou d'intolérance viscérale (c'est à vomir) pour les autres goûts, les goûts des autres. Des goûts et des couleurs on ne discute pas : non parce que tous les goûts sont dans la nature, mais parce que chaque goût se sent fondé en nature — et il l'est quasiment, étant habitus —, ce qui revient à rejeter les autres dans le scandale du contre-nature. L'intolérance esthétique a des violences terribles. L'aversion pour les styles de vie différents est sans doute une des plus fortes barrières entre les classes.

L'arbitraire culturel me clora donc le bec. Mais dans le silence, je participe à l'assujettissement (serait-il souhaité!) auquel me convie la société à laquelle je crois appartenir. Les sons verbaux, les rythmes, les gestes et les rituels qui me sont familiers sont ceux-là mêmes du spectacle de ma société.

Encore un texte inachevé. Il n'empêche que tout un chacun pourrait le reprendre et le poursuivre, à mi-chemin du biographique et de la réflexion, aussi bien dire de la fiction. C'est pour cette raison que je parle du spectacle, de la même manière que Debord a évoqué la «société du spectacle». N'en sommes-nous pas à la fois acteur et témoin! À nous d'en savoir distinguer les rôles et les passions, les goûts et les intérêts, depuis notre dépôt sonore *et* la communauté en marche.

Les éditions sonores au Québec
(1898-1960)

Jean-Jacques Schira

1. LES MACHINES PARLANTES...

En 1857, Léon Scott de Martinville invente le «Phonautographe», instrument qui enregistre mécaniquement des vibrations sonores quelconques. Pour la première fois, la voix humaine peut s'«écrire» automatiquement! Mais l'appareil est incapable de «lire» ces phonogrammes et n'intéresse que les phonéticiens.

Vingt ans plus tard, Thomas Edison imagine et construit le «Phonographe», qui enregistre et restitue la parole, par emboutissage d'une feuille d'étain. La naissance de la machine parlante a un retentissement immense : les journaux du monde entier lui consacrent des articles enthousiastes; en quelques mois, Edison, surnommé le «sorcier de Menlo-Park», devient un des hommes les plus populaires de son temps.

La musique mécanique existe certes depuis des siècles : carillons, pianos automatiques, boîtes à musique, oiseaux siffleurs, etc. Mais les plus habiles constructeurs (De Kempelen, l'abbé Mical, Vaucanson) ont lamentablement échoué dans leurs tentatives de construire une «machine à parler», dont un opérateur jouerait sur un clavier. Le phonographe apportera à l'humanité une technique mnémonique radicalement nouvelle : après des millénaires de suprématie, l'écriture a un rival.

Dès 1878, toutes les applications potentielles de l'appareil sont imaginées, du jouet au dictaphone, de l'archivage au divertissement, en passant par la pédagogie, le journal parlé, les livres pour aveugles et «les dernières paroles d'un être cher»... Malheureusement, il est si imparfait qu'il ne sort guère du laboratoire, et ne sert qu'à des démonstrations.

Ch. Bell et Tainter inventent la gravure sur cire vers 1881. Ce procédé de base sera utilisé jusqu'en 1950, remplacé par la bande magnétique. Les «phonographes» et les «graphophones» — marques déposées d'Edison et de Bell & Tainter — sont proposés en location aux hommes d'affaires, comme machines à dicter. L'échec est total.

À l'Exposition universelle de 1889 (Paris), les curieux payent volontiers quelques sous pour écouter des enregistrements. Enfin la machine parlante trouve sa voie : attraction foraine, puis divertissement familial...

Entre-temps, Émile Berliner a inventé le «gramophone» (1887), autre système, conçu pour pouvoir presser des disques en nombre illimité. Le génie de Berliner est d'avoir prévu le véritable usage qui serait fait de la machine parlante : la diffusion de musique et de chansons préenregistrées. Ainsi le «gramophone» n'est qu'un appareil de lecture, et sa mise en marché devra nécessairement être accompagnée d'une édition sonore, ce qui n'est pas le cas des machines à cylindres, dont l'utilisateur enregistre, écoute, efface et réenregistre ses propres productions.

L'édition sonore serait née en Allemagne, en 1890 : disques de 12,5 cm de diamètre, gravés à l'acide, pour des gramophones jouets. Mais les premiers «vrais disques» voient le jour aux U.S.A., à la fin de 1894.

Alors, devant la demande, les fabricants de cylindres doivent s'y mettre! En attendant le moulage, possible à partir de 1902, ils utilisent des moyens pauvres et limités : enregistrement simultané de plusieurs cylindres sur autant de machines, et transfert pantographique des gravures. En fait, cette «édition» produit des originaux multiples.

Les deux systèmes vont coexister jusqu'en 1929, mais dès le début, les avantages du disque (plus résistant, plus sonore, moins volumineux, moins fragile) sont si marqués que, malgré la qualité supérieure des cylindres (vitesse constante, moins de bruit de fond), à partir de 1906-1910 ces derniers ont perdu la partie.

De nombreuses améliorations jalonnent l'histoire de l'enregistrement sonore, si importantes que de dix ans en dix ans tous les matériels sont devenus désuets; parmi elles, l'enregistrement électrique et le microsillon (1947) vont bouleverser l'industrie. Mais, surmontant les crises, et surtout la redoutable concurrence de la radio, du cinéma parlant, de la télévision et des cassettes, le disque se prépare à fêter son centenaire.

2. ENREGISTREMENTS QUÉBÉCOIS

La machine parlante entre dans les maisons, accompagne les bûcherons dans les chantiers, suit les émigrants. «La musique que vous voulez, quand vous voulez, où vous voulez» est un de ses slogans. Un artiste peut se faire entendre des milliers de fois par des milliers de gens. Des paysans n'allant qu'une fois par année à la ville peuvent écouter chaque soir Sarah Bernhardt ou Caruso, ou même le fameux Fertinel, de Montréal... Les illettrés, ceux qui ne connaissent pas le solfège, peuvent alors apprendre une chanson en faisant jouer assez souvent le disque, et même imiter la prononciation et les tics d'un artiste célèbre... Pendant trente ans, jusqu'à la généralisation de la radio, l'enregistrement sonore sera le seul lien oral d'un individu avec de larges groupes sociaux; pour les émigrés, une évocation privilégiée de la patrie et de la langue. Et comme l'Amérique est peuplée d'immigrés, les fabricants prospectent toutes les clientèles. Ainsi naissent, à côté de l'édition «standard», «classique», «lyrique», des séries «étrangères» et «ethniques».

On proposera donc aux francophones d'Amérique des enregistrements parisiens, canadiens-français, cajuns, créoles, haïtiens, sur des catalogues bien différenciés.

Dans le cadre de cette étude, les «enregistrements québécois» sont les disques et cylindres édités — aux États-Unis et au Canada — spécifiquement pour la clientèle canadienne-française. La nationalité des artistes, des auteurs et des compositeurs n'est pas prise en considération, ni les enregistrements faits par des Québécois pour d'autres clientèles. La période couverte va des plus anciens documents connus jusqu'à la fin des disques 78 tours. Les rééditions ne sont bien sûr pas comptabilisées.

De 1898 à 1960, plus de sept cents artistes ont gravé plus de dix mille pièces, soit environ cinq cents heures d'audition. Ces chiffres considérables font de cette édition la deuxième francophone, et la première «ethnique» d'Amérique du Nord. À titre de comparaison, l'édition cajun compte moins de mille enregistrements.

3. HISTORIQUE

Le catalogue général québécois est une reconstitution. Quelques centaines de titres étaient offerts au choix du public simultanément : l'édition sonore fabrique en effet des objets vieillissants. L'usure physique des supports, les améliorations technologiques, l'usure du répertoire, le besoin de nouveaux artistes obligeaient les compagnies à un renouvellement continu. Chaque marque propose en effet un certain catalogue à un certain moment; sa politique commerciale lui fait même abandonner parfois le catalogue québécois, pousser davantage la vente de produits français ou américains. Heureusement, la concurrence et la demande du public l'obligeront vite à revenir sur sa décision.

On peut délimiter six «époques» dans l'histoire de l'édition sonore québécoise, qui se terminent par une invention importante et/ou un bouleversement radical du marché :

3.1 1898-1908. Époque des «2 minutes», une seule face gravée pour les disques.

Parmi les 5000 enregistrements réalisés par Berliner aux États-Unis avant la fin du XIXe siècle, huit sont spécifiés «French-Canadian». Eugène Danton interprète «À la claire fontaine», «En roulant ma boule», «C'est la belle Françoise», «À St-Malo beau port de mer», «Cecilia», «Vive la Canadienne», un extrait des «Cloches de Corneville» et les deux premiers couplets de «La Marseillaise». Nul ne sait qui était ce Danton. Peut-être un pseudonyme? Le centenaire de «La Marseillaise» n'est pas loin... Six de ses disques seront réédités au Canada, autre première...

Emile Berliner s'installe ensuite à Montréal, y fonde une compagnie qui presse des matrices américaines et européennes à partir de 1901. En 1903, il inaugure la première série québécoise : Victor Occelier chante «Ô Canada, mon pays, mes amours», «Mario de Lavigne», «Le drapeau de Carillon», etc.; Fertinel et Cartal se spécialisent dans le répertoire montmartrois et les grivoiseries : «Ben mon cochon», «Les fêtards parisiens», «Ma grosse Julie», etc.; Loiseau interprète le folklore, Méry et Harmant racontent des gaudrioles... En trois ans, plus de cent disques sont enregistrés et édités.

En 1903, la compagnie Edison propose 36 «French-Canadian» cylindres (dont sept airs de cornemuse enregistrés en Angleterre!) par Cartal, Harmant et son épouse Rhéa, Méry, Kelm et Lamoureux. En 1905-1907, Saucier et Cartal endisquent plus de cent titres chez Columbia (N.Y.). En 1906, Archambault enregistre cinq disques pour Imperial (N.Y.) et Ed. Le Bel quarante chansons pour Victor (N.Y.).

À une date indéterminée, Saucier grave une quarantaine de faces chez Berliner.

Au total, plus de trois cents enregistrements québécois sont commercialisés pendant ces dix ans, par quatre compagnies importantes dont deux (Victor U.S. et Berliner) sont affiliées, et une compagnie éphémère. La concurrence est grande : Columbia fait enregistrer les mêmes artistes que Berliner. Deux genres d'artistes sont utilisés, des chanteurs de formation, comme Saucier, Archambault et Le Bel, et des comédiens populaires, comme Cartal, Harmant et Fertinel. Le répertoire est bien tranché aussi : d'un côté les chansons patriotiques, religieuses et folkloriques, de l'autre des chansons de café-concert et des grivoiseries. À noter une production locale de ces dernières : «À Maisonneuve», «Les guidounettes», etc.

L'industrie du disque québécois semble prospère, et pourtant Berliner — seule compagnie installée au Canada — n'enregistrera plus avant 1916. Que s'est-il donc passé? Échec commercial? Ennuis avec les autorités religieuses pour le répertoire gaulois? (L'archevêché a réussi à faire interdire les cafés-concerts à Montréal...) Mystère...

3.2 1908-1925. Époque «acoustique», disques double-face de trois minutes, cylindres Blue Amberol de quatre minutes...

Trois compagnies : Berliner-Victor, Columbia et Edison, détenant les brevets, se partagent le marché américain. Jusqu'en 1916, il y aura peu d'édition québécoise. Columbia en est le leader, avec les disques de Vérande, Dufault, Mercier, etc. Edison sort quelques cylindres de Dufault et Saucier, Berliner se contente de presser les gravures de Saucier et de Le Bel. Les marchands se sont assagis, mais la concurrence est forte : mêmes artistes, mêmes répertoires de chants, romances et bluettes... Quand même, quelques refrains guerriers pour saluer la guerre mondiale!

Et, en 1916, l'édition redémarre... Est-ce à cause de la guerre? Les conflits suscitent en effet des besoins de divertissements. Ou bien, pressentant la fin de leur monopole, puisque les brevets de base vont tomber dans le domaine public, les compagnies préfèrent-elles aller au devant d'une éventuelle concurrence?

Plus simplement, le public québécois veut des disques de ses artistes!

Berliner lance une série canadienne, mélangeant disques anglais et français. Columbia donne leur chance à Magnan, Filion, Vaillancourt, Dubuisson, Pellerin, etc. C'est aussi le début des monologues et dialogues comiques, la «saga» du Père Ladébauche commence, les premières danses de campagne sont enregistrées (Roy, Gagnier).

Puis une nouvelle compagnie se fonde à Lachine (P.Q.), la Compo, qui enregistre et presse (entre autres) les disques Starr-Gennett. Cette compagnie va être la «locomotive» de l'édition québécoise, lançant des dizaines d'artistes, se spécialisant très tôt dans les danses de campagne, la musique traditionnelle et les comédiens populaires (burlesques).

Enfin, la folie des années 20 sévit à Montréal comme partout ailleurs : cinémas, théâtres, cabarets font salles combles. Tout le monde veut s'amuser. Et on consomme énormément de musique et de chansons. Opérettes, revues, soirées «folkloriques» se succèdent à un rythme rapide... Toutefois, au lieu de danser sur des airs de jazz, comme à Paris ou à New York, les Québécois dansent la gigue et le quadrille, se déguisent en draveurs et coureurs de bois, et revivent «le bon vieux temps»...

Une culture citadine québécoise (c'est surtout à Montréal que ça se passe) se dessine, s'affirme : francophone mais pas française, américaine mais pas anglaise... Les chansons de Broadway ne transitent plus par Paris : des centaines sont traduites et enregistrées à Montréal même, par des Québécois. On parle «canayen», le langage populaire se revendique en scène et sur disque.

En quittant cette époque, dont près de deux mille enregistrements témoignent de la vitalité, saluons les disques La Patrie de Lawrence (Mass.), éphémère mais sympathique tentative d'édition sonore franco-américaine.

3.3 1925-1932. De l'enregistrement électrique au creux de la Grande Crise.

Jusqu'en 1925, la technique d'enregistrement est à peu près la même qu'en 1887 : l'artiste chante ou joue devant un cornet, les sons font vibrer une membrane sur laquelle est fixé un burin qui grave directement la cire. Les fréquences enregistrées se situent entre 500 et

5000 vibrations à la seconde. Les voix graves et aiguës, les instruments à cordes sont très défavorisés. Il y a donc des voix «phonogéniques» (Caruso) et des voix qui ne passent pas (La Patti).

L'enregistrement électrique se fera plutôt au moyen d'un micro. Le son est transformé en courant électrique, qu'on peut amplifier, filtrer, modifier avant de l'envoyer dans un électro-aimant solidaire du burin. Les fréquences enregistrées varient entre 90 et 8000 vibrations à la seconde, en 1930.

L'amélioration est telle que l'enregistrement électrique rend caducs tous les catalogues existants. En un premier temps, Starr-Gennett s'allie avec Columbia, qui pressera ses matrices aux U.S.A., et commence un programme forcené : il faut battre Victor (ex-Berliner) de vitesse. Une nouvelle venue, la compagnie Brünswick, enregistre une importante série québécoise. C'est l'apogée de l'édition : plus de deux mille gravures en quelques années. Puis c'est la catastrophe : le marché s'effondre.

La crise du disque précède de plusieurs mois la grande dépression. La baisse des ventes commence avant le krach de Wall Street. La concurrence de la radio, du cinéma parlant, la vogue des sports l'expliquent aisément. Il faut aussi se rééquiper : les vieux gramophones sont périmés, les nouveaux coûteux, les combinés radio-phono hors de prix.

L'une après l'autre les compagnies tombent : Columbia passe sous le contrôle d'A.R.C., Brünswick et Edison disparaissent, Victor est rachetée par R.C.A. Starr-Gennett «fuit par en avant» et prépare un disque «double-durée» (25 cm, 6 minutes, 2 plages par face), qui sort pour les fêtes de Noël de 1931.

Les artistes marquants de cette période sont Mme Bolduc, Légaré, Soucy, Marchand, Lavoie, etc.

3.4 1932-1940. La traversée du désert...

Les usines ferment, les chômeurs manifestent, les queues s'allongent devant les soupes populaires. Le monde s'installe dans la crise. Les Québécois colonisent l'Abitibi. Le gouvernement donne... un rouet aux colonisatrices.

Dans les studios d'enregistrement, très peu d'activité subsiste. Des séries bon marché, utilisant les vieilles matrices, sont mises en vente : Melotone, Duprex, Bluebird, Velvet-Tone. Les prix sont coupés des deux tiers.

C'est bien sûr le temps de la grande histoire d'amour des Québécois et de la radio. Mais le disque n'est pas mort, on constate à partir de 1935 une légère reprise, assez régulière.

Et voilà que la Seconde Grande Guerre va relancer le marché du divertissement : il faut bien se remonter le moral. En 1940, l'édition est visiblement en pleine convalescence. (Delval, Dumas, Lebrun, Duchesne, Huot, Parent, etc.)

3.5 1940-1950. Retour à la normale.

À la fin de la guerre, les ventes de disques ont tellement augmenté que R.C.A. Victor lance une série québécoise «normale», c'est-à-dire plus chère, à côté de Bluebird : Robi, Dumont et Normand dans la première; Lamothe, Brunelle et Dumas dans l'autre. Starr fournit toujours une clientèle populaire : Houde, Michel Noël, Taffnut, etc. En 1948, Columbia sort le microsillon et, en 1949, R.C.A. Victor le 45 tours.

3.6 1950-1960. Explosion!

Le boom économique, le pouvoir d'achat des adolescents, la vogue de la danse et des auteurs-compositeurs-interprètes, la télévision, les juke-boxes, le rock'n'roll, le transistor, tout cela fait éclater le marché. Dix-huit nouvelles marques de disque se créent, Columbia refait un catalogue québécois. Pour la première fois, des compagnies européennes s'installent à Montréal.

Le Québec chante. Au premier Concours de la chanson canadienne, plus de mille chansons sont reçues. J. Labrecque, F. Robidoux, C. DesRochers, R. Lévesque, M. Gélinas, F. Leclerc, etc. seront les vedettes des derniers 78 tours. Car le vieux 78 tours est condamné, remplacé par le 45 et le microsillon. Au hit-parade de décembre 1959, il figure encore; en janvier 60, c'est fini.

4. QUALITÉ MUSICALE DE CES ENREGISTREMENTS

Si les disques enregistrés électriquement sont en général très écoutables, pour autant que la copie soit en bon état et le matériel de lecture adéquat, il n'en va pas de même pour les enregistrements acoustiques, surtout les très anciens. Et pourtant ils paraissent admirables à leurs contemporains... En 1908, devant un ministre, on déposait solennellement vingt-quatre disques dans les caves de l'Opéra de Paris, pour édifier les générations futures!

Avec la pratique, l'oreille s'accoutume. Des auditions répétées sont parfois nécessaires : tout comprendre d'un monologue débité à cent cinquante mots à la minute, en «montréalais vulgaire» de 1925, n'est pas facile. Des améliorations sont imaginables; par l'informatique on pourrait «construire» les fréquences absentes, enrichir le signal d'harmoniques «vraisemblables», rectifier les distorsions...

Il est rare de trouver des exemplaires en bon état : un disque est endommagé après quelques centaines d'auditions, même dans les meilleures conditions. Combien de fois ces disques ont-ils été joués, et comment, en plus de quatre-vingts ans?

Enfin, se souvenir qu'un enregistrement de 1898 produit un son plus riche que le téléphone d'aujourd'hui.

5. CONSERVATION

Aussi incroyable que cela paraisse, personne ne s'est soucié de conserver ces enregistrements. Les compagnies ont été vendues, ont déménagé. Les pesantes matrices métalliques ont fini à la ferraille, et la paperasse au brûle-ordures.

Côté pouvoirs publics, à Ottawa, le dépôt légal de l'édition sonore n'a été institué qu'en 1969, et à Québec, créé par le bill 91 (1967), il est supprimé par le règlement d'application.

Il n'y a aucun endroit public où on puisse trouver les enregistrements d'Emma Albani, d'Olivier Guimond ou de Dominique Michel d'avant 69. Une opinion très répandue veut que Radio-Canada s'en occupe. C'est faux : ce n'est pas son rôle, et elle n'existe que depuis 1936. Il y a quelques années, voulant rééditer J. Allard, la compagnie du Tamanoir a présenté une liste de 80 disques à la phonothèque de la radio, il n'y en avait qu'un seul! Et Allard est un des plus fameux violoneux québécois.

L'explication est simple : la «musique en conserve», comme ils la nommaient, a été très mal perçue par les musiciens, qui y voyaient une menace pour leur corporation. La qualité des disques étant assez médiocre jusqu'en 1925, la production québécoise étant surtout populaire, ils ont eu beau jeu de dénoncer cette affreuse musique mécanique, qui abîme les oreilles et déprave les mœurs... Car enfin, il y a la «bonne musique», le «bon théâtre», la «bonne chanson», qui méritent tous les respects — et les subventions! — mais le cotillon, la gaudriole et la Poune...

65

Ce n'est que durant les années 60 que cette mentalité a commencé à changer. En 1967, un projet du centenaire présenté par Edward Moogk a permis à la Bibliothèque nationale d'Ottawa de commencer une collection d'anciens enregistrements.

Il serait urgent de recenser ce qui existe dans les différentes phonothèques, et les collections privées, afin de pouvoir dresser un bilan de ce qui a été conservé. Il faut admettre qu'une bonne partie de ces enregistrements est irrémédiablement perdue, surtout parmi les plus anciens.

6. QU'EST-CE QUE LA DISCOGRAPHIE?

La discographie est née durant les années 20, quand les amateurs d'opéra décidèrent de répertorier les enregistrements des grandes voix. Puis les fans de jazz s'y sont mis, et depuis une dizaine d'années de grandes recherches ont été menées, surtout par les Anglais et les Américains. Le but de la discographie est de trouver le plus d'informations possible sur un ensemble de disques; elle se voudrait exhaustive. Il peut donc y avoir discographie d'un artiste, d'un genre, d'un thème, d'un instrument, d'une culture, etc.

Un enregistrement est décrit par le titre, l'interprète, l'accompagnateur, l'auteur, le compositeur, la date et le lieu de sa réalisation, les numéros de matrice et de série, les compagnies éditrices, les étiquettes, les rééditions.

Une discographie est enfin complétée par des index, des textes — bibliographiques par exemple —, des documents. Il s'agit donc essentiellement d'un ouvrage de référence. On peut ajouter que les discographes sont en général des amateurs passionnés et des collectionneurs, et que leurs travaux dorment dans des tiroirs ou ne sont diffusés que dans des revues confidentielles. Quelques organismes publics (universités de Californie, de Toronto, Library of Congress, l'Unesco) s'y intéressent parfois, et mettent leur infrastructure et leurs moyens de diffusion à leur disposition.

7. DISCOGRAPHIE QUÉBÉCOISE

Parmi le très petit nombre de livres parlant de disques québécois, il faut citer :

En remontant les années, d'Edward B. Moogk (Bibliothèque nationale du Canada, 1975, 473 pages), dont la partie historique et l'iconographie restent très valables, mais dont la discographie est tout à fait dépassée. Le mélange des artistes anglophones et francophones occulte totalement le phénomène très particulier de l'édition québécoise.

Les pionniers du disque folklorique québécois 1920-1950, de G. Labbé (Les Éditions de l'Aurore, 1977, 216 pages), avec en sous-titre : «Cet ouvrage est la première liste complète de nos vieux folkloristes...», qui ne remplit hélas! pas ses promesses. Les «pionniers» ont vingt ans de retard, et «la liste complète» représente moins de 20 % de la matière.

Ethnic Music on Records — A discography of commercial Ethnic recordings produced in the United States, 1894-1942, de R. Spottswood (section française de 114 pages, Library of Congress), premier travail sérieux (index, numéros de matrice, dates) publié sur le sujet. Pourtant, rien n'est parfait, et on peut lui faire deux critiques : le choix de certains artistes français (Bégué) et l'exclusion d'autres (Guilbert, Bernhardt), et surtout le listage de centaines de collectages cajuns, qui n'ont jamais été édités, fausse l'image de la vitalité artistique relative des Cajuns et des Québécois.

C'est tout, et c'est très peu : plus des deux tiers de l'édition sont ignorés, ce qui explique les lacunes des publications sur la chanson, le théâtre, le monologue. Exemple récent : *Encyclopedia of Music in Canada* (University of Toronto Press, 1981), page 97 : «She (Mme Bolduc) (...) continued to record, completing 29 two-sided 78s and 16 one-sided 78s for Starr before her death.» Comment peut-on imprimer une telle absurdité? (Chaque face de disque est enregistrée séparément et le couplage de deux matrices arbitraire.) C'est tout simple, il suffit de mal comprendre un paragraphe du livre de Réal Benoît (*La Bolduc*, Éd. de l'homme, 1959, p. 122) qui, après avoir donné une liste de disques, écrit : «Voici enfin d'autres titres de chansons, présentés individuellement. Ces disques sont vraiment disparus du marché.» Et il donne seize autres titres.

Détail sans importance, sans doute, mais le manque de rigueur et les anecdotes douteuses transforment vite l'histoire en légende.

À propos de Mme Bolduc, cas exemplaire, voyons ce que la discographie peut nous apprendre. Sa carrière est assez mal connue; les souvenirs de ses proches recueillis par Benoît remontaient à plus de vingt ans au moment de son enquête, et l'article nécrologique de

Letondal évoque surtout des confidences de coulisses. Unanimité sur ces trois points :

a) Son premier disque, enregistré difficilement, fut un succès immédiat.

b) Musicienne amateur, elle connut du jour au lendemain la célébrité.

c) Elle fut une super-vedette, et sa carrière ne fut interrompue que par un accident (1937), et sa mort (1941).

Un simple coup d'œil sur sa discographie (en annexe) dément le premier point : son premier succès, «La cuisinière», est son neuvième enregistrement, son cinquième disque, et sa deuxième (peut-être quatrième) chanson. Elle débute aux «Veillées du bon vieux temps» en 1927, et y rencontre Gauthier, Légaré, Amirault, Lapierre-Latour, Monmarquette, St-Jean, Soucy, Daignault, etc., qui enregistrent tous des disques, et dont plusieurs composent paroles et/ou musique. Elle est donc plongée dans un milieu d'intense activité artistique et de création, très stimulant. En 1929, la compagnie Starr lui fait enregistrer quatre disques qui ont si peu de succès qu'ils disparaissent du catalogue en 1930. La célébrité «du jour au lendemain» a mis plus de deux ans à venir, et la musicienne amateur était devenue semi-professionnelle...

Pour suivre sa carrière, comparons le nombre de ses enregistrements année par année, avec ceux d'autres artistes, chanteurs, instrumentistes :

	1930	1931	1932	Total
Mme Bolduc (chant solo)	24	20	12	56
Légaré (chant solo)	10	12	2	24
Marier (chant)	12	12	20	44
Monmarquette (accordéon)	14	8	—	22
Soucy (violon)	12	9	4	25
L.P. Bourassa	—	6	13	19

Elle domine largement, mais on observe qu'entre décembre 1929 et juillet 1932 (moins de trois ans), elle a enregistré 60 chansons (en comptant les duos avec Légaré), soit plus des quatre cinquièmes de sa production totale, et qu'au cours des trois années suivantes, elle ne grave que deux titres. On note aussi qu'en 1932, deux chanteurs, dont un nouveau venu, enregistrent plus qu'elle.

Si sa «carrière phonographique» est un reflet de sa popularité, on constate qu'après un succès fulgurant sa verve créatrice est épuisée, ou que le public et les éditeurs la délaissent. Super-star ou étoile filante? La question se pose.

Cet exemple d'utilisation simple de la discographie met en évidence l'aide précieuse qu'elle peut apporter aux difficiles recherches sur les arts populaires. Sa capacité de chiffrer certains facteurs (longévité d'une chanson, d'un artiste, réédition, etc.) en fait même un des rares instruments de mesure, dans un domaine où la subjectivité des jugements et l'imprécision des témoignages est la règle. Créée et développée par des marchands, pour des profits, l'édition sonore sélectionne durement œuvres et artistes, et donne mois après mois, année après année, un instantané de la situation : Qui monte? Quel sera le prochain tube? Si on essayait le western?

Considérée comme un ensemble de données socio-culturelles, par son ampleur (700 artistes, 10 000 enregistrements), la discographie québécoise permettra d'établir certaines statistiques, comme les pourcentages au cours des ans du contenu canadien, français, américain; comparaison des goûts d'une décennie à l'autre; pérennité des chants, des danses...

L'exploration thématique est prometteuse : relations familiales ou sociales, inventions nouvelles, impact d'un fait divers, d'un événement politique, sport... Et les tabous, les sujets non traités!

En conclusion, ces milliers d'enregistrements sonores sont une documentation que ne peuvent ignorer ceux que concerne l'histoire de la musique, du théâtre, de la chanson, de la locution et du discours québécois.

ANNEXE : DISCOGRAPHIE CHRONOLOGIQUE DE MME BOLDUC

L'édition originale est sur disques Starr-Gennett, étiquette bleu et or. Les disques Columbia, étiquette verte, puis rouge, sont l'édition américaine. Les disques longue durée Starr sont des repiquages de 1931 et 1932. Les disques Starr et Apex, étiquette bleu et argent, sont des rééditions tardives. Tous ces enregistrements sont électriques, sur des disques de 25 cm, à 78 RPM.

Le tableau qui suit donne, dans l'ordre,
a) le numéro de matrice
b) le titre
c) l'accompagnateur
d) la date d'enregistrement
e) le numéro de catalogue

3744-1	Y'a longtemps que je couche par terre (vieille chanson)		St 15591 A
3747-1	La Gaspésienne (reel)	ca 05/1929	St 15591 B
3880-2	Gendre et belle-mère		St 15618 A
3881-2	Quand on s'est vu		St 15618 B
	Jim Crow (reel)		St 15623
	Ah Ah Ah (marche)		St 15623
3930-2	Valse Denise		St 15661 A
3992-2	Reel de la goélette		St 15661 B
4012-1	La cuisinière (guitare : Levert)	12/1929	St 15665 A
			Col 34324 F
4013-2	Johnny Monfarleau (guitare : Levert)	12/1929	St 15665 B
			Col 34324 F
4104-3	Regardez donc mouman (guitare : ?)	14/01/30	St 15679 B
			Col 34296 F
4116-2	La servante (guitare : ?)	18/01/30	St 15679 A
			Col 34296 F
4144-2	Arthimise marie le bedeau (guitare : ?)	29/01/30	St 15682 A
4145-1	Tourne ma roulette (guitare : ?)	29/01/30	St 15682 B

4282-5	Le bonhomme et la bonne femme (guitare : ?)	21/13/30	St 15700 A
			Col 34340 F
4306-2	Si vous avez une fille qui veut se marier (guitare : ?)	31/03/30	St 15700 B
			Col 34340 F
4311-3	Le joueur de violon (guitare : ?)	03/04/30	St 15712 A
4312-3	Ton amour ma Catherine (guitare : ?)	03/04/30	St 15712 B
4353-2	Reel turluté (guitare : ?)	30/04/30	St 15721
4354-1	Gigue des commères (avec Monmarquette)	30/04/30	St 15719 A
4355-1	Fantaisie écossaise (avec Monmarquette)	30/04/30	St 15719 B
4378-2	Fricassez-vous (piano : ?)	14/05/30	St 15720 A
4379-1	Valse turlutée (guitare : ?)	14/05/30	St 15721
4380-1	La morue (piano : ?)	14/05/30	St 15720 B
4432-2	Mon vieux est jaloux (piano : ?)	18/05/30	St 15730 A
4458-2	Un petit bonhomme avec un nez pointu (piano : Denise Bolduc)	27/06/30	St 15733 A
			Col 34323 F
4459-1	Chez ma tante Gervais (piano : Denise Bolduc)		St 15733 B
			Col 34323 F
4468-1	La pitoune (piano : ?)	18/06/30	St 15730 B
4534-2	Les maringouins (piano : ?)	21/08/30	St 15751 B
4535-3	Toujours l'R-100 (piano : ?)	21/08/30	St 15751 A
4573-2	Ça va venir découragez-vous pas (piano : ?)	23/09/30	St 15761 A
			Col 34321 F
4574-2	Fin Fin Bigaouette (piano : ?)	23/09/30	St 15761 B
			Col 34321 F
4615-2	Mademoiselle dites-moi donc (avec O. Légaré; violon : ?, harmonica : ?, piano : ?)	27/10/30	St 15765 B
			Col 34322 F
4616-2	La bastringue (avec O. Légaré; idem)	27/10/30	St 15765 A
			Col 34322 F
4629-2	Les agents d'assurance (piano : Denise Bolduc)	04/11/30	St 15770 A
4648-1	Rouge carotte (piano : ?)	12/11/30	St 15770 B
4649-2	Le Jour de l'an (piano : ?)	12/11/30	St 15771 A

4651-2	Le bas de Noël (piano : ?)	12/11/30	St 15771 B
4701-3	La grocerie du coin (harmonica, piano : ?)	10/12/30	St 15780 A* Col 34374 F
4709-2	Le propriétaire (harmonica, piano : ?)	12/12/30	St 15780 B* Col 34374 F
4761-2	Fêtons le Mardi-gras (harmonica, piano : ?)	15/01/31	St 15790 A
4762-2	Un vieux garçon gêné (harmonica, piano : ?)	15/01/31	St 15790 B
4787-1	Nos braves habitants (piano : ?)	03/02/31	St 15795 B
4788-1	Les filles de campagne (piano : ?)	03/02/31	St 15795 A
4872-3	Le sauvage du nord (harmonica, piano : ?)	26/03/31	St 15800 A
4873-1	Jean-Baptiste Beaufouette (harmonica, piano : ?)	26/03/31	St 15800 B
4887-2	La chanson du bavard (harmonica, piano : ?)	09/04/31	St 15814 B
4888-3	L'ouvrage aux Canadiens (harmonica, piano : ?)	09/04/31	St 15814 A
5061-1	C'est la fille du vieux Roupi (harmonica, piano : ?)	07/07/31	St 15822 B
5062-2	Il va me faire mourir c'gars-là (harmonica, piano : ?)	07/07/31	St 15822 A
5063-2	La côte Nord (harmonica, piano : ?)	07/07/31	St 15834 A
5064-2	Aux chauffeurs d'automobile (harmonica, piano : ?)	07/07/31	St 15834 B
5151-2	Le commerçant des rues (harmonica, piano : ?)	15/09/31	St 15845 B
5152-1	Ah! C'qu'il est slow Tit Joe (harmonica, piano : ?)	15/09/31	St 15845 A
5153-2	Chanson de la bourgeoise (harmonica, piano : ?)	15/09/31	St 15850 B
5212-2	Tit Noir a le mal imaginaire (harmonica, piano : ?)	08/10/31	St 15850 A
5270-2	Garde-toi ce que t'as l'air (harmonica, piano : ?)	06/11/31	St 15854 St 19021

5271	Danse en souliers d'bœufs (J'danse pas la rumba comme à Cuba) (harmonica, piano : ?)	06/11/31	St 19021
5273-2	Bien vite c'est le Jour de l'an (avec sa famille)	06/11/31	St 15855 A
5274-2	Voilà le père Noël qui nous arrive (avec sa famille)	06/11/31	St 15855 B
5403-1	J'ai un bouton sur la langue (harmonica, piano : ?)	20/01/32	St 15856 A*
5404-2	Rose cherche à se marier (harmonica, piano : ?)	20/01/32	St 15856 B*
5405-2	Quand j'étais chez mon père (vieille chanson)	20/01/32	St 15857 A*
5406-2	Les femmes (vieille chanson)	20/01/32	St 15857 B*
5741-1	Les policemen (harmonica, piano : ?)	05/05/32	St 15862 A
5742-2	Les Américains (harmonica, piano : ?)	05/05/32	St 15862 B
5743-2	Si les saucisses pouvaient parler (harmonica, piano : ?)	05/05/32	St 15861 B
5744-1	L'enfant volé (piano : ?) chanté par Lucienne Bolduc	06/05/32	St 15861 A
5839-2	En revenant des foins (avec sa famille) (harmonica, piano : ?)	02/07/32	St 15863 A
5840-2	Les conducteurs de chars (harmonica, piano : ?) (avec sa famille)	02/07/32	St 15863 B
5841-1	Sans travail (harmonica, piano : ?) (avec sa famille)	02/07/32	St 15864 B
5842-2	Les vacances (harmonica, piano : ?) (avec sa famille)	02/07/32	St 15864 A
7156-1	Les cinq jumelles (piano : Denise Bolduc)	06/03/35	St 15907 A
7157-2	La Gaspésienne pure laine (piano : Denise Bolduc)	06/03/35	St 15907 B
7473-1	La lune de miel (piano : Denise Bolduc)	1936 ?	St 15966 B
7474-2	Les colons canadiens (piano : Denise Bolduc)	1936 ?	St 15966 A
7488-1	Les pompiers de St-Éloi (piano : Denise Bolduc)	1936 ?	St 15978 A
7489-1	Gédéon amateur (piano : Denise Bolduc)	1936 ?	St 15978 A
7490-1	Les médecins (piano : Denise Bolduc)	1936 ?	St 15977 B

7497-1	Arrête donc Mary (avec Jean Grimaldi)		
	(piano : Denise Bolduc)	1937 ?	St 15977 A
7644-2	Les belles-mères (avec «Zézé»)		
	(piano : Denise Bolduc)	1937 ?	St 15993 A
7645-2	Quand j'ai vingt ans		
	(piano : Denise Bolduc)	1937 ?	St 15993 B
9059	Tout le monde a la grippe		
	(piano : Denise Bolduc)	1938 ?	St 16223 A
9060	Le voleur de poules		
	(piano : Denise Bolduc)	1938 ?	St-16223 B
9084	Je m'en vais au marché		
	(piano : Denise Bolduc)	1938 ?	St 16226 A
9085	Les souffrances de mon accident		
	(piano : Denise Bolduc)	1938 ?	St 16226 B

Mme Bolduc a également accompagné, vocalement, à l'harmonica et à la guimbarde des enregistrements de Monmarquette, O. Légaré, J. O. La Madeleine, mais son nom ne figure pas sur les étiquettes.

* St 19.. ?

Essai de typologie
de la chanson populaire

Jacques Julien

Hormis la chanson poétique et le folklore, la chanson populaire, jusqu'à ces dernières années, n'a pas trouvé de place dans la recherche universitaire. Le western, le country, la chanson sentimentale, le tube sont toujours des formes qui répugnent aux instances de consécration distinguée, qu'elles soient lettrées ou non. L'ignorance systématique de ces régions nous a donné une perception irréaliste de la chanson contemporaine, perception qu'il faut essayer de corriger.

La sociologie s'interroge sur les critères de sélection des corpus, sur la classification et la consécration qui en découlent. Il semble maintenant évident que la chanson à texte a été surévaluée, au point de se donner comme la totalité de la production québécoise (exportable). Des travaux ultérieurs pourront chercher les raisons de cette préférence.

Cet article se structure autour des questions propres à la typologie et à la réception de la chanson populaire québécoise. L'intention avouée est de dresser un cadre général des formes de la chanson populaire. Des rappels historiques et sociologiques seront faits pour appuyer les choix de la terminologie. De cette façon,

75

j'espère proposer une vue d'ensemble qui ne soit pas seulement un organigramme logique mais la mise à jour de réseaux encore actifs.

Le discours sur la chanson populaire est encore incomplet et peu cohérent. Seule la chanson traditionnelle (folklore) a reçu un traitement scientifique. Bien qu'il y ait, par la chanson à texte, un tuilage entre la littérature et la chanson populaire, les instruments de la théorie littéraire ne sont pas transférables de l'une à l'autre sans un renversement de perspective. La chanson populaire contemporaine ne relève pas de la production lettrée artisanale. Il s'est toujours agi d'une production culturelle basée sur un texte fait de paroles et de musique, dont la réalisation est la performance publique. De plus, pour la société contemporaine, cette production est liée à la mise en marché industrielle d'une forme multidimensionnelle organisée autour et à partir de la performance publique.

Au fil des jours, c'est la critique journalistique (écrite ou parlée) qui traite de la chanson populaire. Cette approche repose encore sur la connaissance de l'œuvre par la vie du producteur ou de l'interprète, et vice versa. On cherche donc, par l'interview, à pénétrer la pensée et la vie des artistes pour mieux comprendre leur production. Cette méthode biographique fut longtemps en vigueur comme approche de la littérature et elle demeure encore très vivante et très efficace dans les médias électroniques. Bien qu'elle soit toujours latente sous les étiquettes de «critique sociologique», on peut tout de même penser qu'elle n'exerce plus le même impérialisme qu'au temps de Sainte-Beuve.

De plus, s'agissant d'une production quotidienne active, très liée aux modes et au jargon du show-business, la terminologie est touffue et mouvante. Des appellations anciennes bien définies (ballade) voisinent avec des formulations englobantes (new wave, dance music). S'il est impensable de prétendre à l'exhaustivité, je me propose d'apporter des clarifications nécessaires dans le but de *circonscrire les territoires de la chanson populaire contemporaine*. Quelques paragraphes soulignent d'abord les changements importants survenus dans la consommation qui en est faite. Par la suite, j'en viendrai à la chanson folklorique et à la chanson de variétés.

APPROPRIATION ACTIVE ET PRODUCTION INDUSTRIELLE

Colportée par les musiciens ambulants ou diffusée par les médias électroniques, la chanson populaire a toujours pour cible le grand public. Ces dernières années, la production industrielle a exercé ses contraintes tant sur la création que sur la réception du produit. Il est donc nécessaire d'indiquer, même sommairement, un important changement d'attitude chez le consommateur. D'une appropriation personnelle, on passe à une consommation fugitive.

Aujourd'hui, la situation s'analyse en termes comptables de vente et puise ses informations dans les statistiques fournies par les grandes maisons de sondage. L'appropriation du produit est mercantile et provisoire. La rentabilité de l'industrie se fonde sur l'élargissement du public cible, sur le nivellement des styles favorable à une production mécanique au rabais. La mise en marché exerce des pressions sur le consommateur pour imposer comme seul valable le produit des professionnels. La consommation d'une marchandise parfaite et sophistiquée interdit ou ridiculise l'imitation. Avec le 45 tours déjà s'était installé le prêt-à-jeter obligatoire pour qui voulait suivre les fluctuations rapides des listes de succès.

D'autre part, l'industrie des moyens de reproduction électroniques propose des appareils techniquement raffinés et sociologiquement marqués pour consommer la chanson populaire. La durée et la manipulation du produit ne sont plus des valeurs. C'est ainsi que le walkman et le magnétophone portatif ont remplacé les petits cahiers manuscrits des amateurs d'autrefois. Jointe à la mémorisation, cette transcription des paroles était une forme d'appropriation active. Nos mères et nos aïeules juxtaposaient sans discrimination une romance à la mode, une chanson traditionnelle, un air d'opérette, un succès commercial. Transmises pour l'oreille, par le disque, la radio ou l'imprimé, ces chansons se retrouvaient là déviées de leur champ de production original mais parfaitement intégrées à la vie par le bon plaisir et la fantaisie de l'auditeur.

Cette appropriation personnelle était liée à la performance domestique du répertoire. C'est là que les folkloristes en ont pris connaissance. Ils l'ont recueillie sur le terrain comme une masse d'informations qu'ils ont ensuite livrée au tri, à la conservation ou au rejet. Cette activité indispensable d'appropriation a donc été à la fois matrice et résidu. Bien que ses formes traditionnelles soient disparues de la vie quotidienne, il faut chercher à l'entrevoir, encore active, par les interstices des sondages et les courbes des chiffres de vente. Le préjugé institutionnel selon lequel la restriction du champ et la fixation d'un corpus sont capitaux cherche toujours à fermer les yeux sur cette masse anonyme mouvante et capricieuse. Il faut pourtant en rappeler l'existence, malgré l'inaptitude de nos méthodes à la prendre en charge. Nous y renvoyons une fois pour toutes comme étant le tissu social dont notre travail ne retrace que quelques fils.

LA CHANSON SAVANTE

Dans les réseaux de production des biens culturels, on reconnaît traditionnellement deux grandes classes : la chanson savante et la chanson populaire. Puisque je m'intéresse plus particulièrement à la chanson populaire, quelques lignes suffiront à situer la chanson savante. Celle-ci va dans le sens du lied, de la mélodie française, de l'opéra et de l'opérette, et se rattache à la musique savante[1] dont traite la musicologie. Production restreinte, la grande musique connaît des adaptations qui la diffusent, déformée ou non, dans le grand public. Certaines chansons classiques passent ainsi au répertoire populaire. Il se forme, aux frontières, une zone d'échange qui comprend tout ce répertoire distingué et abordable qu'une personne de qualité se devait et se doit de connaître. Voyez l'image du piano familial dressé dans le salon bourgeois, jonché de feuilles de musique (petits formats) et de revues musicales à la mode.

Dans le sens contraire, la musique sérieuse et la chanson savante ne dédaignent pas l'inspiration corsée qui vient de la chanson populaire. Un relevé des œuvres qui franchissent les barrières du bon goût serait révélateur. En premier lieu viendrait le folklore puis la chanson qui s'en inspire ou celle qu'un prestige dans son ordre impose comme un classique qu'on ne peut ignorer. Dans le cadre d'une production industrielle qui vise le grand public, tout indique que le courant porte vers la récupération, par les producteurs distingués, des valeurs populaires qui marchent.

LA CHANSON POPULAIRE

Pour la chanson populaire, selon qu'il s'agit d'un répertoire fixe et anonyme ou de la création active et signée de chansons nouvelles, on parlera du folklore ou de la chanson de variétés.

Les versions du folklore : le classique et le vulgaire

La chanson folklorique (ou traditionnelle) reste présente dans le répertoire par deux versions : le folklore classique, recensé par les lettrés, et le folklore vulgaire.

De toute la chanson populaire, c'est le folklore classique qui offre le plus de prétentions scientifiques. Rattachée à l'anthropologie, à l'ethnologie et à l'ethnomusicologie, cette forme du folklore sera la seule création populaire reconnue par le système universitaire jusqu'à la période des auteurs-compositeurs-interprètes (ou «chansonniers»). Au Québec, à partir de la fin du XIXe siècle, des pionniers prestigieux s'en occupent : E. Gagnon, E.-Z. Massicotte, M. Barbeau, F.-A. Savard, fondateurs d'institutions consacrées à ce répertoire. À partir de cueillettes sur le terrain, des matériaux considérables ont été accumulés. Inspirés par le modèle de la philologie, les folkloristes ont cherché à trier les informations, à établir des versions authentiques et à fonder une classification. La tâche était énorme et des générations y ont travaillé en vain. Partant d'un corpus vaste mais fermé (la chanson traditionnelle française) et ramené aux paroles, les contemporains ont pu obtenir les résultats dont témoignent, par exemple, les travaux de Conrad Laforte. Le traitement favorable accordé aux paroles est sans doute un indice de la faveur qui consacrera plus tard la chanson à texte.

De ces recherches menées par les folkloristes universitaires, la chanson populaire peut tirer parti de la reconnaissance des formes classiques d'inspiration française. Par contre, les paroles qui ne répondent plus à la métrique classique, écrite ou orale, débordent les cadres proposés. De plus, si l'on ne réduit pas la chanson contemporaine à la chanson poétique, on s'aperçoit que la musique joue un rôle de premier plan qu'ignorent la chanson traditionnelle et même la chanson populaire jusqu'aux années 60. La musique d'aujourd'hui est encore mélodie, hauteur et rythme des sons. Mais elle est aussi environnement sonore, gadgets électroniques, insertions iconiques. La gigue ou le reel, la java et la valse ne sont plus les seuls modèles. Les nouveaux sons viennent de partout au monde : Londres, Nashville ou Rio, quand ils ne sont pas pure invention du synthétiseur.

L'importance accordée au folklore classique lui a donné un statut particulier. Genre populaire par ses diffuseurs, il s'est trouvé ennobli par le traitement scientifique. Pour les lettrés, comme pour les musiciens de formation classique, la chanson traditionnelle est un matériau noble, un objet d'étude, une inspiration et un répertoire de thèmes pour la composition.

Cependant, la matière recueillie et traitée par les folkloristes lettrés ne représente pas tout le folklore. Il faut tenir compte des versions qu'ils n'ont pas retenues et de l'interprétation active donnée par des artistes des variétés dits «folkloristes». Parmi les détritus rejetés par les savants, on trouve aussi de bons morceaux : des adaptations du grand folklore et des créations folkloriques.

On a toujours noté, souvent imbriquées dans les chansons anciennes, des compositions plus récentes faites sur des timbres : romances néo-gothiques, histoires familiales ou municipales, chansons grivoises, etc. Cette chétive créativité est plutôt une sorte de mnémotechnie collective. On l'entend s'exercer sur les lignes de piquetage ou lors de congrès politiques. Puisque le processus de création renvoie nécessairement à un tissu social qui le supporte, à des techniques de composition et à des modes de diffusion appropriés, ces quelques souvenances ne pourraient pas nous convaincre de la vitalité du folklore.

Une autre source plus importante s'exprime donc par la performance des folkloristes intégrés aux variétés. Leurs créations folkloriques sont plus franchement démarquées du tronc classique. Elles n'ont souvent de folkloriques que le style musical, la métrique ou la sémantique des paroles, l'idéologie du terroir. Alors que la chanson traditionnelle est anonyme, les noms des folkloristes sont connus. Les principaux d'entre eux se sont regroupés, avant la Deuxième Guerre mondiale, autour du Monument national. Conrad Gauthier, Ovila Légaré et Charles Marchand furent autant de compositeurs-interprètes qui ont largement diffusé, mêlées aux airs classiques, les compositions de leur cru ou reprises à leur crédit. La Bolduc, appréciée comme musicienne, fut toujours présentée comme folkloriste, ainsi que l'étaient les musiciens traditionnels qui enrichissaient le répertoire par leurs compositions nouvelles. Dans son livre, Gabriel Labbé cite de longues listes de compositions originales de Monmarquette, Allard, Soucy, etc., et conclut :

> On se permet même de jouer des mélodies qui ne font pas partie de la tradition (...). Je ne crois pas que cela soit notre héritage folklorique. (...) Les musiciens devraient s'efforcer de chercher et choisir de nouvelles mélodies, ce n'est pas ce qui manque dans les répertoires de nos pionniers du disque folklorique québécois (...)[2].

N'est-ce pas le même esprit qui présidera à la publication de *La bonne chanson*? Pourtant, il sera alors possible de juxtaposer des versions épurées ou «enrichies» de chansons traditionnelles, des cantiques, des compositions récentes, des airs d'opéra, etc. La référence au bon vieux temps et aux racines terriennes sert de caution aux nouveautés imitatives et à la manipulation du répertoire ancien. L'appellation «folklore», ici, ne renvoie pas à la transmission d'un corpus mais à une idéologie.

Lectures idéologiques du folklore

Sur le plan social, en effet, le folklore, classique ou vulgaire, supporte plusieurs lectures idéologiques. Par exemple, pour les promoteurs de la fédération canadienne, le folklore est un facteur d'unité, une richesse commune. Par lui, les gens de Sudbury, Montréal, Halifax, St-John ou Rivière Rouge reconnaissent leur parenté et leur appartenance. Il n'est donc pas jusqu'aux groupes ethniques immigrés qui ne puissent s'intégrer, par le folklore, à leur nouveau tissu social. Les manifestations culturelles d'unité nationale feront d'ailleurs toujours une grande place aux chansons traditionnelles, aux danses et aux costumes folkloriques.

Pour d'autres, le folklore est un moyen de se reconnaître, de se définir en se ressourçant aux chants de la race. C'est l'un des principaux éléments de l'idéologie incarnée par les groupes dynamiques du Monument national. D'après G. Labbé, l'initiative de l'abbé Gadbois serait née sous l'influence d'une conférence de Mgr Camille Roy. «À cette occasion, il recommanda un retour aux chansons canadiennes comme un moyen d'assurer la survivance et le renforcement de l'esprit et de la culture de chez nous[3].» Largement diffusée dans les écoles et dans les foyers, la production de l'abbé Gadbois est militante, au service d'une pensée conservatrice fidèle aux valeurs terriennes mais inadaptée à la société contemporaine. À la fin des années 50 et avec la Révolution tranquille, la petite-bourgeoisie scolarisée méprisera à la fois le quétaine populiste et ce qu'elle croit être le folklore de paysan et de prêche de curé. Vingt ans plus tard, il est étonnant de retrouver, portées par une nostalgie sentimentale et par le vide idéologique, ces mêmes valeurs dans le public de Fabienne Thibeault.

Avec la montée du nationalisme indépendantiste, les littéraires et les chansonniers s'intéresseront au folklore. Quelques-uns sont d'ailleurs passés par l'atelier de l'Université Laval. La québécitude est un thème majeur des productions dans la mouvance de l'Hexagone. La recherche des racines, la quête d'un territoire ou d'une terre ravivent une interprétation du folklore qui n'est pas sans analogie avec la perception des folkloristes d'avant la Crise.

Les appellations changeront. On parlera d'alternative, de retour à la terre, d'énergies douces, d'écologie. Toute une production moderne s'y rattache, fécondée aussi par les influences américaines (beatnik, hippie, flower power) et par la séduction des folklores étrangers : cajun, celtique, acadien. Voyez les Cailloux, les Karriks, les Séguins, Louise Forestier (deuxième manière), etc.

L'intérêt pour le folklore s'inscrit profondément dans une quête de soi, une recherche d'authenticité et d'enracinement. Ce répertoire est la masse la plus inconsciente et la plus universelle d'une ressource dont le passéisme est un fragment marginal. La même fonction définitrice est d'ailleurs attribuée aux antiquités, aux arts domestiques, à l'architecture rustique, à tout ce qui concourt à l'ordonnance d'un monde dont la tradition fonde l'authenticité. Pendant un temps, le passé définit le présent et tient lieu d'avenir.

L'esthétique du folklore et la production moderne

C'est donc emporté par ce courant idéologique permanent, tantôt souterrain, tantôt découvert, qu'il faut envisager les répercussions formelles de l'esthétique du folklore sur la production moderne. Une première étape superficielle serait le relevé des citations littérales des mélodies ou des paroles du folklore. C'est un usage bien connu qu'on retrouve chez presque tous les chansonniers. Je pense à Vigneault («La destinée la rose au bois»), Charlebois («Alouette»), Paul Piché («Les tiennes où sont-elles?»). Ce travail de la citation est révélateur d'une permanence de titres, de formules-choc, de mélodies qui accrochent toujours. L'insertion, ici, renvoie nettement à la lecture idéologique qui la sous-tend. Évocation nostalgique, contestation politique, ironie radicale, etc.

Plus profondément dissimulés dans le texte jouent les mécanismes de l'esthétique[4]. Les paroliers reprennent parfois la versification classique. Deux formes en particulier sont favorites. Il y a la chanson à refrain, qui est souvent une chanson à répondre. Participative et collective, elle est la formule préférée pour les grands rassemblements. On la trouve souvent combinée avec le récitatif, héritage du chant grégorien. Ce sera la forme des longues histoires, chez Vigneault («La Manikoutai», «Mon pays», «Le nord du nord»), de l'énumération ou de la litanie.

82

Parfois aussi des formes nouvelles transmettent les tournures archaïques de la langue. Je laisse sous silence le terrain vague et indécis de la prononciation joualisante ou paysanne («Mon vieux François»). Toutefois, le vocabulaire et la syntaxe du folklore sont un terrain de rencontre et d'équivoques entre la tradition populaire authentique dégagée par les folkloristes et une littérature de pastiche fondée sur des méconnaissances historiques. En particulier la préciosité mignarde et les phrases maniérées seront confondues avec les formules populaires anciennes. Le folklorisant est pris pour le folklore. C'est ainsi que «Ça fait peur aux oiseaux» peut passer pour du folklore. Il s'agit d'une tendance qu'on trouvera amplifiée chez les chansonniers lettrés qui voudront s'apparenter à l'esthétique des troubadours («Les hirondelles» de Vigneault). En musique, la chanson traditionnelle s'impose par la modalité, par le rythme et par le timbre. La modalité relève de l'écriture de la musique et reste sans doute le point le plus difficile à analyser en profondeur[5]. Les éléments les plus connus sont l'enchaînement de quintes ouvertes et l'abaissement des sensibles. Pour l'auditeur qui n'est pas musicien, il s'agit surtout d'une couleur sonore qui se repère autant par l'orchestration que par la ligne mélodique. C'est donc une composante de la musique traditionnelle qui est présente comme structure profonde mais qui apparaît en surface sous d'autres formes plus accessibles.

Les rythmes par exemple, proches de la danse et bien connus grâce au répertoire encore actif des musiciens traditionnels, tiendront une grande place dans la production courante. En plus de leur impact signalétique non équivoque, tout comme la chanson à refrain, ils exercent un indéniable magnétisme communicatif au moment de la performance. Lors des grands rassemblements, ils sont l'occasion d'une participation active du public. «La danse à St-Dilon» a sans doute été le modèle du genre. On en trouve des exemples aussi chez Duguay, Langford, les Séguin, etc.

Enfin, l'héritage du folklore se reconnaît par le maniérisme vocal et par le timbre des instruments traditionnels. Les techniques vocales du folklore ont déjà été étudiées. La chanson d'inspiration folklorique est habillée par une orchestration acoustique. On utilise les instruments traditionnels comme le violon, l'harmonica, l'accordéon, la guimbarde (bombarde), les cuillers, joués avec les techniques propres aux pitonneux et autres musiciens du folklore. La fréquentation des répertoires étrangers (irlandais, celtique, etc.) a permis d'inclure la harpe celtique, le dulcimer, la vielle à roue, la flûte irlandaise, les percussions, etc. Par ces aspects sonores, le folklore est donc apparenté aux autres musiques campagnardes francophones ou anglo-saxonnes : le country, le folk, le hillbilly, le bluegrass. Même l'instrumentation électrique du rock sera appliquée à la chanson traditionnelle. Le folklore sert alors d'inspiration formelle. Il est surtout l'indice des idéologies sous-jacentes qu'explicitent aussi d'autres aspects de la performance : mise en scène, costumes, accessoires, gestualité, etc. Le folklore reste, dans la chanson populaire contemporaine, un lieu de mélanges, de croisements, d'équivoques et de citations.

LA CHANSON DE VARIÉTÉS

J'ai indiqué que le folklore, classique ou vulgaire, est l'une des sources les plus étudiées de la chanson populaire. Il faut maintenant s'orienter vers l'autre pôle, celui de la chanson de variétés. L'expression n'est pas nouvelle mais ce répertoire n'a pas joui du prestige dévolu aux formes littéraires de la chanson. Pourtant, seules des préférences idéologiques traduites par des choix esthétiques ont relégué les variétés dans l'ombre et leur ont substitué ces formes de production plus restreinte.

La chanson de variétés renvoie au théâtre du même nom, ce qui présente deux avantages. On souligne d'abord l'importance centrale de la performance en direct dans le cadre de représentations publiques souvent payantes. Le professionnalisme des intervenants est présupposé et l'on suggère en douce les impacts économiques et sociaux de la production et de la diffusion. C'est ainsi que la chanson de variétés se différencie du folklore classique qui fut, dans son temps et dans son cadre original, une performance domestique.

Le théâtre de variétés a été très populaire au Québec pendant les années du Monument national. Les comédiens et les chanteurs produits par Jean Grimaldi à travers toute la province représentaient cette interaction des genres. Cependant, la chanson de l'après-guerre va subir les influences américaines et françaises. La variété se ramènera aux paillettes du music-hall ou aux roulades des crooners. Mise en parallèle avec la chanson à texte qui prend de l'influence, la chanson des variétés sera la chanson populaire, le quétaine, le commercial. Portés par la vague rétro et désireux de retrouver la liberté de l'improvisation, les jeunes comédiens remettent aujourd'hui en lumière le talent des aîné(e)s qui pratiquaient l'*ad lib*.

Deuxième avantage de l'appellation chanson de variétés : la catégorie est suffisamment large pour accueillir les auteurs et les compositeurs de tous les styles et de tous les temps. C'est elle qui peut regrouper tout ce qui se crée de neuf en chansons populaires dans la société contemporaine, qu'il s'agisse de chanson poétique, dance music, country, western, etc. Seule une vision dédaigneuse a pu juger inconvenante cette promiscuité des styles. La distinction, il faut le dire, c'est ce qui manquerait à la chanson de variétés. Un préjugé qui fit méconnaître La Bolduc par les critiques et par un connaisseur comme Marius Barbeau : «Mais j'avais alors un préjugé contre ce folklore d'un genre douteux; j'avais sans doute tort. Elle avait son genre à elle, mais elle n'a pas réussi à gagner de la distinction[6].» C'est donc en parlant de la chanson de variétés qu'on dira que la chanson est chansonnette, genre mineur. Pourtant, des plus grands parmi les chanteurs lettrés, Brel, Brassens, Ferré se sont reconnus comme des artistes de variétés.

À la différence du folklore classique, la chanson de variétés n'offre pas de corpus fermé. Puisqu'elle est un genre actif et contemporain, on ne peut pas en inventorier les formes. Il existe bien un fond de classiques (ou anthologie) sur lesquels les éditeurs assoient leur rentabilité. Puisque la chanson de variétés s'adresse au grand public, donc à un mélange de publics, on y retrouve des traditions disparates : opérette, folklore vulgaire, romances, etc. Des périodes plus lointaines, on retiendra La Bolduc, le Soldat Lebrun, Lionel Daunais, Oscar Thiffault, Yoland Guérard, Muriel Millard, etc. Ces succès inusables sont remis en marché, orchestrés à la mode du jour ou revitalisés par de nouveaux interprètes. Les nouvelles créations dont le public a fait des classiques iront s'ajouter à ce fond permanent. Ainsi «Le ciel se marie avec la mer», «En veillant su'l perron», «Bozo les culottes», «Mon pays», etc.

Si l'on relève dans ce fond une permanence de modèles comme ceux de la chanson à texte, la chanson à danser, le rock, le western, etc., il faut noter aussi un éclatement des cadres, surtout dans la production récente. Cette dernière s'organise selon des lignes de forces qui sont dépendantes des modes dont la configuration change constamment. De plus, certains styles, bien que dominants d'un point de vue commercial, n'apparaissent pas dans les travaux sur la chanson populaire. Notre information est donc encore plus filtrée ici, et des recherches ultérieures devront s'occuper de ces parents pauvres de la chanson.

Une typologie devra tenir compte de l'équilibre de base : les paroles et la musique. Sans oublier l'amplification qu'apporteront les dimensions de la performance : gestualité, mise en scène, discours phatique ou conatif, etc. Il se dégage donc deux grandes classes : la chanson à danser et la chanson à texte.

LA CHANSON À DANSER

L'expression anglaise *dance music* a remis en lumière une forme de chanson qui n'a jamais été absente du répertoire. Si la chanson à texte se targue volontiers de ses antécédents historiques, il faut rappeler que la chanson à danser est tout aussi ancienne. La lyrique médiévale a connu les carolus que l'on danse en rond, même dans les célébrations liturgiques. Une forme comme la ballade est aussi rattachée à la danse. Les musiciens du temps savaient varier le rythme des mélodies selon que la chanson devait être écoutée ou dansée. Il se produira sans doute une démarcation entre paroles et musique sous la double influence de l'ampleur accordée aux développements instrumentaux et des contraintes métriques imposées par une poésie faite pour la lecture.

À l'époque moderne, on retrouve des formes issues de plusieurs répertoires. La danse fournit des rythmes et des harmonies impératives. Chaque culture a les siennes. J'ai indiqué plus haut celles qui proviennent du folklore. Plus contemporaines, il y eut la valse, le tango, la java, le rag, puis le rock, le twist, le disco, etc. Les ressources des musiques noires, cubaines, latino-américaines, jamaïcaines ont aussi été assimilées par la chanson à danser. Les formes apparentées au jazz favorisent les développements de solos d'instruments qui éclipsent l'importance des paroles. Il n'est donc pas étonnant que ces chansons où domine la musique demeurent étrangères aux études littéraires. S'il était déjà courant pour une forme «simple» comme le folklore de s'en remettre aux musiciens pour le travail sur la mélodie, le système était encore plus inapte à traiter de la chanson à danser. Quant aux musiciens, les paroles ne les ont pas beaucoup intéressés non plus. Avec les développements de la musique «planante» liée au psychédélisme puis de la chanson environnementale du disco et du new wave, les paroles ne sont qu'un faible point d'accrochage alors que tout le champ est livré aux explorations sonores.

Seules des formes musicales plus simples comme le country et le western accordent un traitement égal aux paroles et à la musique.

De ce point de vue, ces chansons se construisent comme les chansons à texte. Ici cependant, la simplicité de la musique s'allie à la simplicité des paroles. Ces aspects formels et sémantiques, vus comme «simplistes», s'ajouteront aux facteurs idéologiques et culturels pour empêcher de reconnaître la parenté de deux genres de chansons à texte.

LA CHANSON À TEXTE ET LES CHANSONNIERS

Il faut avouer que la chanson qui a, avec le folklore classique, reçu de l'institution attention et consécration, c'est bien la chanson à texte. Chanson de lettrés, proche de la chanson savante (il n'est pas rare que les paroles soient empruntées à des poètes reconnus), on se plaît à citer ses origines lointaines : les hymnes latines et les chansons des troubadours. Elle est parfois appelée chanson «rive-gauche» bien qu'il soit assez arbitraire de la rattacher uniquement à la tradition parisienne. Woodie Guthrie, Bob Dylan, Leonard Cohen, Bruce Cockburn, pour ne citer que quelques noms, indiquent bien que la forme se retrouve aussi dans la tradition anglophone. Depuis toujours également, la chanson à texte est amoureuse, mais également guerrière, sociale, narrative, contestataire.

J'ai déjà noté qu'au moment où la chanson à texte est privilégiée, la chanson de variétés est alors appelée chanson populaire, commerciale, pepsi. Puisque la production industrielle massive de la chanson n'est pas encore engagée, la rentabilité n'est pas à la mode. La chanson à texte apparaît donc comme une forme plus artistique, plus pure que la chansonnette. Avec la *Chant'août* (1975), on se rendra bien compte que les producteurs, s'ils veulent vivre de leur métier, doivent revoir leur approche du marché.

Avec les chansonniers des années 60, la chanson poétique, une variante de la chanson à texte, accaparera toute l'attention. Selon une appréciation louangeuse, cette chanson serait la création la plus originale, la plus québécoise, la plus riche. D'ailleurs, pour l'institution, la chanson à texte c'est l'essence de la chanson[7], c'est... de la poésie. Si Jacques Brel pouvait affirmer sans ambages : «J'écris des chansons, pas des poèmes[8]», beaucoup de chansonniers n'ont pas une conscience aussi claire de leur médium. Prise de parole, il s'agirait, croit-on, d'une poésie orale. En fait, la chanson poétique trahit une méconnaissance de la tradition orale populaire et n'est valorisée que par sa conformité au modèle écrit. Les textes des chansonniers consacrés se plient à une métrique et à une syntaxe classiques.

Dans un article paru en 1969, Yvon Daigneault a voulu montrer les avantages pédagogiques de la chanson poétique[9]. Selon l'auteur, si les jeunes ne lisent pas de poésie écrite, ils écoutent au moins de la chanson poétique, laquelle sert ainsi d'initiation au poème écrit auquel on doit souhaiter parvenir. Genre mineur, comme la BD, la chanson se rachète par son rôle propédeutique à un genre noble. Qu'on se rappelle Brassens qui fut couronné poète et non chanteur, et Charles Trenet qui ne put obtenir le siège convoité à l'Académie. Dans le même esprit, ce sera Nelligan, figure mythique de la poésie, qui sera mis en musique et rendu accessible. Cette récupération de la chanson par la poésie d'école est marquée par l'appellation «poète-chansonnier», qui donne accès au cercle de la production restreinte : «Les poètes-chansonniers les plus dignes de retenir l'attention de l'histoire à proprement parler littéraire, c'est-à-dire l'histoire des écrits de qualité, appartiennent de plein droit à l'évolution de notre poésie[10].»

Ces prémisses posées, dans un livre qui annonce pourtant un panorama américain, Bruno Roy pourra ramener la production québécoise à ces quelques «écrits de qualité» : «Dans ces pages, il ne pourra pas être question de la chanson à la mode ou dite commerciale[11].» Assurément, Félix Leclerc a une activité littéraire connue. Également Vigneault, professeur, éditeur, dont les spectacles, les disques et les livres sont faits de chansons, de poèmes, de contes. Clémence DesRochers, en plus de son apport personnel remarquable, participe à la réputation de son père. Mais Claude Gauthier, Jean-Pierre Ferland, Robert Charlebois, Pierre Létourneau?

Tout compte fait, il apparaît que l'appellation «chanson poétique» est un euphémisme forgé par l'institution littéraire pour ennoblir une production qui, autrement, ne mériterait pas la consécration du système. J'ai souligné que la chanson folklorique avait pu s'imposer par le biais de l'anthropologie et de l'ethnomusicologie. Par le prélèvement de ce fragment conforme qu'est la chanson poétique, c'est la chanson populaire que l'on prétend intégrer à l'institution. Malheureusement, la chanson de variétés s'est trouvée ostracisée pour longtemps au profit d'une sélection étroite du répertoire.

CHANSON POÉTIQUE ET IDÉOLOGIES

Acceptable par ses aspects formels, la chanson poétique traduit aussi la thématique dominante des années 60. Il ne peut être question d'exposer ici un portrait général de ces idéologies. Je m'en tiendrai à quelques traits qui sont partagés par d'autres mouvements en littérature, spécialement ceux qui se rattachent aux éditions de l'Hexagone. On a voulu que la chanson poétique soit prise de parole. Bien qu'il soit faux et vain de poser le silence «primitif» des générations antérieures pour donner plus d'écho aux paroles des chansonniers, il reste que la poésie traditionnelle n'était plus adaptée aux nouvelles situations pressenties comme une urgence. D'ailleurs, le répertoire ancien n'était-il pas celui des générations «humiliées, écrasées par le duplessisme et bernées par le clergé», selon la phraséologie de la Révolution tranquille? Et puis, de la campagne on était définitivement passé à la ville et les chansons du père Gédéon ne pouvaient pas célébrer le fer, le titane, la Manic. Les chansonniers ne retrouveront les accents du terroir qu'après les avoir reçus de la tradition lettrée qui taira ses sources.

Surtout, condensé et imposé par le slogan politique du «maître chez nous», le thème de la quête sous-tend la plupart des productions culturelles d'alors. Pour le politicien, il s'agit de rapatrier nos droits, de nous affirmer autonomes en face d'un pouvoir centralisateur et de disposer librement de nos abondantes ressources naturelles. «C'pays-là t'appartient», chantera Charlebois. Il s'agit d'une prise de conscience d'un territoire physique et de ses valeurs qui sont encore des valeurs de la terre, des ressources de la nature. On est encore loin du virage technologique. Ce pays, on ne le connaît pas. Il faut l'arpenter, le découvrir, le nommer. «Je m'en viens nommer le monde à mon tour» (Vigneault). Cette parole qu'on veut prendre exerce un pouvoir magique semblable aux mots de la Genèse. En nommant les êtres et les choses, on en reconnaît la nature, mais surtout, on leur donne l'existence et on se les approprie. Le monde existe parce qu'on le dit. Avec les poètes, les cinéastes, les écrivains, les chansonniers s'emploieront à mettre au monde un pays qui n'existe pas. Jusqu'au référendum de 1980, ils croiront que l'existence poétique de ce monde peut forcer son existence politique. La chanson poétique joue donc alors un rôle social définiteur semblable à celui de la chanson traditionnelle.

La quête du pays est une extension d'une autre quête aussi fondamentale, celle d'un soi personnel et collectif. Nord-américain, canadien, canadien-français, québécois, la recherche d'une appartenance est longue et difficile. Elle s'enracine aussi dans l'introspection existentielle de l'après-guerre dont Camus, Sartre, Merleau-Ponty sont les maîtres européens. Tout autant que le pays, c'est la ville et le quotidien le plus banal qu'il faut nommer. Cette démarche doit obéir aux impératifs d'une valeur absolue qui prend aussi la forme de quête, de recherche : l'authenticité. Face au kitsch, au quétaine, au commercial, au mensonge d'où qu'il vienne, il faut prôner l'authentique. Que cela consiste à entreprendre la descente aux enfers de la révélation de notre bâtardise culturelle ou à se chercher des racines du côté de ce terroir folklorique méconnu, les tentatives répondent à la même impulsion. Modernité et antiquité seront les deux faces de la même quête.

CONCLUSION

J'ai voulu contribuer à dresser une nouvelle cartographie de la chanson populaire au Québec. Comme sur les cartes primitives, il apparaît que certains genres se sont vu attribuer des territoires disproportionnés. C'est le cas pour la chanson folklorique classique et pour la chanson à texte. J'ai attiré l'attention sur des espaces non explorés, ceux de la chanson de variétés. Enfin, certaines régions comme le western sont connues depuis longtemps mais les cartographes répugnent à s'y aventurer.

J'admets encore que la typologie n'est pas un absolu en soi. Le milieu des variétés montre justement cette perméabilité des genres et l'enrichissement qui en résulte. Par exemple, alors qu'on serait porté à faire du folklore le dépôt fossilisé d'un passé mort, on le voit courir comme une source active de la chanson contemporaine.

Deux nouvelles notions promettent un discours plus dégagé de l'institution littéraire et plus proche des réalités des instances de la chanson populaire. Le fait que celle-ci soit définie comme communication pluridimensionnelle permet d'intégrer toutes les interventions communicatives qui débordent la simple partition. De plus, c'est la performance en direct qui réalise alors toutes les virtualités expressives du texte (paroles, musique et voix). Bien que mes références soient tirées de la production francophone, on peut croire que cette approche serait pertinente pour les autres répertoires. Avec ces nouvelles perspectives, il sera possible d'intégrer les renouvellements de l'esthétique et l'impact sociologique provoqués par la production industrielle de la chanson populaire.

Notes

1. «Savant(e)» est pris ici au sens de classique, de distingué. Il est pourtant certain qu'en rapport aux règles de composition, à la difficulté d'exécution, à l'étendue du répertoire, la musique et la chanson populaires sont aussi savantes.

2. Gabriel Labbé, *Les pionniers du disque folklorique québécois, 1920-1950*, Montréal, l'Aurore, 1977, p. 197.

3. Gabriel Labbé, *op. cit.*, p. 173.

4. L'esthétique comprendrait la poétique, telle que définie par Conrad Laforte (*Poétiques de la chanson traditionnelle française*, Québec, P.U.L., 1976) et une sémiotique musicale dont on n'a que des aperçus incomplets.

5. Quelques indications dans l'Introduction de Roger Matton à *Chansons de Shippagan*, recueillies par Dominique Gauthier, Québec, P.U.L., 1975.

6. Cité par Réal Benoît, *La Bolduc*, Montréal, Éd. de l'Homme, 1959, p. 115.

7. La «chanson-chanson» écrira Lysiane Gagnon, à court de superlatifs. «La chanson québécoise», *Liberté*, VIII, juillet-août 1966, p. 43.

8. Cité par Jean Royer, «Les mots de la chanson», *Le Devoir*, 18 décembre 1982, p. 25.

9. «La chanson poétique», *Archives des lettres canadiennes*, Montréal, 1969, tome IV, p. 209.

10. Pierre de Grandpré, *Histoire de la littérature française au Québec*.

11. *Et cette Amérique chante en québécois*, Montréal, Leméac, 1978, p. 41.

Le maniérisme vocal
ou
La voix porteuse

Jacques Julien

Phénomène de communication pluridimensionnel, la chanson populaire est un réseau complexe de codes variés et interactifs. Dans cet article, je m'intéresse à ces signes dont la voix est porteuse. Essentiellement, ce sont des signes phoniques (paroles), musicaux (mélodie) et sonores (bruits). J'établirai un parallèle entre l'opéra, où la voix est maîtresse, et la chanson populaire quant à la nature de la voix, aux conditions d'apprentissage et à la portée de la voix. J'aimerais aussi indiquer les répercussions gestuelles qu'entraîne la production physique des sons. Lors de la performance en direct, le son, qu'il provienne de la voix ou des instruments, se greffe à une visibilité significative. Enfin, le maniérisme vocal de Robert Charlebois, un remarquable «showman», me servira d'exemple d'exploitation plurielle de la voix.

Mon texte n'a cependant rien d'un traité sur la voix. Ce ne sont pas les aspects cliniques de la voix qui sont pertinents lors de la performance. C'est plutôt que chaque élément est le lieu d'un sur-codage culturel et que ces agglomérats iconiques, indiciels ou symboliques réalisent la communication. Une description satisfaisante de ces ensembles ne peut se contenter des notations sèches d'une nomenclature. Il faut en appeler à une sociologie de la culture qui montre la charge dont sont affectés les signes mis en œuvre. C'est le sens de mon excursus du côté de l'opéra. Puisque c'est le lieu majeur de la voix, il faut s'attendre à ce que les autres manifestations vocales portent directement ou non une référence positive ou négative à la voix lyrique.

De plus, la chanson populaire, qui est un phénomène rapide, éphémère et quotidien, ne se prête pas à une réception réfléchie. Le faisceau de signes est plutôt saisi globalement et se fonde le plus communément, d'après la polarisation des genres, soit sur une compréhension du sens des paroles, soit sur une appréciation de la musique. Dans la réception savante, c'est donc à partir de ce premier impact que s'organise une lecture inversée qui rayonne de la masse vers les détails.

Curieusement, on accorde assez peu d'importance à la voix, parmi les supports de l'encodage de base (paroles et musique), bien que ce soit elle qui fonde au premier chef la communication. Si l'interprète n'est pas en voix, la représentation est gâchée ou annulée. De plus, dans les grands espaces, la voix peut devenir l'otage des caprices du système de son. Bien sûr, chaque genre de chansons populaires n'accorde pas à la voix une même importance. Dans la chanson à danser, en particulier, elle est souvent traitée comme un instrument parmi d'autres, porteuse de rythmes et de sonorités plus que de sens. Pourtant, les chansons du jazz noir, de Gershwin ou de Nougaro, témoignent depuis longtemps qu'on peut pousser très loin l'imbrication entre son, rythme et sens. C'est surtout dans la chanson traditionnelle et dans la chanson à texte que la voix se fait dominante. Elle est alors un triple support pour les paroles, la mélodie et les bruits. Sont ainsi délimitées les trois dimensions du matériau sonore.

Surtout depuis l'apparition du microphone et du disque, l'esthétique de la voix s'est transformée continuellement. Par exemple, on peut entendre des voix robotisées et nasillardes à la Plastic Bertrand, ou les voix de femmes-enfants de «Juste une mise au point». Dans «Le rap à Billy» (Lucien Francœur), c'est de l'art des diseuses qui se travestit en cuirette. D'autres styles n'ont pas d'âge. Les fioritures sans vibrato de la chanson traditionnelle, la voix pincée ou nasillarde des chanteurs country, les profondeurs feutrées des chanteurs de charme et les aigus des chanteuses de répertoire. Cette épaisseur de la voix dans la chanson populaire témoigne donc d'une technique qui s'intègre à une esthétique. On peut alors parler d'un maniérisme vocal, «things that make the sounds of a singer and of his entire culture distinctive and recognizable immediatly[1]».

Deux approches sont donc possibles : la psychanalyse et la sociologie. La psychanalyse s'est intéressée à l'enracinement individuel de la voix. C'est une orientation capitale, extrêmement touffue puisque la relation est si intime entre la voix et la personnalité, entre le son et le corps. Des travaux comme ceux de Marie-Louise Aucher[2] ont montré aussi l'intérêt d'une psychophonie. Il ne fait aucun doute que les résonances physiques et psychiques de la voix sont un facteur déterminant dans la réception qui est faite à un chanteur, à une chanteuse ou à un style de musique. Comme le note M.-L. Aucher, cette psychophonie a d'ailleurs des fondements somatiques connus des médecines traditionnelles. On ne prend pas assez en compte la perception, agréable ou douloureuse des aigus et des graves, les effets des décibels et du martèlement des rythmes disco, etc. Malgré son intérêt, je ne fais que suggérer en passant cette approche analytique, l'orientation de mon article allant plutôt dans le sens d'une socio-sémiologie de la chanson populaire.

Il faut alors interroger les usages de la voix comme instrument et signe d'appartenance collective, comme l'accent et ces particularités vocales personnelles qui forment un idiolecte. Bruno Nettl suggérait une reconnaissance «immédiate» des implications sociales du maniérisme vocal. On pourrait croire que cette perception se défende seulement pour les sociétés traditionnelles de transmission orale. Dans la culture contemporaine de masse, les styles et les particularismes seraient brassés et nivelés : «(faut-il rappeler qu'il semble y avoir aujourd'hui, sous la pression du micro-sillon de masse, un aplatissement de la technique; cet aplatissement est paradoxal : tous les jeux sont aplatis *dans la perfection* : il n'y a plus que des phéno-textes)[3]?» Est-il encore pensable de chercher une voix «naturelle» qui ne soit pas industriellement marquée par un enchevêtrement d'influences?

Le problème est ainsi posé dans les termes d'un humanisme nostalgique. Il est vrai que la voix n'est plus celle que les anthropologues ont gravée sur les cylindres de cire. Cependant, l'aplatissement industriel n'est pas si généralisé qu'on veut le croire. Il y a là un lieu commun d'un humanisme en désarroi. La turpitude d'une culture industrielle comme repoussoir d'un artisanat édénique. C'est oublier qu'aujourd'hui le jazz, le blues, le folk, le country, la chanson à texte comportent encore un traitement sonore qui résiste ou qui ignore les pressions technologiques. De plus, dans les genres les plus touchés par la production massive comme la chanson à danser, la disparition de paramètres classiques connus et cotés par l'institution laisse place à d'autres signes cohérents, plus autonomes, mais qui répugnent à la perception traditionnelle. Par exemple, la manipulation électronique de la voix, l'intervention des ingénieurs du son, la complexité des opérations de l'enregistrement sont dénoncés comme autant de démons qui menacent la pureté du médium. Inspirées par l'information et par la robotique, apparentées aux recherches de la musique électroacoustique savante, apparaissent des transformations de la voix qui semblent bien éloignées du royaume de la voix vive : l'opéra.

1. L'OPÉRA ET LA CHANSON POPULAIRE

1.1 La voix sacrée

On ne peut pas tenir un discours sur la voix sans une digression du côté de l'opéra, temple de la voix fétiche. Il s'agit d'un monde à première vue aux antipodes de la chanson populaire. Il existe toutefois plusieurs zones de contact entre les deux genres. Ce fut l'opérette et ce sont maintenant la comédie musicale et l'opéra rock qui séduisent plus que jamais les auteurs-compositeurs. De plus, on rencontre parfois des transfuges d'une formation classique qui sont passés à la chanson : Diane Dufresne, Sylvie Tremblay. Parfois aussi c'est une voix bien identifiée à l'opéra qui tente d'élargir son audience par un succès de masse : avec John Denver, Placido Domingo chante «Perhaps Love». Il se trouve enfin des classes intermédiaires qui participent aux deux genres. Signalons les ténors légers, héros des opérettes méditerranéennes. On connaît la fortune de Tino Rossi et de Georges Guétary. C'est au même «climat» qu'appartiennent Julio Iglesias et Enrico Macias. Leurs pareilles, chez les femmes, ce sont les chanteuses de répertoire dont se moque Louise Forestier dans «Les bleus de Paris». Paradoxalement, les chanteurs de charme suscités par l'apparition du microphone et maîtres de la voix intimiste ont aussi une gestuelle et une mise en scène apparentées à celles des chanteurs à voix.

Malgré ces bâtardises populaires, l'opéra demeure le temple de la voix sacralisée. Elle est traitée là comme un instrument précieux, incorporé au physique du chanteur ou de la chanteuse. Ces interprètes ne sont d'ailleurs pas désignés par les termes simples de «chanteur/chanteuse» qui sont les plus anciennes appellations des artisans de la chanson. On précisera plutôt : «chanteur/chanteuse d'opéra», ou «cantatrice». La définition du dictionnaire suggère déjà un rétrécissement du champ : «personne qui fait métier de chanter» ou «excelle dans l'art du chant» (*Petit Robert*, art. «chanteur»). Et le chant : «émission de sons musicaux par la voix humaine» est encore précisé comme «technique, art de la musique vocale» (art. «chant»). D'entrée de jeu, ce qui est mis en avant, c'est le travail sur la voix, technique et art.

On aurait donc une perception laborieuse de la voix, tenue surtout par les artistes et par l'institution. Fétis rappelle le cas exemplaire du castrat Caffarelli (Gaetano Majorano) à qui son professeur Porpora fit répéter, pendant cinq ans, quelques exercices notés sur une simple feuille de papier avant de lui permettre une seule note chantée. Jacques Chailley qui rapporte ce haut fait[4] signale que cette feuille se serait transmise comme un secret bien gardé chez des générations de professeurs de chant.

Il existe aussi une autre tradition, plus proche du public récepteur. Stupéfiée par les acrobaties vocales et prompte à l'idolâtrie, la foule fait de la voix un cadeau des dieux et de sa dépositaire une «diva». Ne dit-on pas communément «il/elle chante divinement»? Le mythe de la belle voix cadeau divin remonte à l'Antiquité. Plus que du timbre, il s'agissait alors de la belle parole. Des abeilles la déposaient sur les lèvres du rhéteur ou du poète, et les qualificatifs «melliflu» ou «bouche d'or» indiquaient un verbe où s'harmonisaient le son et le sens. À l'opéra cependant, dans la tradition italienne, une séparation s'est installée entre les deux composantes et la «diva» apparaît comme une vestale de la voix pure, du «bel canto». Est-ce pour cela que l'interprète n'est plus désigné nominalement, mais d'après l'étendue de sa voix : soprano, alto, ténor, basse, et les variantes : colorature, baryton, haute-contre, etc.?

Technique durement acquise ou don des dieux, la voix classique est l'objet d'un véritable fétichisme qu'on ne retrouve pas dans la chanson populaire. Aux habitudes exigées par la pratique du métier, les interprètes ajoutent des manies vestimentaires, alimentaires, hygiéniques. Ces caprices amplifient l'image fondamentale d'une personne chérie des dieux et du public. L'institution analyse ce don, le métaphorise, en épie l'apparition, la maturité et le déclin. L'histoire de La Callas, par exemple, se lit comme les péripéties d'une voix[5]. Car le cadeau des dieux est aussi une épreuve imposée. Dans l'hommage rendu aux performances des interprètes, il y a le frisson admiratif que provoque toujours chez le profane une sorte d'épiphanie. À cela se greffe, chez l'amateur bourgeois, l'ébahissement face à la prouesse réussie par la force d'un long effort volontaire. La voix cultivée satisfait ainsi deux appétits complémentaires. La stupéfaction mystique produite par l'apparition d'une force de la nature. La satisfaction bourgeoise d'apprécier en connaisseur les fruits d'une longue ascèse.

1.2 La voix du peuple

Dans la chanson populaire, on ne retrouve pas cette aura de la voix cultivée classique. Ce n'est pas que l'on puisse maintenir la fiction selon laquelle l'opéra serait le monde de la voix cultivée et la chanson populaire celui de la voix crue. Même dans la chanson populaire rurale traditionnelle, il y a une culture de la voix, comme il y a une culture de la poésie orale. Seulement, les règles de la formation ne sont pas les mêmes, la position culturelle de la production diffère et les instances de consécration n'ont pas le même prestige. Alors que la voix classique suit un entraînement rigoureux, méthodique et séculaire, la voix populaire s'apprend par la pratique et par le mimétisme. Dans les sociétés orales, ce mimétisme est une composante de la vie sociale. Depuis l'apparition des techniques de reproduction, le même mécanisme joue encore mais cette fois au-delà des frontières domestiques et sociales. La voix et la gestuelle, venues de tous les horizons, sont copiées depuis les disques, les films, les vidéos et la performance en direct.

L'interprète, qui est souvent aussi auteur et/ou compositeur, se forme par la pratique, «sur le tas». Au Québec, les boîtes à chansons ont servi de laboratoires pour la chanson à texte. En facilitant le contact avec les ressources techniques, la *Chant'Août* (1975) devait être l'aboutissement du mouvement et son insertion dans la production industrielle. De même, pour la chanson de variétés, le piano-bar est toujours considéré comme la meilleure école pour la performance en direct. Cette insistance sur la pratique démontre encore ici que la chanson est bien une communication dont il faut apprendre le réflexe le plus fondamental : l'interaction chanteur-public. C'est dans ce rapport que le chanteur se forme et forge son médium. À cette occasion, on voit nettement surgir une divergence importante entre la chanson et l'opéra. Le chanteur populaire a besoin d'une formation globale, polyvalente, alors que le chanteur classique reçoit, en priorité, une formation d'instrumentiste. On lui pardonnera sa raideur sur scène si une belle voix sauve la performance. La chanson à texte tolérera aussi une certaine absence physique de l'interprète au profit d'un message bien servi par un bon texte.

Quant aux écoles pour chanteurs populaires, là où elles existent, ce sont les écoles générales de théâtre ou quelques studios spécialisés. Que la formation d'acteur serve au chanteur, il n'y a pas de doute. Lully aurait modelé ses fameux récitatifs d'après la diction de La Champmeslé. Rousseau parle des chanteurs à l'article «acteur» de son *Dictionnaire*. La bonne direction des vers, telle que pratiquée traditionnellement par les diseurs et par les diseuses, assure les assises d'une bonne performance. La chanson à texte demeure la zone favorite d'interpénétration entre le théâtre, la poésie et la chanson populaire. Au Québec, les liens entre l'École nationale de théâtre et les interprètes sont bien connus. Les studios spécialisés, eux, sont fondés par un ancien ou une ancienne qui fait partager son expérience. Par exemple, Lucille Dumont. Les chanteurs et les chanteuses populaires se moquent souvent de cette formation technique. C'est ainsi que la «Miss Pepsi» de Robert Charlebois, qui a suivi tous les cours et participé à tous les concours, n'a jamais réussi à s'imposer. J'ai déjà cité «Les bleus de Paris» de Louise Forestier. À noter cependant «Jos Finger Ledoux» et «J'veux d'l'amour» qui ironisent aussi sur la formation directe des clubs ou des piano-bars.

Il semble donc que, pour les interprètes populaires, la chanson, surtout celle à texte et/ou à danser, ne participe pas à l'esthétique vocale du «bel canto». C'est encore plus clair dans la situation extrême où ce qui est un handicap pour le chant classique se transforme en ressource dans la chanson populaire. Par exemple, le manque de voix, la voix cassée, voilée, éraillée ou même... fausse n'empêchent rien et peuvent même s'intégrer à une sémantique de la chanson. Ce sera la voix rauque des oiseaux de nuit et des piliers de taverne comme Tom Waits ou Plume Latraverse. C'est la voix enrouée d'un amoureux transi comme Rod Stewart. Le peu de volume sonore de Renée Claude qui susurre «Ce soir je fais l'amour avec toi» devient un attribut de femme fatale en demi-teintes.

1.3 La voix vue

En performance, l'activité physique productrice des sons de la voix doit se développer en une gestuelle intégrée à une mise en scène. Il se présente deux situations selon qu'il s'agit de la voix vive ou de la voix amplifiée.

99

Sans amplification, il faut un déploiement de l'énergie musculaire qui produise les sons et les fasse porter dans le vaisseau. Comme pour le jeu des instruments, les gestes de la technique se métamorphosent en une stylistique gestuelle. La production du son se donne à voir comme partie intégrante du spectacle. Il est intéressant de noter que, dans les groupes rock, l'appareil sonore est aussi très visible. Puisqu'il s'agit de sons amplifiés, ce qui est montré sont les murs d'amplification, les câbles, les consoles, etc. La voix est incarnée dans le «hardware». La critique s'intéresse aux tonnes de matériel et aux camions qui les transportent. Les défaillances sonores qu'on reproche à l'interprète dans la voix vive sont attribuées aux techniciens dans les concerts de la voix amplifiée. Pour la fabrication d'un support en différé, la participation de ceux-ci est telle qu'il faudra parfois noter un passage de la voix amplifiée à la voix transformée.

Dans la chanson populaire, les mécanismes de la voix vive, bien connus de l'opéra, sont apparents dans les genres de la chanson de variété à voix. On y retrouve la production apparentée à l'opéra : l'opérette, la comédie musicale, etc. La technique que les interprètes de qualité réussissent à faire oublier échappe au contrôle des artistes de deuxième catégorie.

Ces remarques succintes permettent de postuler l'existence d'un code chez les choristes et les artistes lyriques de catégorie inférieure, code qui est volontairement détruit par les grands chanteurs dans le but de personnaliser leur interprétation[6]. C'est ainsi que le code gestuel surgit brutalement chez les interprètes de seconde zone, bourgeois, kitsch, où le talent se confond avec le paraître. De même, chez les interprètes en fin de carrière, la technique est souvent la dernière planche de salut et se montre comme la trame d'un tissu trop usé.

J'indiquerai donc seulement quelques éléments de cet effort vocal qui entraîne une gestuelle et/ou une transformation du son.

1.4 La voix vive

En ce qui concerne l'art du chant, on sait que les efforts de la technique se sont toujours portés sur un passage harmonieux et imperceptible d'un registre à l'autre, le lieu de la voix se situant dans la poitrine, la gorge ou la tête. L'exploitation de chacun de ces lieux de résonance dépend d'une position favorable de l'appareil phonatoire. Il en résulte des postures «instrumentales» qu'on reconnaît facilement: comme le rejet en arrière de la tête, la remontée des sourcils et le plissement du front, la rentrée du menton ou le sourire forcé qui tire les commissures. Aucun de ces gestes n'est impulsif et chacun est justifié par des exigences techniques. Le virtuose doit posséder parfaitement ces routines. De plus, on demande à l'artiste de les intégrer aux contraintes de l'intrigue, de la mise en scène, de la prosodie et du sens des paroles.

C'est sur ce terrain que les détracteurs du «bel canto» formulent leurs plus vives critiques. C'est ici également que les aspects phoniques de la voix se démarquent dans les deux genres. À l'opéra, en effet, il est courant d'entendre une déformation phonétique au profit d'une belle sonorité. Dans la chanson par contre, et bien que certains genres s'en dispensent plus facilement, la compréhension des paroles est essentielle à la communication. Quand elle paraît, la manipulation phonétique signale un maniérisme particulier, soit d'appartenance collectice, soit un idiolecte. Qu'on pense à la diction spéciale de CharlÉlie Couture et aux conjectures qu'elle provoque.

1.5 La voix amplifiée

La voix vive est devenue exceptionnelle dans la chanson populaire tandis que le cas le plus courant est celui de la voix amplifiée. Le point capital de la technique et par conséquent de la gestuelle est l'utilisation du micro. La voix vive exigeait un déploiement d'énergie pour se faire entendre. Même dans les nuances douces, elle demandait une exagération du mouvement pour que le son soit perçu de toute la salle. Le micro changea tout cela et permit l'apparition du chanteur de charme («crooner», 1920). La voix, ici, ménage ses effets. Le timbre est plus chaud, la voix est placée plus bas, en poitrine. Pour les chanteurs, il est facile de passer à la voix de fausset.

Le micro doit aussi être intégré visuellement à la performance de l'interprète. Chez les chanteurs de charme, la poigne du micro est délicate, lente, et s'apparente aux gestes harmonieux de la cueillette et de l'offrande d'une fleur. Le micro est expressif de la douceur, de la confidence, de l'amour. Souvent, par ses reflets métalliques, l'outil est assimilé aux autres accessoires rutilants du chanteur de charme : les bijoux, breloques et autres prolongements lumineux d'un regard langoureux et humide. On reconnaît le «glamour» dont aime se parer la chanson de variétés.

Chez le rocker, le micro et la voix n'ont pas du tout le même sens. Ici le micro s'insère dans une symbolique marquée par le sexe et la performance athlétique. Fleur dans la main du crooner, il est phallus pour le rocker. Voyez Mick Jagger. Dans «J't'aime comme un fou», c'est tout le support du micro qui est brandi à bout de bras par un Charlebois haltérophile. Ainsi, l'amplification sert la confidence, la séduction dans la chanson de charme et permet le volume, l'agression, l'extroversion du rocker. Ici la sonorisation achève la démesure entamée déjà par la voix violentée, haut perchée et poussée vers le cri.

1.6 Statisme

Si la voix vive et la voix amplifiée s'opposent par bien des aspects, elles ont en commun le statisme relatif auquel est obligé l'émetteur. Si l'interprète est également instrumentiste, la double signification de la voix et de l'instrument le cloue au sol. Les mains ne sont pas libres pour le support du micro qui est fixe. C'est pourquoi dans les groupes on libère le chanteur ou la chanteuse des fonctions instrumentales. Le soliste peut alors bouger, arpenter la scène et intégrer le micro à sa gestuelle.

Chez le chanteur d'opéra, la mobilité est possible dans certaines limites. J'ai indiqué que la visibilité exige des déplacements agrandis. Par rapport à la voix, l'émission de certaines notes «critiques» exige des positions incompatibles avec le jeu scénique. Ainsi, lors des scènes décisives où le personnage doit courir, tomber, se coucher, etc., il devient délicat de combiner les contraintes posturales de l'émission et la vivacité de l'action. Curieusement, il arrive que, lors des récitals, alors que les interprètes sont libres de ces obligations scéniques liées à un scénario, ils/elles ne peuvent pas s'arracher du piano qui les accompagne. Dans le lied ou la mélodie, les chanteurs/chanteuses classiques gardent la station fixe propice au bon fonctionnement de la mécanique respiratoire et phonatoire. De même, souvent, dans la chanson populaire à texte. Dans ces deux genres, il semble que la gestualité nuirait à la bonne émission/réception du son et du sens. Y aurait-il dans le geste quelque impureté qui souillerait la profération «spirituelle» de la voix?

Conclusion I

Tout se passe comme si, à l'opéra, la voix est religieuse, officiante au service d'un sonore dramatique. Voix d'interprètes, voix de rôles : Médée, la Reine de la nuit, Violetta, etc. On y chante dans le masque de quelqu'un d'autre. Dans la chanson populaire, la voix a un nom, un visage, une manière. C'est ainsi qu'on reconnaît Vigneault, Plume, Daniel Lavoie, Renaud, Diane Dufresne... On reconnaît aussi des types sociaux associés à un timbre, une diction, un accent, une hauteur. Par exemple : le copain, le voyou, l'amoureux, le travailleur, le séducteur (tous ces masculins ont leurs féminins). Ce sont des rôles thématiques sociaux.

Du chanteur au public, il n'y a donc pas une voix, mais plusieurs. Il en est de si chargées d'une présence frémissante que, même fanées ou éteintes, on les écoute encore avec un frisson : Piaf, Brel. D'autres, techniquement parfaites, ne sont que de jolies porcelaines froides. Il leur manque sans doute ce «grain de la voix» dont parlait Barthes et qui est justement l'engagement personnel dans le texte. Avec les raffinements de la sonorisation, la voix pourrait être plus somptueuse que jamais. La tendance actuelle veut pourtant la mettre en retrait derrière les apparats du rythme et de la mélodie. C'est aussi la voix étrangère d'une chanson qu'on entend sans la comprendre ou sans l'écouter. La chanson populaire contemporaine fait sens autrement que par ce qui est dit. La voix est assiégée par le visuel. Contresens ou aboutissement logique? Chez Robert Charlebois par exemple, cette présence du vu dans l'entendu est affirmée depuis longtemps.

2. LE MANIÉRISME VOCAL DE ROBERT CHARLEBOIS

Le maniérisme vocal de Charlebois se caractérise par une exploitation plurielle de la voix. Son abondante production permet de repérer des éléments stables et d'autres qui se rattachent à une période transitoire de sa carrière.

Les deux premiers albums (*Robert Charlebois vol. I*, 1965 et *Robert Charlebois vol. II*, 1966) forment un groupe à part. Ils témoignent de la période chansonnier du chanteur et sacrifient à l'esthétique connue de la chanson à texte. La voix est posée, contrôlée, très retenue relativement à ce qui viendra plus tard. La mélodie est au service des paroles et celles-ci sont clairement proférées par une bonne diction. On cueille les fruits d'une formation sans histoire en théâtre. De fait, ce sont les chansons «Protest song» et «C'est pour ça» du troisième album (1967) qui marqueront la rupture et fonderont le style à venir.

Le maniérisme vocal de Charlebois s'organise alors autour de trois pôles qui correspondent à des orientations qu'on retrouve à tous les niveaux : paroles, musique, gestes, mise en scène. L'imitation ou la caricature tient une place importante. D'autres éléments sont des idiolectes. Enfin, on peut rattacher aux fonctions du langage (Jakobson) des manières qui signalent le souci de la relation avec le public.

2.1 L'imitation

L'imitation, qu'on peut appeler aussi caricature ou parodie, est un trait fondamental de l'œuvre de Charlebois. C'est un regard ironique porté sur soi et sur la société contemporaine que l'on retrouve autant dans les réparties aux journalistes que dans les composantes de la performance. Le cœur de cette tendance est la mise en image ou l'iconisme qui fait de Charlebois un visuel même à travers le sonore. Je signale trois champs de cet iconisme sonore : les travers de la diction, le bruitage et la parodie des styles vocaux.

2.2 La diction

La diction exploite trois ressources : la nasalité, la diphtongaison et le dialecte. La nasalité est un timbre de la voix. Elle correspond à un style vocal folklorique tant chez les francophones que chez les anglophones. Le son strident porte plus loin que les sonorités moelleuses, et les chanteurs traditionnels ont souvent gardé une sonorité orientale, agressive, qui était celle aussi des interprètes médiévaux. Comme timbre de la diction, on retrouve la nasalité aussi bien chez Bob Dylan que chez Francis Cabrel ou CharlÉlie Couture. Dans ce sens d'une couleur mélodique de fond, on ne la trouve pas chez Charlebois, sauf dans «Protest song» qui renvoie à Dylan. Elle apparaît plutôt de façon épisodique selon que le support langagier le permet. En particulier, ce sont les paroles de Marcel Sabourin (1968-1972) qui favorisent la nasalisation. La transcription suivante d'«Engagement» servira à illustrer plusieurs aspects de mon propos.

ENGAGEMENT

Mon bel épi avec des lunes
Mon épi doucement et l'engoulevent
Replié doucement qui ne fait plus son tannant
Avec l'aile doucement repliée sans testament

Et se mirant dans l'or des lunes
De mon épi tout bruyant
Du sang de l'engoulevent.

Hep! Hep! Hep! Wow!
(...)
Wow! pis l'aut' bord... *l'aut' bord*
Wow! Wow!
Ça ferraille
Ça s'décocrisse
Ça s'défuntifise
Ça s'défuntifise
Ça s'défuntifise
Ça s'défuntifise
Ça s'défuntifise
Ça s'défuntifise
C'est-y pas crisse
Pis l'armistice *Wow!*
C't'un feu d'paille *Wow!*
En tuyau d'castor *Wow!*
Pour les valises *Wow!*
Mange ton blé d'Inde
Envoye mange mange mange mange-lé toutt
Mange ton blé d'Inde
Envoye mange mange mange-lé toutt
Mange-lé toutt ton blé d'Inde là
Laisse-z-en pas dans ton assiette
Y é beau y é blanc
C'est ça envoye mange ton blé d'Inde
Bois ta 50
Fume ton joint
Envoye mange-lé toutt mange

Cent ans *sacrement c'est long*
Hein, cent ans c'est long
Qu'esse t'en penses?
Cent ans c'est long
Hein, Robidoux, cent ans, qu'esse t'en penses Robidoux?
Tu trouves pas ça long?
Hein, Maurice, Maurice Richard,
Cent ans su'a bass, ça c'est long, hein,

Penses-y (rires) un instant
Ti-Guy, qu'esse t'en penses?
(cri)
(scat[7])

Toé, Philippe, qu'esse t'en penses?
Cent ans?
Ça t'tente pas d'jouer, non?
Avec nous z'aut' un p'tit reel? hein?
Un p'tit reel avec nous z'aut'?
Essaye donc, essaye donc, pour le fun.
(scat)

Approche un ti peu, Philippe, approche
Viens-t'en, viens-t'en mon Philippe,
Philippe, Philippe,
Viens-t'en mon Philippe
Approche, approche un ti peu
Approche

How! How!
Cent ans sans te plaindre
        sans te plaindre
        sans te plaindre
Sacrament
Y fait pas chaud *Wo!*
Ousqué mon capot *Wo!*
Ousqué mon capot Wo!
Ousqué mon capot
D'castor.

o o o

Mon bel épi avec des lunes
En épis doucement et l'engoulevent
Replié doucement qui ne fait plus son tannant
Avec l'aile doucement repliée sans testament
Et se mirant dans l'or des lunes
De mon épi tout bruyant
Du sang de l'engoulevent.

106

Hep! Hep! Hep! Wow!
Woooooow!

Pi en d'dans *en d'dans en d'dans en d'dans en d'dans*
Ça m'dévore *Wow!*
Ça m'décocrisse
Ça m'défuntifise
Ça m'défuntifise
Ça m'défuntifise
Ça m'défuntifise
Ça m'défuntifise
Ça m'défuntifise
C'est-y pas crisse *Ho!*
Des vrais pétards *Wow!*
Que j'ai en d'dans *Wow!*
Que j'ai dans l'corps *Wow!*
Qui m'paralysent

Mange ton blé d'Inde
Envoye mange mange mange mange mange-lé toutt
Ton blé d'Inde
Envoye mange mange mange mange (...)
Mange-lé toutt ton blé d'Inde
Mange-lé toutt ton blé d'Inde

Envoye Philippe
Envoye Philippe c'est l'temps
Envoye Philippe
Tu trouves pas ça long toé cent ans Philippe
Cent ans à jouer du violon
Envoye joue-z-en
Pi approche approche approche
Approche un peu
Approche approche du micro un ti peu
Yah! Wow!
(scat)
Cent ans
Cent ans pensez-y pensez-y un instant
Pensez-y deux minutes
Cent ans c'est long, hein,
C'est long cent ans

Sans se plaindre
Sans se plaindre
Sans se plaindre
Sacrament!

Y fait pas chaud
Ousqué mon capot *Non!*
Y fait pu frette
Y fait pu frette
Faut que j'me mette *Wow! Wow!*
Faut que j'me mette Wow!
Du suntan Coppertone.

À l'audition, cette chanson fait ressortir une technique également active dans «Le Canada». Prenez par exemple le vers plusieurs fois répété et amplifié : «Cent ans sans te plaindre». Les syllabes accusent déjà une forte prépondérance des nasales que la musique exagère encore largement. On peut transcrire l'effet obtenu comme un allongement itératif : «Cent ans sans te [plɛ̂:ɛ̂:ɛ̂: d]».

De fait, l'allongement par les nasales est une technique poétique bien connue et exploitée par les poètes classiques. Qu'on relise «Le mort joyeux» de Baudelaire :

Dans une terre grasse et pleine d'escargots
Je veux creuser moi-même une fosse profonde
Où je puisse à loisir étaler mes vieux os
Et dormir dans l'oubli comme un requin dans l'onde.

La musique, dans la chanson de Charlebois, prend donc simplement le relais d'une ressource littéraire. L'emphase mise par l'interprétation suggère d'aller plus loin. L'allongement des nasales est aussi un phénomène connu et analysé du français canadien[8]. La sémantique de la chanson confirme cette sélection d'un trait racial dans une intention parodique. De plus, la nasalisation est souvent associée à la diphtongaison au point qu'on ne puisse les isoler. On la retrouve dans la production de la même période. Citons seulement «Broches de bécik» : «À des millions d'années lumière / de moé-même [meĩm]». Ou encore, au même endroit : «Portant des berniks noères [nwɛr]».

On peut conclure que Charlebois, à partir des ressources des paroles, porte à leurs limites des habitudes articulatoires des Québécois. Le grossissement s'intègre à une caricature sociale. Celle du Québécois pogné, exploité, qui a du mal à s'exprimer («Que c'est, que

108

c'est!»). C'est une façon de procéder assez spectaculaire et qui sera limitée pour l'essentiel à la période la plus agressive de Charlebois.

Il va plutôt conserver l'imitation des personnages par l'accent dialectal. Les deux éléments que je viens de relever montrent ce qui se passe chez le Québécois, et l'enracinement joual des paroles de Charlebois est connu. Il y a aussi les imitations étrangères. Les anglophones canadiens et américains sont présents dans «Deux femmes en or» : «French atmosphere, Oh la la! (...) French is fun, French is money, Why don't you join the party, Alouette, je t'y ploumerai!» C'est aussi la prononciation qui se fait créole ou petit-nègre : «Punch créole», «On ti jadin a Matouba», ou bien hispanisante : «Pobre Julio».

2.3 Bruitage

À la recherche d'un style plus visuel que littéraire, Charlebois privilégie largement les créations phoniques bruyantes. De toutes les ressources langagières possibles, ce sont les onomatopées qui tiennent le premier rang. Claude Gagnon[9] a très justement souligné l'appétit de Charlebois pour la BD. Elle fut une composante visuelle de ses spectacles. Certaines chansons comme «Des prunes pour Joe et Sam», «Fu Man Chu», «Conception» sont écrites comme des BD. Ces deux derniers textes sont d'ailleurs illustrés avec «Fais-toi z'en pas» sur le super-poster de *Super Frog*. Le renvoi est donc transparent au répertoire de la BD. Dans ce sens, il faut chercher les éléments sonores qui jouent un rôle semblable dans la performance. L'appareil phonatoire est donc porteur d'un troisième type de signaux : le bruit.

Quelques exemples : le baiser sonore sur «kiss me» («The frog song»), les imitations buccales de motos ou de voitures («Broches de bécik»), les halètements suggestifs («Superficielle»), l'aspiration profonde de la fumée du «Mexican Gold» («Le révolté»). C'est aussi l'illustration onomatopéique traditionnelle d'un mouvement rythmique : «tigue dap, tigue dap!» («Ritz») ou le prolongement d'une sonorité comme la sifflante dans «ça s'décocrisssssssse» («Engagement»). L'aboutissement logique de cette tendance est de prolonger le bruitage de la voix par l'orchestration. Un camion de l'Hydro frappe un poteau et le courant «musical» baisse («Ritz»); la pédale wah-wah imite le gibier dans «La samba des canards» et au «Ritz» encore on entend les jeux électroniques des arcades.

Onomatopée ou bruit? Il arrive que la mélodie ne soit pas chantée mais sifflée. Dans la chanson «Dolorès», le sifflotement prend la relève après que le héros eut percuté un poteau avec sa Toronado. Illustration des «petits oiseaux», indice de l'évanouissement du chauffeur? De plus, toute la chanson «Phébus et Borée» est sifflée, sauf le refrain : «Hear the wind blow, baby?». Est-ce Phébus/Borée qui souffle/siffle? Est-ce le sifflotement populaire, décontracté, phallique[10] et conquérant de la vie quotidienne?

Manifestation ultime de cet iconisme sonore : l'insertion crue du bruit réel dans la chanson. C'est un procédé favori des productions des années 70. Ainsi la sirène des policiers («Dolorès»), les fusils de chasse et les canards authentiques («La samba des canards»), le moteur qui démarre («Trouvez mieux»).

2.4 Styles vocaux

Derniers éléments d'imitation mélodique : la parodie des styles vocaux et de genres musicaux. On connaît les nombreuses imitations d'Elvis Presley déjà présentes dans «Divertimento». Au moment de la performance, cette imitation se situe en contexte rock. Elle sert, par exemple, d'introduction à la chanson ou intervient dans le corps du texte comme dans «Entr' deux joints». C'est une imitation qui est toujours complétée par la gestuelle appropriée des mouvements du bassin et des jambes et par le traitement infligé au micro. «Protest song» offrait un renvoi au style de Bob Dylan. Le chanteur de charme méditerranéen est présenté par «Pobre Julio». C'est alors la sémantique de la vie de vedette qui est marquée. Le style vocal est aussi typifié par le falsetto et par l'imitation du parangon du genre : Luis Mariano «qui valait mieux que Mexi-i-co» («J'veux d'l'amour»). Quant aux styles, Charlebois a fait du piano-bar («Joe Finger Ledoux» et «Le retour de Joe Finger Ledoux»), du club («J'veux d'l'amour»), du western («Dolorès»), du pepsi («Miss Pepsi»), du rétro («Les souliers à talons hauts»). À chaque fois, les caractéristiques vocales de chaque genre sont reprises comme une illustration des paroles.

2.5 Les idiolectes

Moins abondants que les premiers, il existe un autre groupe de traits qui n'a plus de caractère référentiel. Ils constituent simplement des formules propres à Robert Charlebois, qu'on peut appeler «idiolectes». Ces traits portent essentiellement sur la hauteur, l'expressivité et l'ornementation de la mélodie.

2.6 Hauteur

La chanson «C'est pour ça» fait entendre les premiers effets spéciaux de Charlebois. On y relève la reprise de la mélodie à l'octave. Ce sera le ressort d'«Ordinaire» qui ne connaît pas d'autres variantes mélodiques.

Ce passage à l'octave amène parfois la voix aux limites de sa tessiture. Il n'est pas rare alors que le chanteur passe à la voix de fausset afin de poursuivre la montée de la mélodie. J'ai indiqué plus haut les ressources iconiques de cette voix. Dans «Ordinaire» toutefois, le «falsetto» est utilisé comme possibilité mélodique sans intention parodique.

Enfin, la voix de fausset n'a pas de volume. Si on la pousse davantage, la pression fait surgir le cri. La voix de Louise Forestier dans «Lindberg», sacrant et hurlant, donne le caractère de la période criée de Charlebois, période qui couvre sa production chez Gamma (1967-1971), à l'exception du dernier microsillon, *Le mont Athos* (1971). On peut dire que cela correspond à la phase psychédélique dont «Ordinaire» marquera la fin souhaitée : «Chu pas un clown psychédélique». Ce maniérisme vocal criard s'accompagnera de manifestations vestimentaires, musicales et littéraires voyantes. On pourrait évoquer les archétypes de Janis Joplin et de Jimi Hendrix, divinités acides. Chez l'un et l'autre, l'instrument est poussé à bout, torturé et parfois détruit. C'est le flash de Jimi Hendrix frappant ses amplificateurs, brûlant sa guitare. L'énergie intérieure veut briser l'écorce qui l'emprisonne. L'interprétation très expressive et extrovertie de «CPR blues» en est un bon exemple. On devine les échos favorables qu'éveillèrent de tels rugissements au milieu des aspirations indépendantistes d'un Québec en mutation.

2.7 Expressivité et ornementation

Tous les moyens relevés jusqu'ici sont des réalisations diverses d'une expressivité du chant. Ce sont des manipulations originales et théâtrales. Elles favorisent un grossissement du trait propre à assurer une communication optimale : déchiffrement rapide, longue portée, mémorisation facile.

L'expressivité est aussi traduite de façon plus subtile par les éléments musicaux de la mélodie. Par exemple, Charlebois utilise un léger port de voix, une attaque sous la note ou un relâchement de la justesse après l'émission. Il obtient ainsi un caractère plaintif ou plai-

111

gnard qualifié en québécois de «lireux» («Comprends-tu *ça*, comprends-tu *ça*?»). Employé dans les mêmes occurrences que la nasalisation, cet accent d'expressivité raffine la peinture du Québécois ordinaire. Il n'a pas cependant que cette charge caricaturale puisqu'il se maintient jusque dans les dernières productions, au-delà de la période psychédélique.

Autre élément mélodique traditionnel : l'ornementation. Depuis toujours, la faculté d'embellir des mélodies simples a été la marque d'un interprète maître de ses moyens. Cette ornementation est restée vivace et verte dans les versions paysannes de chansons traditionnelles. C'est la même faculté qui rend si particulière l'interprétation de tel ou tel instrumentiste de jazz. L'ornementation mélodique existe chez Charlebois mais elle est assez stéréotypée. Un certain motif est constant et facilement repérable. Il s'agit d'une décomposition de la finale d'une phrase ou d'un segment de phrase par l'étalement de la dernière note sur un contretemps rythmique. Le meilleur exemple est sans doute «Fu Man Chu». C'est une formule qu'utilise aussi Julien Clerc («Si on chantait»).

Charlebois est sans doute plus original et plus spontané sur le plan rythmique. Dans ses travaux sur la chanson populaire traditionnelle, Bela Bartok distingue deux styles de base : le «parlando-rubato» et le «tempo-giusto» que Bruno Nettl définit de la façon suivante :

The first of them / «parlando-rubato» / is a singing style in which emphasis is on the words, there is not much strict adherence to tempo and meter, and there is a substantial amount of ornementation. «Tempo-giusto» implies greater stress on musical meter and tempo, and less on the words[11].

On a reconnu chez Charlebois la maîtrise d'un phrasé exceptionnel. Cette expression traduit autrement le style «parlando-rubato» de Bartok. La liberté de la mélodie sur une pulsation rythmique ferme est caractéristique des chanteurs de blues, capables de la détacher de la section rythmique pour «blower». Les énumérations farfelues de «Dolorès» sont une bonne illustration du «parlando-rubato» du chanteur.

2.8 Idiolectes interactifs

Un dernier aspect du maniérisme vocal de Charlebois traduit une orientation constante de toute sa production et fonde sa réputation de «performer». Il s'agit de l'interaction avec le public. On peut relever des interventions brèves, adressées aux musiciens ou à l'auditoire sous la forme énergique d'exclamations et d'interjections. Le chanteur s'assure d'une communication toujours active (fonction phatique) et peut tenir en main son auditoire (fonction conative). Dans le texte d'«Engagement» que j'ai cité plus haut, on voit bien comment les interventions du chanteur se ramènent à quelques interjections expressives : «Wow! Yeah! Hep!». Le reste du texte est une paraphrase des paroles et une apostrophe aux musiciens. C'est aussi une habitude des musiciens de jazz et on la retrouve ailleurs dans les formules stéréotypées : «Do it! Dig it! Rock it! Move it! Take it!». La même fonction est remplie par le «Heavy, heavy!» du connaisseur «révolté». Ces éléments ont donc servi à la fois comme illustration de l'utilisation d'un style et comme fonctions directes d'interaction.

Conclusion II

Cette brève incursion dans le maniérisme vocal de Robert Charlebois suffit à suggérer ce qui fait la force du chanteur : la qualité de sa performance. Charlebois est un «showman», un «performer». C'est sur scène qu'il donne le meilleur de lui-même. Tout se joue dans le rapport interactif qu'il sait établir et maintenir avec son public. Charlebois ne chante pas en solitaire. Il ne fait pas de récital. Son intervention est spectaculaire, mobile, visuelle, énergique et provocante. Les éléments de la mise en scène amplifient et déploient ces qualités présentes dans les unités les plus ténues de l'encodage sonore. Le maniérisme vocal de Charlebois offre les miniatures de ce qui éclatera en gadgets visuels. Avec Charlebois, le son donne à entendre et à voir. Par là, il a rompu avec les boîtes à chanson, et annoncé l'avenir.

Au Québec, en effet, la chanson des chansonniers avait beaucoup fourni à l'entendement. La chanson poétique fut marquée par une métrique conforme mais aussi par un message. Cette chanson prise de parole et expression personnelle a constitué un temps fort de la chanson populaire. Nous assistons maintenant au retour du pendule. À la chanson de conscientisation succède la chanson environnementale. Dans cette ambiance sonore, la chanson populaire fera sens par le faisceau convergent de ses signes plutôt que par un ancrage du sens dans les mots. Le maniérisme vocal, branché sur le double encodage fondamental, est l'archétype et le générateur des autres déploiements.

Notes

1. Bruno Nettl, *Folk and Traditional Music of the Western Continents*, New Jersey, Prentice-Hall, 1973, p. 47-48.
2. Marie-Louise Aucher, *Les plans de l'expression*, Paris, L'Épi, 1977.
3. Roland Barthes, «Le grain de la voix», *Musique en jeu*, n° 9, nov. 1972, p. 63.
4. Jacques Chailley, *40 000 ans de musique*, Paris, Plon, 1961, p. 210-211.
5. Alain Arnaud, «La triste histoire de la petite Maria Meneghini Callas», *Traverses*, n° 20, 1980, p. 6-9.
6. N. Scotto di Carlo, «Analyse sémiologique des gestes et mimiques des chanteurs d'opéra», *Semiotica*, IX, 1973, p. 303.
7. Scat : mélodie chantée avec des onomatopées, dans le style des musiciens du «bop» et du «bebop».
8. René Charbonneau, *Étude sur les voyelles nasales du français canadien*, Québec, P.U.L., 1971.
9. Claude Gagnon, *Robert Charlebois déchiffré*, Montréal, Leméac, 1974, p. 35 et ss.
10. Suggestion d'Ivan Fonagy, «Analyses sémiotiques de la voix humaine», *Semiotica*, XIII/1, 1975, p. 104.
11. Bruno Nettl, *op. cit.*, p. 48.

Références

Barthes, Roland, «Le grain de la voix», *Musique en jeu*, n° 9, nov. 1972, p. 57-63.
Bernard, Michel, *L'expressivité du corps*, Paris, Delarge, 1976. Surtout le ch. 5 : «La voix, structure cruciale et lieu équivoque», p. 313-361.
Fonagy, Ivan, «Les bases pulsionnelles de la phonation», *Revue française de psychanalyse*, XXXIV, janvier 1970, p. 101-136 et XXXV, juillet 1971, p. 543-591.
«La voix», *Traverses*, n° 20, nov. 1980.
Valéry, Paul, *Introduction à la poésie orale*, Paris, Seuil, 1983.

Les deux pôles de la chanson québécoise:
la chanson western et
la chanson contre-culturelle

Robert Giroux

> *Le fait que je sois québécois m'aide beaucoup à comprendre mon personnage (...) : encore maintenant, beaucoup de Québécois renient ce qu'ils sont. Pour entrer dans mon personnage, qui a honte d'être indien, je pense à tout ce qui me fait honte au Québec. C'est un personnage qui, au fond, n'est pas si éloigné de ma réalité[1].*

Dans le cadre d'une sociologie des productions culturelles, je suis à établir une typologie et une sémiologie de la chanson québécoise. Sans entrer dans le débat du trop peu de place que la recherche universitaire traditionnelle a accordé à la chanson comme pratique culturelle, j'aimerais plutôt illustrer la place que la chanson occupe dans le champ de production, de reproduction et de consommation culturelle des Québécois.

La chanson québécoise a en effet connu un essor extraordinaire au cours des trente dernières années. Cet essor a coïncidé avec son industrialisation progressive puis son institutionnalisation évidente pendant les années 60, c'est-à-dire au cours de ce qu'on a appelé la «Révolution tranquille». On peut en effet se demander si la chanson québécoise aurait réussi à émerger du magma de la musique anglo-américaine et de la chanson française si elle n'avait pas été encouragée, soutenue et maintenue par un profond mouvement nationaliste, nationalisme qui se manifestait aussi, bien sûr, dans les champs de production littéraire et cinématographique. 1960 n'est-elle pas une date symbolique dans l'éveil et la modernisation du Québec?

Les chansons québécoises avaient donc enfin trouvé une audience grâce au disque, à la radio, à la télévision, au spectacle, etc. Et c'est parce que ces chansons étaient achetées et bien cotées que les compagnies de disques (étrangères pour la plupart) ont accepté d'enregistrer et de diffuser davantage ces produits francophones, que les organisateurs de spectacles ont commencé à bouder les vedettes françaises d'Europe au profit des chansonniers québécois, que les disques-jockeys ont, petit à petit, cédé le temps d'antenne radiophonique aux produits autochtones, que les organismes subventionnaires ont favorisé concours, spectacles officiels, tournées et même participation à des activités internationales («francophonistes»)... bref, c'est parce que la chanson québécoise a su profiter de toute une conjoncture qui lui a été favorable qu'elle a réussi à s'imposer efficacement jusqu'à la fin des années 70.

Jusqu'à ce que :
— Robert Charlebois et Diane Dufresne s'exilent volontairement en France;
— Gilles Vigneault se replie sur le désastre du référendum de mai 1980;
— Raoul Duguay quitte son costume de poète formaliste, infoniaque et inspiré pour celui de «chanteur de pomme»;
— Paul Piché se retrouve seul à chanter les valeurs syndicales et la misère des gagne-petits;
— Plume Latraverse vitriole avec obstination et satiété les assises culturelles de notre identité nationale, incertaine et floue;
— Harmonium disparaisse;
— les Séguin se séparent;
— Beau Dommage éclate;
— Claude Dubois se trouve éclipsé un moment;

— et enfin que Guy Latraverse, le «p'tit boss», ferme la formidable boutique à illusion qu'était Kébec-Spec.

Cet éclatement correspond, grosso modo, aux années qui ont suivi l'arrivée du Parti québécois (indépendantiste) au pouvoir en 1976 et au délire d'un grand soir. Est-ce pure coïncidence? Cela s'amplifiera avec le «Non» du référendum de 1980 sur un mandat de négocier une souveraineté-association et les désenchantements qui s'ensuivirent, puis la persistance de la «crise» qui déborda sur le début des années 80. On remarque pourtant que cette chanson québécoise n'est pas uniforme. Elle est au contraire très diversifiée et le recul qu'elle a subi (pour ne pas dire le discrédit) n'est donc pas uniquement dû à une question de mode ou de goût qui varierait comme par magie. Un revirement de mode ou de goût frapperait tel ou tel type de chanson plutôt que tout un ensemble (industriel) fort hétérogène de produits québécois (folklore, chanson à texte, monologue, western, rock, etc.). La chanson est en effet un carrefour très achalandé, et qui connaît ses heures de pointe et ses heures creuses.

Je voudrais profiter de cette accalmie passagère du champ de production de la chanson au Québec — le même phénomène se produit en littérature et au cinéma (reproductions ou adaptations de nos classiques : *Maria Chapdelaine, Bonheur d'occasion* et *Les Plouffe* — pour examiner deux types de produits, le western d'une part et la contre-culture d'autre part. Ces deux exemples ont été choisis à cause de leur polarisation évidente dans le champ de la chanson; ils serviront à illustrer les différents facteurs qui composent et dynamisent un champ de production : a) la typologie des produits proposés au public, b) les positions des intervenants et de leur discours respectif, c) les lieux de production et de diffusion qui, eux aussi, déterminent des rituels et des marques de «distinction», et, enfin, d) les supports institutionnels comme les subventions, les prix, etc., qui ont permis à l'industrie du disque de s'organiser progressivement au Québec depuis La Bolduc jusqu'à Robert Charlebois en passant par les «crooners», les adeptes du western et ceux qu'on a appelés les chansonniers.

La chanson western (et ses variantes) demeure encore aujourd'hui la musique la plus stable et la plus vendue en Amérique du Nord tandis que la chanson de la nouvelle-culture ou de la contre-culture, ou de l'underground, subit des fluctuations toujours étroitement liées aux conjonctures socio-politiques. Qui produit, à qui s'adresse-t-il et dans quels lieux s'exécute celui et/ou celle qui fréquente l'un ou l'autre pôle de ce champ de production de la chanson?

Depuis les succès de Cliff Walter, le western s'est répandu au Québec à partir surtout de la Dernière Guerre mondiale. À cette époque, le Soldat Lebrun grattait sa guitare et chantait d'une manière un peu larmoyante les effets «civils» de la guerre : les pleurs d'une mère, le souvenir de la bien-aimée, le mal du pays, etc. Très loin du tragique, le Soldat Lebrun traçait le contour d'une dramatique familiale. Willie Lamothe, qui demeura toujours fort populaire, est la seconde figure importante du western au Québec. Il alla même jusqu'à emprunter le costume et les accessoires propres à nos lointains voisins du Far-West américain : cheval, fusil, lasso, costume de parade. Alors que le Soldat Lebrun va peu à peu se taire après la guerre, son répertoire et son personnage militaire étant trop circonstanciés, Willie Lamothe va continuer de jouir de la faveur du public grâce à la diversité de ses thèmes et de ses rythmes, mélange de folklore, de country et de ballades amoureuses. La musique western se fera surtout réaliste, conservatrice aussi, toute centrée sur la famille, le mariage, la religion, le quotidien. Ce qui fera la force des chanteurs western, j'y reviendrai, ce sera le choix des lieux et du public, la manière de se faire voir et de communiquer avec lui, de vendre sur place, entre intimité et partage, etc. La chanson western sera ahistorique, apolitique, éternelle comme la ruralité.

La chanson underground, de son côté, n'a émergé qu'à la fin des années 60. Elle a en effet pu naître grâce à la révolution culturelle préalable que la période des chansonniers et des boîtes à chansons (1959-1967) a ponctuée au même rythme que les littérateurs de l'époque. La chanson underground s'est cependant trouvée comme coincée entre un nationalisme petit-bourgeois (auquel elle participait volontiers) et la douche continue et efficace des productions anglo-américaines, moins «tranquilles» certes mais démobilisatrices dans la fascination idéaliste qu'elles exerçaient.

Le concept de la contre-culture ne se circonscrit pas aisément. Est-elle parallèle, à côté, souterraine, subversive? Chose certaine, elle s'oppose à la culture officielle, institutionnelle, aux mains de l'économie et du pouvoir, jugée sclérosée, inutile ou aliénée/aliénante. Les armes principales de la contre-culture seront donc la création libre et sauvage, la critique systématique et vitriolante de toutes les institutions domestiques, bref le jeu et la dérision culturelles. La contre-culture retrouverait donc de nombreux prédécesseurs chez les dadaïstes contestataires et anarchistes. C'est la thèse que développe

Michel Lancelot dans *Le jeune lion dort sur ses dents... génies et faussaires de la contre-culture*[2], s'opposant ainsi au professeur américain Theodor Roszak qui voulait dans *Vers une contre-culture*[3] que la contre-culture soit née aux États-Unis vers 1950. Lancelot affirme qu'elle est plutôt née en Europe après la Première Guerre mondiale, qu'elle se serait étouffée avec la Crise des années 30 pour resurgir après 1945. La contre-culture présupposerait donc à son émergence le contexte d'une prospérité économique.

Plutôt que de vouloir donner raison à l'un ou à l'autre de ces historiens qui tirent la couverture du mouvement contre-culturel du côté de leur continent respectif, je reviens au Québec et je lis le livre du sociologue québécois Gaétan Rochon intitulé *Politique et contre-culture*[4]. G. Rochon distingue trois courants de contestation de l'«american way of life» :

a) la «new left» américaine, constituée d'intellectuels radicaux, activistes et marxisants, et qui n'ont pas été sans influencer et animer les groupes de gauche québécois qui militaient dans le FLQ et/ou collaboraient à la revue *Parti pris*;

b) la «beat generation», celle de Jack Kerouac, des «beatniks» puis des hippies, de ceux qui ont lu et/ou fréquenté Alan Watts, ce gentleman anglais qui était devenu une sorte de gourou californien et dont le mérite aura été d'avoir fait connaître aux États-Unis les grands textes de René Guénon et d'Ananda Coomaraswamy[5]. Ce mouvement serait moins ouvertement politique; il connote plutôt une recherche existentielle, plus axée sur l'individu que sur la collectivité. Il est donc constitué de progressistes (pacifistes) qui vont travailler à des luttes ponctuelles : libération de la femme et des homosexuels, retour à la terre et à la vie communautaire, antimilitarisme et antiracisme. Ils proposent alors des alternatives nouvelles aux culs-de-sac dans lesquels les a acculés la génération dominante bourgeoise à laquelle ils tournent le dos; il faut lire *Do It* de Jerry Rubin[6]. On a là toutes les assises sur lesquelles se fonda au Québec la revue *Mainmise* à la fin des années 60;

c) le courant nationalitaire, c'est-à-dire les revendications issues de «minorités» culturelles, tant en Europe, en Afrique qu'en Amérique : Bretons, Wallons, Écossais, Irlandais du Nord, Québécois, Amérindiens, Noirs américains. Ces revendications nationalitaires s'appuient, selon le cas, sur des acquis culturels comme la langue, la religion, l'ethnie, le folklore, sans toujours pouvoir en délimiter les dimensions politiques et territoriales.

119

Dès la fin de 1973, dans un texte explosif intitulé «Le Québec, sa langue pis sa contreculture», texte qui mériterait d'être cité en entier, Victor-Lévy Beaulieu affirmera laconiquement :

> Y peut pas y avoir de contreculture dans Québec parce que toutes nous autres qui y vivons, on est contreculturel (...). Québec par définition (...) est foncièrement contreculturel. Parce qu'on a la chance énorme de ne pas savoir encore c'qu'on est (...), notre espace intérieur y'a pas de frontières. (...) le français québécois est ostiquement contreculturel, c't'évident. (...) j'ajout'rai même que l'parti québécois véhicule des valeurs contreculturelles, tout autant que l'théâtre de Michel Tremblay, tout autant que les chansons de Robert Charlebois. (...) le projet québécois consiste à prouver par nous autres mêmes que l'homme nouveau est possible, montrer qu'y a pas d'petits peuples, en un mot comme en cent : être enfin total'ment, infiniment, contre-culturellement pi glorieusement québécois.

V.-L. Beaulieu amalgame ici à gros traits, est-ce nécessaire de le préciser, les trois courants majeurs qui m'ont permis de définir le mouvement dans sa globalité (les activistes, les existentialistes et les nationalitaires). La contre-culture ne saurait donc être réduite à un mouvement de contestation de la culture dominante, artistique et/ou scientifique. Bien des mouvements de contestation existent sans qu'ils ne portent encore l'emblème de la contre-culture. Les métamorphoses de la Révolution s'accomplissent dans l'ironie des signes (toujours réversibles) qui prétendent la servir. Le mouvement contreculturel est historique, daté.

Au Québec, on a privilégié surtout les deux derniers courants. Les leaders contre-culturels se sont en effet intéressés davantage aux problèmes proprement culturels et moins aux problèmes politiques, et ils voyaient d'un mauvais œil les théoriciens marxistes ou les militants révolutionnaires. C'était déjà la position que défendait le *Refus global* du groupe des artistes automatistes dès 1948[7]. Elle sera reprise au début des années 60 avec l'infiltration de l'underground américain, la popularité croissante des hallucinogènes, le programme de libération sexuelle, etc. Si, aux États-Unis, le versant politique du mouvement s'exprime dans la contestation de l'«american way of life», de l'impérialisme, de la technologie envahissante et de la militarisation, au Québec, ce versant politique s'exprime autrement. La contre-culture s'y est formée à partir d'éléments déjà en place parmi les revendications majeures des nationalistes, ou présents de façon latente; le joual, la laïcisation, la libre expression, l'anti-industrialisation, le socialisme, le retour à la terre, bref, tout le tableau un peu brouillon de la revue *Parti pris*.

La contre-culture québécoise a donc pris un visage particulier, où les emprunts se sont greffés à des acquis traditionnels. La revue marxisante *Chroniques* a entrepris en 1976 un bilan critique du mouvement et une mise à jour de l'idéologie qu'elle véhiculait[8]. Jules Duchastel, de *Chroniques*, a choisi comme point d'ancrage la revue *Mainmise* qui se présentait elle-même comme «un manuel de pilotage qui guide les hommes vers un devenir», c'est-à-dire vers une «nouvelle culture libératrice». Nous résumerons ses conclusions, à la suite de quoi nous irons vérifier ses assertions dans une sélection du corps musical laissé par deux de nos plus illustres chansonniers contre-culturels de l'époque : Robert Charlebois et Raoul Duguay.

Duchastel délimite le parcours idéologique de *Mainmise* selon quatre axes sémantiques : le philosophique, le politique, l'économique et le culturel. À l'aide des statistiques, il analyse la place occupée par chacun de ces axes ainsi que les principales idées-forces qui s'y énoncent.

a) l'axe philosophique : ici transparaît le primat donné à l'exaltation du moi et de la conscience. L'individu est perçu comme le contenant d'une richesse latente qu'il faut faire émerger (à l'aide des hallucinogènes, de la méditation transcendantale, du yoga par exemple). La société actuelle (occidentale) corrompt la bonté foncière de l'homme et il faut l'en libérer en transformant les consciences individuelles dans une pratique *apolitique* mais communautaire. Des communes se forment alors, marginales, pré-capitalistes, écologistes, où s'élabore le rêve d'une société organique nouvelle. Les Séguin constituent le groupe de chansonniers le plus représentatif de l'époque;

b) l'axe politique : la revue *Mainmise* condamne les formes de lutte politiques traditionnelles et encourage la dépolitisation. On y confond *la* politique (le spectacle électoral, la représentation) et *le* politique (les structures idéologiques profondes, ce qui travaille la politique). Le politique est pourtant partout présent, même dans la plus petite des communes. L'apolitisme peut aussi mener à un anarchisme mou et moelleux, ou encore à une dictature. La profonde lacune analytique de la revue tiendrait donc au socialisme utopique professé par les tenants de la contre-culture;

c) l'axe économique : le modèle de société proposé, on l'a déjà signalé à propos de l'autarcie communale, est précapitaliste, et les analyses passéistes répugnent à une véritable critique du capital. On en reste à des constatations superficielles. L'axe de transformation désirée passe du constat de fragmentation (de la conscience, individuelle et planétaire) au vœu de retotalisation. On fait alors appel à McLuhan et à ses prospections. On propose même un *Répertoire des outils planétaires*;

d) le culturel sera l'axe privilégié entre tous. *Mainmise* appuie en effet des luttes qui se situent d'abord et avant tout au niveau de la vie quotidienne. La tâche de l'artiste se trouvera par exemple mythifiée : sorte de grand-prêtre dans le rituel de la communication culturelle, l'artiste instaure l'art nouveau comme acte politique suprême, l'acte contrariant par excellence pour l'idéologie dominante. Les figures mythiques récurrentes de la contre-culture seront, après l'artiste, l'enfant, la femme, l'Indien, le primitif, l'Asiatique. Les retombées du surréalisme donc, mais à l'américaine! Les outils de la transformation sociale seront la drogue, la sexualité, l'ésotérisme, la technologie et la musique (la musique devenant le dada (!) de la revue à partir de son 53e numéro).

Bref, la contre-culture semble reprendre à bien des égards les thèses rousseauistes, humanistes et idéalistes, si ce n'est mystiques, en les teintant de scientisme[9]. Il faut bien reconnaître les fondements «bourgeois» de cette idéologie, l'aisance du pouvoir à la récupérer, son attitude démobilisatrice; mais l'action revendicatrice de cette culture alternative ne saurait se réduire à ces lacunes. Elle participait à sa manière à l'effort *conjugué* des intellectuels et des militants qui travaillaient à l'émancipation socio-politique des Québécois.

Deux auteurs-compositeurs-interprètes de chansons contestataires contre-culturelles retiendront notre attention : R. Charlebois, par sa parodie et son carnavalesque, et R. Duguay, par son mysticisme un peu naïf. Il en a certes existé de nombreux autres, depuis les interventions des *Poèmes et chansons de la résistance* jusqu'à Plume Latraverse en passant par les Séguin. La contre-culture ne se limite d'ailleurs pas seulement à la chanson et la chanson contre-culturelle à deux noms d'auteurs seulement. Ce serait se méprendre sur l'industrie du disque et du spectacle, et sur le spectacle de la dynamique culturelle. Quoi qu'il en soit, *l'Osstidcho* de 1968 et le *Suparchipelargo* ont constitué les événements majeurs qui me semblent avoir catalysé les propositions conjuguées d'un très grand nombre de praticiens de la musique contre-culturelle : R. Charlebois, l'Infonie, le quatuor du

Jazz libre du Québec, Diane Dufresne, Plume, toute une pratique subversive du spectacle...

Et le western dans tout cela! Bien sûr qu'il s'est maintenu. Ce ne sont pas *l'Osstidcho*, ni Octobre 70, ni la Superfrancofête[10] qui ont pu modifier le cours de ses activités. La stabilité de ses réseaux et de son discours idéologique semble en effet à toute épreuve.

Voyons en quoi le parallèle entre le western et la contre-culture est très éloquent. Les chanteurs western voient de très près à la production de leurs disques à tous les niveaux : leur équipement est rudimentaire, facile à déplacer; la qualité de leur enregistrement est souvent médiocre, les pochettes de disques sont toutes semblables : nom, photographie, titres des chansons, etc. Par contre, un chanteur comme R. Duguay, s'il écrit lui-même ses textes et compose une partie de ses mélodies, fait appel à toute une équipe de musiciens, de compositeurs-instrumentalistes, maquettistes, et démontre un souci marqué pour la qualité des enregistrements, la plupart du temps sur plusieurs pistes. Pour l'album *M*, par exemple, il a engagé au-dessus de 50 instrumentalistes et tout un chœur, un véritable orchestre sous la direction de Walter Boudreau, et sept musiciens l'ont épaulé pour la composition et les arrangements; une amie a dessiné la pochette et une équipe l'a réalisée. Album exigeant, trop sophistiqué et déjà à contre-courant. De plus, les paroles des chansons sont incluses à l'intérieur de l'album (ce qui n'arrive jamais avec les disques western). Les textes sont dactylographiés (dans les deux albums précédents, ils étaient même écrits à la main, souvent biffés, dans une transcription phonétique parfois très arbitraire). Aucun de ces écarts dans la musique western, en tout et partout pareille à elle-même, à un point tel qu'on a rarement le réflexe ou l'occasion de rattacher le western à une vedette en particulier qui émergerait par son talent et/ou son originalité — Willie Lamothe fait ici exception, pour des raisons évidentes : émissions de télé, participation à des films de qualité, etc. Le chanteur western ne cherche pas à créer un modèle. Il obéit à un rite institutionnel global et unifié.

Le western «québécois» provient bien sûr des U.S.A. Mais il n'a retenu de son ancêtre américain que certains instruments, la guitare surtout et le banjo occasionnellement. Tout cela s'est mis au diapason électrique et électronique, mais la base est restée la même, simple et facile d'accès, avec les trois ou quatre mêmes accords de guitare western qui soutiennent les chants plaintifs (rarement joyeux) et les «yodels» de cow-boys et cow-girls solitaires, avec une qualité sonore digne des anciens 78 tours[11]. Avouons que l'article d'Yves Taschereau

«Je suis un pauvre cow-boy solitaire... mais riche» est un peu chargé, surtout quand on pense à Anne Murray, Kenny Rogers... Quoi qu'il en soit, Taschereau parle de «rythme chaloupé» et de thématique profondément mélo. Le chanteur québécois aurait en effet délaissé les prairies du Far West et les ranchs au profit des berceuses de nos cuisines ou de nos salons. Il raconte le noir cortège des victimes de la vie moderne : infirmes, filles-mères, chers disparus, amoureux incompris, abandonnés, trompés, etc. Ce chanteur garde souvent le costume des cow-boys, très richement orné, mais il endosse aussi l'habit de nos bûcherons d'antan ou plus souvent celui de nos hommes d'affaires, cravaté et empesé.

Les lieux d'exécution et de diffusion privilégiés du chanteur western sont les «bars-salons», les cabarets, les festivals de province, les expositions rurales, les stations de radio et de télévision populaires. Il préfère chanter dans de petites salles, sans manières, où la communication avec le public est directe et étroite. Nous sommes très loin des grandes salles officielles de spectacle. Contrairement à la contre-culture qui veut bousculer et changer les structures sociales, le chanteur western s'approprie son public en le baignant dans la tristesse de son quotidien (des histoires «vraies») et le conformisme moral coulé dans le bronze des valeurs traditionnelles et familiales. Il ne vise pas la différence mais la ressemblance, et le spectacle est le lieu et le moment capital de la communication. Les disques, les cassettes et la musique en feuille se vendent beaucoup, sur place, après le spectacle, au moment où la vedette, avec modestie et familiarité, descend de la tribune pour serrer les mains et bavarder avec son public[12]. Il est important de constater que la *critique* dans le western est très peu institutionnalisée (contrairement aux productions littéraires ou aux chansons poétiques récupérées par le champ littéraire, celles de Félix Leclerc et Gilles Vigneault, par exemple, ou encore R. Duguay, et même R. Charlebois dont les paroliers n'étaient autres que Réjean Ducharme ou Claude Péloquin, des littérateurs déjà bien cotés par l'institution littéraire). Plutôt boudé par les médias imprimés et électroniques (ceux des villes surtout), le western perçoit et évalue la critique chez le public lui-même. C'est le chiffre de vente qui devient le critère de la bonne ou mauvaise réception d'un spectacle ou d'un disque, et non le discours symboliquement valorisé d'une instance institutionnelle...

De «bar-salons» en clubs d'hôtel, de cabarets en festivals. Des marginaux? Non, justement! Ce sont plutôt
Robert Charlebois, J.-P. Ferland, Pauline Julien et Louise

Forestier, les marginaux... La Compagnie London, grande productrice de chansons commerciales, vend autant de 33 tours western que de 45 tours des grands de la chansonnette.

Willie a vendu plus d'un quart de million d'exemplaires d'*Allô! Allô! petit Michel* et de *Je chante à cheval*. C'est connu. Mais d'autres chanteurs atteignent, *dans l'incognito* (c'est nous qui soulignons), des chiffres de vente stupéfiants. Connaissez-vous André Hébert? Il a vendu 16 000 exemplaires de *Des roses rouges pour toi maman* (...)! Et Aldei Duguay? 70 000 copies de ses sept microsillons! Pour mesurer l'impact de ces chiffres, il faut savoir qu'à part les 200 000 ventes du premier disque de Beau Dommage et les 80 000 de *Jaune* de Ferland, les disques québécois atteignent très rarement les 25 000 ventes. Le premier Raoul Duguay a atteint 30 000, Maneige 10 000 (...).

Après Beau Dommage, les plus grands vendeurs de disques au Québec pourraient bien être Julie et Bernard Duguay; leurs huit productions ont dépassé 300 000 ventes! (...) «quand on chante c'est du western parce qu'on a le «feeling» western. C'est pour ça que quand on chante *La première étoile* de Mireille Mathieu ou *J'ai pour toi un lac* de Vigneault, on les chante en western.»

(...) les 8000 spectateurs qui se sont massés à l'Aréna Paul Sauvé pour entendre Lévis Bouliane, Willie Lamothe et Ti-Blanc Richard (...) ne débarquaient pas tous de la campagne!

Paradoxalement, ces anti-artistes et non-vedettes refont un monde parallèle du showbusiness (...).

Daniel Beaudry, relationniste de la maison de disques Bonanza (affiliée à Trans-Canada, propriété de Pierre Péladeau), avoue que son commerce est «excessivement rentable» (...)! Ce disque se vend ensuite sans frais de distribution, puisque les chanteurs les vendent eux-mêmes.

C'est aussi un monde d'exploitation des enfants. Dans un univers traditionnel où les valeurs familiales triomphent, il y a de la place pour tous les petits Simards du monde!

(...) le public western a généralement plus de 40 ans et n'aime pas entendre Nanette chanter : *Voulez-vous coucher avec moi ce soir?*.

Face à un monde qui change, à une musique qui évolue «mal», à des chanteurs aussi «inquiétants» que Plume, Diane Dufresne ou Robert Charlebois, la chanson western devient une bouée de sauvetage[13].

Donc, touchés par la mode, ces produits se fabriquent à peu de frais, se vendent pendant des années grâce à un public fidèle et large, qui a entre 25 et 40 ans et qui ne veut pas de distance entre lui et ses «vedettes».

Autres générations, autres goûts, autres publics, autres produits, autres valeurs, autres réseaux de production, de diffusion et de consommation, autres instances de consécration, etc.

La contre-culture s'est appuyée sur des artistes très nombreux et très diversifiés (poètes, peintres, cinéastes, comédiens, musiciens). Avant de se lancer dans la chanson, Raoul Duguay ne produisait-il pas une poésie d'avant-garde formaliste pour un groupe d'intellectuels fort restreint. Au fond, sa venue à la musique fut le premier pas d'une normalisation qui n'a cessé de s'opérer depuis : par exemple, ses premières chansons étaient volontairement longues afin de protester contre la petite «toune» radiophonique coincée entre deux commerciaux. Il voulait développer une véritable écoute. Après *M*, Duguay va changer son image (finis les lunettes, les cheveux longs, l'accoutrement vestimentaire plus qu'extravagant, les discours loufoques, etc.); il produira un album *live*, puis un autre en repiquant ses meilleures anciennes chansons — signe de consécration, sinon de popularité. Ses textes vont devenir plus courts, plus adaptés au goût du public moyen et des contraintes des médias. Il publiera même son autobiographie, puis un recueil de ses chansons dans la plus prestigieuse maison d'édition de poésie, l'Hexagone. Il animera des émissions de radio à Radio-Canada, déclarera n'être qu'un «chanteur de pomme», cherchera à être interviewé par l'animateur Michel Jasmin. Les naïfs pourront s'écrier : «Enfin, on reconnaît Raoul, on le fait enfin tourner à la radio!» Mais non! C'est Raoul qui a reconnu ce qui était rentable (non plus seulement en termes de profits symboliques mais aussi financiers) et il s'est transformé en conséquence. Mais comment peut-il souhaiter à la fois publier à l'Hexagone et devenir aussi populaire que Claude Dubois? C'est oublier que les champs de production de la littérature et de la chanson n'ont pas les mêmes instances de consécration et de reproduction.

Il serait inconvenant de le lui reprocher, comme on l'a fait aussi à propos de R. Charlebois qui criait n'être qu'un «gars ben ordinaire» et non surtout une star, un dieu, un «clown psychédélique», un rockeur éternel. Un tel sentiment témoigne en effet d'une *croyance* en l'artiste purement contre-culturel, qui doit le rester toute sa vie sous peine d'être accusé de traîtrise. Pourtant, Charlebois a toujours l'impression de changer, et même d'innover, que ce soit avec les cris de sa guitare électrique ou les grandes pompes distinguées du piano de concert. Par contre, Raoul Duguay semble persuadé de livrer toujours le même message. Il est surprenant d'entendre ce poète marginal et «formaliste» avouer qu'il conserve toujours le même contenu, que seule la manière a changé : il pose ainsi l'existence d'un contenu irréductible à la forme, et la forme comme une formule. De fait, plus il avance dans sa carrière de chanteur, plus sa poésie se narrativise, plus elle rejoint la tautologie où le mot «amour» acquiert, comme autrefois en poésie le mot «rose», une fonction proprement magique, sinon banale. Voyez sa chanson «Papillon», sa thématique amoureuse et féerique. Il rejoint ainsi la chansonnette, la ballade traditionnelle, ronsardienne. De son côté, Charlebois chante toujours «Lindberg» en spectacle. Est-ce la même chanson qu'en 1968, avec ses éléments subversifs comme les jurons, le côté «high» ou «flyé», le «joual» et les anglicismes? Une chanson n'a donc pas un sens immuable en elle-même. Voilà une piste de réflexion fertile. La signification d'une chanson a une histoire, et cette histoire correspond aux usages sociaux qui en sont faits... C'est *là* que se vérifie la véritable histoire d'un champ de production.

Les publics du western et de la nouvelle culture s'opposeront toujours entre eux, tels ceux de la chansonnette et de l'opéra, ceux de la chansonnette et de la chanson à texte, ceux qui se laissent bercer et ceux qui prennent plaisir aux mécanismes du bercement. Les produits des uns parodient parfois ceux des autres, mais c'est toujours dans le même sens, il est bon de le rappeler. Mais l'usage du western chez Charlebois et chez Duguay eux-mêmes («Sensation», «Valse Réno», «Dolorès» chez Charlebois, et «Le temps» chez Duguay) suscite et nécessite une écoute plutôt raffinée et avertie, soit par la dérision soit par l'effet esthétique que crée par exemple l'union d'une poésie de Rimbaud avec une mélodie western. On retrouve le même travail de sape chez Clémence DesRochers quand elle s'en prend à Mireille Mathieu ou lorsqu'elle entonne son «Je t'écris pour te dire... de quitter Montréal».

La contre-culture, à prétention révolutionnaire, s'adressait plus à la jeunesse lettrée et aisée qu'à la jeunesse ouvrière. Charlebois s'identifiait au voyou de bonne famille en quête d'un nirvana musical. N'a-t-on pas parlé à propos de mode alternative de la mode «granola», péjorativement de la mode «macramé», à l'image des Séguin par exemple, comme si les goûts et les intérêts défendus pour l'édification d'une nouvelle culture n'étaient en réalité que la projection ou l'affirmation folklorisante d'une contestation de la société de consommation par les leaders qui, pour leurs fans, renièrent eux-mêmes leur prétention idéaliste.

N.B. : Ce texte est paru dans la revue *Vibrations*, n° 1, Paris, Privat, avril 1985; il a aussi figuré au collectif allemand *Chanson und zeitgeschichte*, Heidemarie Sarter (Hg.), Diesterweg, Frankfurt, 1988, p. 92-101 (collection Schule und Forschung).

Notes

1. Robert Charlebois, propos recueillis par L.-B. Robitaille, *La Presse*, 26 avril 1975.
2. Paris, Albin Michel, 1974.
3. Paris, Stock, 1969.
4. Montréal, H.M.H., 1979.
5. Pour une introduction à cette nouvelle façon occidentale de se percevoir dans le monde, il faut lire les livres *The Way of Zen, Nature, Man and Woman* et *Supreme Identity* de Alan Watts, philosophe de la "beat generation", et en français, le livre de Pierre Lhermite : *Alan Watts, taoïste d'Occident*, éd. La Table ronde, 1983.
6. Paris, Seuil, 1973.
7. Et très près de nous, dans *Pour en finir avec Octobre* (Montréal, Stanké, 1982, p. 118-119), Francis Simard note : «Pour certains, nous nous sommes trompés. Tout ce que nous avons fait serait négatif, de l'activisme, de l'action pour l'action. Il y en a même un qui nous a reproché d'avoir tué la contre-culture. (Cela a dû faire monter le prix du pot! Il y a de quoi être en maudit! Je sais que c'est facile ce que je dis, mais la contre-culture, ça ne vaut pas plus que ça!)» La parenthèse est bien révélatrice de la représentation que les militants activistes politiques se faisaient de la contre-culture.
8. *Chroniques*, juin-juillet 1976, n°s 18-19 : «Les fondements philosophiques de la contre-culture» par Michel Brissonnet, et «*Mainmise* : la nouvelle

culture en dehors de la lutte des classes?" par Jules Duchastel (p. 38-58).
L'éditorial était signé par Léopold Roy : «La contre-culture ou la culture révolutionnaire".

9. Dans *Politique et contre-culture* (Montréal, H.M.H., 1979), Gaétan
Rochon résume bien les critiques adressées par les marxistes du Québec au mouvement contre-culturel (p. 87). Il tente aussi de démontrer comment ces impré-
cations mériteraient plus de nuances. D'ailleurs, l'antagonisme entre la «gratuité
éclectique» de la contre-culture et le «dogmatisme exclusif» du marxisme sont,
en profondeur, irréconciliables.

10. La Superfrancofête date de 1974. Elle réunissait dans la ville de
Québec des artistes du spectacle de toute la francophonie, sorte de fête internationale de parlants français, mais de cultures différentes, réunis pendant plusieurs
jours dans les rues de la plus vieille ville française d'Amérique.

11. Yves Taschereau : «Je suis un pauvre cow-boy solitaire... mais
riche», avec comme sous-titre : «À cheval sur les bons sentiments, les chanteurs
western nous envahissent», *L'actualité*, avril 1977, p. 21-25. Son analyse est
très pertinente.

12. Il est intéressant de remarquer que la période des «chansonniers» au
Québec s'est amorcée progressivement en créant un réseau de petites salles de
spectacle très rudimentaires, les boîtes à chansons, en marge des réseaux du
show-business (cabarets et télévision par exemple). La communion avec le
public était à son meilleur. Peu à peu, les chansonniers ont gagné les grandes
salles de Montréal et de Québec, jusqu'à ce qu'ils soient confondus avec les
«autres» chanteurs *populaires* du rock, du folklore, de la chansonnette... mais
jamais du western.

13. Yves Taschereau, article cité.

Discographie

Robert Charlebois :

«California» : Gamma GS 120
«Dolorès» : Gamma GS 120
«Protest song» : Gamma GS 115
«Lindberg» : Gamma G 2 1003
«Ordinaire» : Gamma G 2 1003
«Valse Réno» : Gamma G 2 1003

Raoul Duguay :

«La bitt à tibi» : Capitol ST 70 036
«Le temps» : Capitol ST 70 54
«Trans M» : Capitol ST 70 54
«M» : Capitol ST 70 54

Le yé-yé dans la marge
du nationalisme québécois
(1960-1974)

Renée-Berthe Drapeau

Au cours de son histoire culturelle, le Québec compte de nombreuses périodes d'envahissement étranger. De nos jours, la vidéo et la «dance music» occupent la plus grande partie des émissions destinées à la chanson populaire. Hier, c'était le rock'n'roll d'Elvis Presley et les crooners américains ou français. Durant les années 60, on a vu apparaître deux types différents de chanson : celle du chansonnier, poétique et enracinée dans les valeurs québécoises, et celle issue du yé-yé, sorte de récupération du rock américain et des diverses transformations qui s'opéraient alors dans la société. 1960 correspond au Québec à une période de rattrapage économique, idéologique et culturel. Le Québec d'alors puise les outils de son avancement chez les pays mieux industrialisés puisque lui-même ne semble posséder que la «tradition»... mais aussi une main-d'œuvre à bon marché. La Révolution (pas toujours) tranquille naît de la fatigue d'un nationalisme infériorisant. En cela, le phénomène du yé-yé en constitue le reflet ou le révélateur.

Les chanteurs à gogo rejettent en effet le repliement sur soi et ne gardent de la québécité que ce qui se rattache à la langue française (quoiqu'ils chantent souvent en anglais). Ils visent l'internationalité. Héritiers de l'américanité des chanteurs de la décennie précédente, les

131

yé-yés rêvent particulièrement d'une gloire chez nos voisins du sud, le succès local ou français ne les sollicitant pas vraiment.

Ce n'est qu'au fil des réalisations de la Révolution tranquille, au fur et à mesure de l'éveil et des revendications du Québec que le gogo s'ouvre à l'identité territoriale. Des éléments de folklore pénètrent peu à peu la chanson rythmée et empruntée. Puis des affirmations claires se font entendre : «Nous sommes québécois», «J'ai le goût du Québec», etc. Le yé-yé se transforme et disparaît. C'est que les années fortes du nationalisme (1972-1980) se caractérisent par l'émergence de groupes et de solistes décidément attachés aux valeurs du Québec. Le rock québécois va nouer tous les mouvements des années 60 ensemble et raconter, avec une musique parfois douce parfois sauvage, notre vie citadine et nos traditions. Les chansonniers sont mis à l'honneur, le Québec s'aime.

Le phénomène du yé-yé paraît important car il souligne le fait que la société québécoise, en réalité, ne s'aime pas toujours également. La fatigue du nationalisme de Duplessis ressemble à la lassitude que les adolescents éprouveront à l'égard d'un Parti québécois en fin de mandat. Le Québec du milieu des années 80 n'est-il pas, comme durant les années 60, à la remorque des États-Unis, nous rattrapant dans la microtechnologie et les communications?

À l'époque, les yé-yés n'inventent rien. Ils copient. Ils suivent un maître étranger. Cependant, sans les chanteurs de versions, je ne crois pas que les Charlebois, Dufresne et Dubois aient été possibles. Les petits rockeurs maladroits et proprets ont permis l'association du rythme et de la langue française. La jeunesse a ainsi obtenu sa revanche sur un passé clos, et l'industrie du disque québécois, qui voguait plutôt mal, a enfin pu démarrer.

1. LES ORIGINES

Le milieu des arts «populaires» de communication d'avant la Révolution tranquille souffrait de ce que la francophonie québécoise soit évaluée comme une minorité. Avant 1936 en effet, aucune station de radio ne diffuse notre chanson, et il faut aller se faire entendre dans les «veillées» et dans les salles paroissiales. C'est pourquoi La Bolduc utilisera ces moyens et se verra boudée par les citadins quand la radio bilingue prendra de l'expansion. Radio-Canada, plus souvent anglophone que francophone, deviendra quand même le premier tremplin de nos talents. Les premiers chanteurs de charme du

Québec, qui travaillent souvent aussi comme annonceurs, trouvent à la radio un lieu qui permettra de tirer notre musique de ses formes ancestrales et déclassées.

À cause de son statut de peuple minoritaire, le Québec d'alors s'attache à une France qui le nourrit culturellement. Les idoles des années 30 sont Lucienne Boyer, Tino Rossi et Jean Sablon, de grands chanteurs de charme qui contribuent à implanter chez nous ce style d'interprètes. Sablon chante des traductions de Bing Crosby et nos crooners passent par la version parisienne pour reprendre les succès américains. Il faut dire que la tournée de Tino Rossi à Montréal en 1938 n'est pas pour rien dans la naissance des chanteurs tendres au Québec. Le Corse à la jolie voix chaude produit des émules, et ne fait-il pas aussi du cinéma?

Le premier Québécois à adopter cette mode sentimentale se nomme Fernand Perron. On l'appelle aussi le Merle rouge. Vient ensuite, autour de 1939, Jean Lalonde que l'on surnomme «le Don Juan de la chanson». Ayant débuté sur les ondes anglaises et animant une série d'émissions à la radio de CKAC, Jean Lalonde obtient auprès du public un succès qui ne sera égalé et surpassé que par Michel Louvain. Comme il est alors extrêmement difficile d'enregistrer au sein des compagnies de disques (ces dernières ne misant que sur les Français et les Américains), les crooners se font connaître à travers les émissions qu'ils animent. La chanson comique et l'opérette atteignent aussi leur public par la radio. À CHLP par exemple, Lionel Daunais et son Trio Lyrique présentent les premières compositions canadiennes-françaises. Trenet reste cependant, on le verra, le modèle qui s'imposera petit à petit.

Toutefois, malgré l'essor qu'elle donne à la chanson, la radio favorise davantage le théâtre. Durant les années 40, lors des premiers concours pour l'élection de Miss Radio, les comédiennes l'emportent haut la main sur les chanteuses. Le talent québécois s'impose en effet avec plus de vigueur dans le radio-roman (*Vie de famille*, *Grande sœur*...) que du côté musical où l'on ne retrouve la plupart du temps que des adaptations de chansons américaines et une large part de succès français.

En nous coupant de la réception des nouveautés outre-Atlantique, la guerre favorisera quelque peu l'essor de la composition canadienne. Le Soldat Lebrun retrouve auprès des masses populaires l'adulation qu'avait connue La Bolduc. Ses textes et ses mélodies simples, où se raconte la nostalgie du foyer, savent émouvoir les familles dont les hommes se battent au front. Malheureusement pour lui, l'armistice coupera court à sa carrière. Du côté des crooners, certains chanteurs se mettent à croire aux compositions écrites au Québec. Fernand Robidoux sera un des premiers à interpréter nos auteurs-compositeurs. Il chante du Raymond Lévesque, du Roland D'Amour, du Jacques Blanchet, etc. Toutefois, ces manifestations du Canada français en matière de chanson demeurent très isolées. L'anglais occupe encore une place privilégiée au Québec et l'on peut lire dans les publicités qui annoncent l'ouverture de CKVL en 1947 : «CKVL, the hottest station in French Canada[1]». La chanson «french canadienne» fait bien pâle figure avec les quelques demi-heures par-ci par-là que lui accordent les médias radiophoniques.

Par contre, l'ouverture des cabarets à la française vers 1948 élargira son auditoire. En effet, les crooners se présentent de plus en plus en spectacle devant le public montréalais et celui de la Vieille Capitale. Même si les curés craignent les jeux de mains sous la table une fois les lumières éteintes[2], ces cabarets imités de Paris connaissent un énorme succès. On y adopte le modèle chansonnier français (Monique Leyrac à ses débuts), on y invite de nombreuses vedettes européennes. Les journaux parlent alors des Nuits de Montréal. Le Faisan doré, premier cabaret français de la métropole, connaît rapidement la concurrence. Le Montmartre et le Saint-Germain-des-Prés (de Jacques Normand) remplacent les anciens «grills». Pourtant, à la même époque, des clubs sur le modèle de ceux de Chicago et de New York s'installent à Montréal, et la Casa Loma devient vite le lieu chic des chanteurs et chanteuses de chez nous.

La prolifération des boîtes d'inspiration étrangère au Québec accompagne une désaffection de plus en plus marquée pour les arts traditionnels. Depuis la Dernière Guerre mondiale, on ne parle plus de turlutaine. Les paysans déménagent de plus en plus vers la ville et ses usines. Les valeurs changent. Et chez de nombreux intellectuels, durant les années 50 surtout, la revue *Cité libre* répond à un anti-nationalisme grandissant. Des Québécois, étouffés par l'étroitesse du milieu, arrachent leurs racines pour tenter de séduire Paris ou New York. Le gouvernement en effet ne faisait rien pour soutenir les arts. Les plus têtus continuent de croire à un Québec possible. Ce sont de nouveaux instruits, des journalistes, des syndicalistes, des écrivains héritiers du *Refus global*... Ce sont ceux qui rêvent déjà à la Révolution tranquille. Au *Devoir*, par exemple, on retrouve René Lévesque, futur ministre de l'Énergie et futur responsable de la nationalisation de l'électricité. Il fait aussi des émissions d'information à la télévision. Pendant ce temps, Pauline Julien étudie le théâtre à

Paris; Monique Leyrac, au Faisan doré, chante du Boris Vian, du Léo Ferré... Ayant produit maintes chansons durant les années 40, Félix Leclerc n'attire l'attention du public d'ici qu'après avoir été consacré par l'ABC de Paris. Le Grand Prix du disque Charles Cros qu'il obtient en 1951 lui permettra un retour triomphal en 1953. Il nous fallait à l'époque l'approbation des nations-maîtres pour croire en nos talents.

Depuis l'accueil français de notre chansonnier «canadien», les auteurs québécois gagnent un peu de confiance. Certains chanteurs populaires ont déjà commencé à tâter la plume. La superstar Alys Robi, bien connue dans la province et aux États-Unis pour ses adaptations d'airs sud-américains («Tico-tico»), écrit même ses paroles.

2. UNE JEUNESSE À L'AMÉRICAINE

Le nationalisme poétique des chansonniers demeure tout de même obscur pour les enfants de ceux qui ont trimé dur dans les usines et qui ont connu les longues grèves d'Asbestos, Louiseville (huit mois) et Murdochville. Pour les démunis, la québécitude rime avec le petit pain et la misère. Le riche enviable reste l'Anglais ou l'Américain.

Avant la Révolution tranquille, les collèges classiques sont d'ailleurs inaccessibles à la majorité. Les adolescents des classes prolétariennes amassent une partie de leur culture dans les cinémas où l'on projette des films d'Elvis Presley, James Dean ou Marlon Brando. Des vedettes se transforment en héros. En héroïnes également. Les filles qui ont commencé tôt à travailler (restaurants, usines) fument et se maquillent. Les garçons gominent leurs cheveux. Certains laissent pousser leurs favoris comme leurs idoles américaines. Ils dansent le rock'n'roll et rêvent de posséder de grosses voitures. Non, à la fin des années 50, la jeunesse n'a rien à voir avec Maria Chapdelaine. Le «pays de Québec» est en train de changer en profondeur.

La France traverse aussi une crise des valeurs et s'américanise comme ailleurs. Ici comme là-bas, Elvis Presley obtient toutes les faveurs. Les Jérolas font quelques versions du King et Johnny Hallyday est adulé par les jeunes Français parce qu'il adopte les gestes ainsi que la musique des jeunes vedettes américaines. Avec le rythme du rock et le côté enflammant du personnage de Presley se crée en effet chez les jeunes un culte de la vedette. Ce culte existe déjà aux États-Unis et il se répète dans les pays satellites de l'Amérique anglophone. C'est «le temps des idoles».

C'est surtout la grève de Radio-Canada (décembre 1958-mars 1959) qui contribuera sans doute à classer et à sélectionner davantage les chanteurs. Dès lors, la télé ne rassemble plus les différences; chaque type de chanteur doit viser un public propre. Autour de Raymond Lévesque se forment les Bozos, des chansonniers issus des cabarets à la française. Leur nom provient d'une chanson de Leclerc et ils rêvent de succès en France. En attendant, Léveillé, DesRochers, Blanchet, Ferland... parcourent les scènes du Québec. En 1959, Gilles Mathieu inaugure une boîte à chansons appelée La butte à Mathieu. Les pionniers de l'ère des chansonniers et les auteurs-compositeurs qui viennent à leur suite se mettent à la fréquenter assidûment. Durant les années 60, le Québec verra pulluler ces boîtes et les poètes-musiciens qui s'accompagnent au piano ou à la guitare. Les chansonniers attirent surtout les étudiants (souvent universitaires) et les intellectuels avant-gardistes qu'inspirent Juliette Gréco, Jacques Brel et les publications de *Liberté*... Le public des boîtes, comme celui des cabarets français de la fin des années 40, a en effet un pied sur le sol du Québec et un autre sur les pavés parisiens. Toutefois, c'est autour de ce public que se cimente une chanson québécoise sûre d'elle-même et que s'affirme l'appartenance au «pays».

Parmi les chanteurs populaires, certains font des tournées qui les mènent dans les cabarets et les hôtels. Ils réunissent autour d'eux un public de club, des travailleurs et des bourgeois moyens, et aussi quelques hommes d'affaires (il y en a peu chez les francophones). Nombre de crooners présentent un répertoire bilingue. Ils touchent ainsi une fraction d'auditeurs anglophones. Il ne faut pas oublier non plus la part des adolescent(e)s qui les captent à la radio et à la télé. Les jeunes des villes (leur population augmente sensiblement durant les années 50 et 60) fréquentent les salles de danse où les orchestres se produisent. Ils constituent de plus en plus un auditoire spécifique pour qui se fabrique lentement une musique spécifique. Robert L'Herbier propose «Rita». De jeunes poètes, plus près de Leclerc que de nos chanteurs de charme, fréquentent de plus en plus les petites salles et les cabarets. Les compagnies de disques demeurent toutefois sur leurs gardes. RCA refuse par exemple d'enregistrer les crooners qui parlent trop de Montréal dans leurs chansons[3].

C'est l'arrivée de la télévision qui permet le déblocage. Grâce à elle, «Je croyais» de Fernand Robidoux tourne dans tous les juke-boxes. Depuis 1952 (année de la diffusion des premières émissions en français à Radio-Canada), le public peut voir et entendre ses vedettes favorites sans avoir à se déplacer. Mais dès 1956, Robert L'Herbier amorce une lutte contre l'envahissement franco-américain de nos médias. Il organise alors un premier concours télévisé de la chanson canadienne. Ce concours correspond à une forte attente puisque L'Herbier reçoit des milliers de textes et de partitions. Lors du gala de 1957, douze chansons sont primées. Un microsillon sur lequel on les retrouve s'écoule rapidement au cours de l'année. Marc Gélinas obtient une mention pour le meilleur chanteur surprise avec «Boucles blondes». En 1958, ce concours permet au grand public d'apprécier enfin Raymond Lévesque grâce à «Quand les hommes vivront d'amour». En 1959, l'on attribue la palme aux versions réussies de nos premiers yé-yés.

Précisons qu'à la fin des années 50, la chanson québécoise ne se divise pas encore en clans haineux. Les chanteurs lyriques comme Yoland Guérard côtoient les crooners et, durant les épreuves artistiques, les écrivains de chansons légères et les poètes n'hésitaient pas à entrer en lice. La jeune chanson d'ici est trop heureuse de ses prouesses pour refuser qui que ce soit. Le *Club des autographes* de Radio-Canada (une émission pour jeunes animée par Fernand Gignac et Margot Lefebvre et dans laquelle il y a des concours de danse) reçoit à la fois des chanteurs de versions et des chansonniers. La bataille des chanteurs-poètes contre les imitateurs de l'anglophonie ne commencera vraiment qu'avec l'apparition du Canal 10 qui se spécialisera plutôt dans le divertissement commercial.

3. LES BALBUTIEMENTS

3.1 Michel Louvain

Au moment même où Elvis est consacré roi du rock (1956), Michel Louvain, alors appelé Mike Poulin, commence à paraître à la télévision estrienne. Parce qu'il obtient du succès dans les salles de danse de la région, CHLT-TV l'invite à une émission de variétés. L'Estrie constitua en effet pendant un certain temps un tremplin pour de nombreuses vedettes; c'était comme une étape nécessaire avant Montréal et les gros clubs. Louvain se fait donc remarquer avec «Un certain sourire» et commence sa carrière montréalaise en 1957, sous la gérance d'Yvan Dufresne. Ce dernier lui propose le nom que nous lui connaissons. La vague des noms à l'américaine est terminée. Mike

Mitchell-Mike Poulin débute donc sa vraie carrière professionnelle avec un nom français. Son répertoire cependant ne demeure pas toujours fidèle à cette initiative puisqu'il chante assez souvent en anglais ou même en espagnol.

En 1958, «Buenas noches mi amor» se vend à des milliers d'exemplaires. Ce 45 tours tourne dans les stations de radio et l'hystérie collective se répand très vite. L'interprète de «Lison»[4] suscite chez les filles, jeunes et moins jeunes, une admiration hystérique comparable à celle que provoque Elvis Presley. Il devient alors l'idole qui manquait à une jeunesse québécoise en mal d'identification.

Pourtant, le beau garçon de vingt ans n'amène rien de nouveau dans la musique du Québec. Il poursuit une tradition qui dure depuis les années 30, celle des chanteurs de charme. De plus, il chante un peu faux parfois. Évidemment, les adolescents cherchent moins la qualité vocale, qu'ils trouveraient du côté lyrique, que celle de l'image. Louvain représente en quelque sorte le beau jeune homme évolué que l'on voudrait être ou avec qui l'on voudrait être vu. Il personnifie l'amoureux exemplaire. Et pour les mères, il est le fils idéal parce qu'il se vêt toujours élégamment et qu'il demeure en toute occasion un garçon poli, gentil, aimable. Louvain rassure les femmes de tout âge en les charmant[5]. Point de violence chez lui, et son allure se marie bien avec la thématique amoureuse de ses chansons. Il ne cesse d'interpeller des demoiselles (Lison, Sylvie, Louise, Linda) et chacune espère porter le prénom élu.

En 1958, pour améliorer sa carrière, Louvain suit des cours de diction et de pose de voix, tout en continuant de garder la voix un tantinet fausse qui le caractérise. Il fréquente de plus en plus les émissions consacrées aux jeunes. Le nombre de ces émissions augmente également. Outre le fameux *Club des autographes*, il existe *TV rythmes*, «une émission du samedi soir pour la jeunesse dans le vent[6]». Certains slogans associés aux jeunes commencent à circuler de plus en plus. Et les admiratrices de Louvain, jusque-là presque sages, consacrent l'ère des idoles en semant le désordre au théâtre Odéon-Mercier en voulant trop approcher (s'approprier) leur chanteur favori. Ce dernier avait annoncé une séance de signature d'autographes mais il provoqua une émeute. Les tramways sont immobilisés dans la rue Ste-Catherine, les policiers viennent au secours des filles évanouies, etc.

Notre premier yé-yé n'en est pas à son dernier rassemblement tumultueux. En 1960, ses admiratrices le déshabillent à Saint-André-

Avellin. S'il possède son fan club, Michel Louvain doit se prémunir aussi de gardes du corps. Depuis 1959, il fait des tournées un peu partout dans la province et mène la vie harassante des cabarets. Pour l'industrie du disque québécois qui se portait plutôt mal, Louvain constitue une mine d'or. Apex utilise le succès de la jeune idole au maximum, si bien que cette dernière se sent graduellement devenir «la vache à lait[7]» de cette compagnie. En 1959, Yvan Dufresne pousse son poulain à aller enregistrer un microsillon à Paris. Louvain se fait plutôt mal accueillir par les Français, mais l'étiquette «made in France» qui orne la pochette du disque *Linda* «contribue à grossir l'effet (de son) succès[8]». Cette chanson s'installe au sommet du palmarès pour y rester tout un mois.

3.2 ...et les autres

Si Louvain donne son essor à la chanson commerciale québécoise, il est toutefois erroné de croire qu'il est le seul à alimenter les flammes juvéniles du yé-yé. À la même époque que lui, un autre jeune homme amorce sa carrière. Il s'agit de Pierre Sénécal, surnommé «le benjamin de la chanson[9]» : «Les yeux d'un ange», «Un coin de ciel bleu», «Reviens-moi mon amour» font de lui un charmeur fort apprécié des années 60. Quelques groupes s'imposent également. Les Baronets qui, pour les besoins de leurs tournées, s'appellent aussi The Baronets, se font connaître avec «C'est fou, mais c'est tout». Ils chantent un peu de folklore, beaucoup de versions, et ils présentent aussi des numéros comiques. Les Jérolas, de leur côté, avant de se spécialiser uniquement dans l'imitation humoristique, allument les poudres du yé-yé avec des airs rythmés empruntés aux Coasters. «Yaketi yak» et «Charlie Brown» grimpent très vite l'échelle du palmarès durant les années 1958-1959. Les Jérolas parviennent à vendre 70 000 exemplaires de «Yaketi yak» en 1959[10]. Au cours de la décennie 60, ce groupe se démarquera des yé-yés, mais sa trace demeure inscrite.

Nos premiers chanteurs de rythme subissent aussi l'influence de la nouvelle vague apportée par Elvis Presley, mais ils ne se distinguent pas profondément de leurs prédécesseurs. Le charme, la bouffonnerie, des bribes de tradition et certains aspects sympathiques de la chanson américaine caractérisent leur répertoire. Nos yé-yés ne se révoltent pas contre les valeurs parentales comme le font les jeunes Français. Là-bas, les garçons s'habillent de cuir noir, se roulent par terre avec des guitares électriques et font entrer dans Paris un rock violent et sans concession. Au Québec, le raz-le-bol de la tradition n'éclate pas, du moins pas dans la chanson populaire[11]. Avant son âge d'or, qui concorde avec la Révolution tranquille, le yé-yé demeure quelque peu soumis, le passé lui colle encore à la peau. Somme toute, il demeure conventionnel.

De toute manière, avant la mort de Maurice Duplessis, surnommé le Père, exception faite de quelques intellectuels (qui paient souvent cher leur audace), personne n'ose défier le système en place ni même le contester ouvertement. Malgré le progrès que le Canada a connu après la guerre, le Québec persiste «à se présenter comme une société monolithique, traditionnelle, cléricale et ruraliste[12]». Ses richesses naturelles appartiennent aux autres et ses habitants constituent une main-d'œuvre à bon marché. Le pouvoir provincial n'entreprend par ailleurs aucune mesure pour assurer à l'économie du Québec son autoprotection. De 1953 à 1961, les investissements américains passent de 2305 millions à 4320 millions de dollars[13]. Les francophones ne produisent que 15 % de la valeur ajoutée en industrie manufacturière et continuent de se réfugier dans les secteurs mous traditionnels et de moins en moins lucratifs que sont le bois et le cuir[14].

Ainsi, en dépit du désir d'évoluer, le Québec se vit en mineur et la chanson des jeunes ne prend pas de grands risques. Les nouveaux artistes populaires préfèrent miser davantage sur des changements progressifs que sur l'innovation radicale. Le rock'n'roll en versions françaises pénètre doucement la province. Il emprunte pour cela des voies susceptibles de plaire sans provoquer trop de bouleversements.

4. L'ÂGE D'OR DU YÉ-YÉ

Le phénomène du yé-yé ne reçoit son nom véritable qu'autour de 1962. Le mot résume en fait toute la production des chansons commerciales durant les années 60. Il provient du «yeah» parfois redoublé ou triplé qui accompagne la narration dans la chanson américaine. Les Noirs, par exemple Ray Charles, utilisent souvent ce genre d'onomatopée[15]. Les rockeurs des États-Unis emploient aussi les «shoobidoo bidoo» et «yep yep», mais c'est le «yeh» qui revient le plus souvent et c'est par ce mot que la chanson rythmée des pays francophones s'identifie. Les auteurs de versions francisent le terme et en font «yé» ou «yé-yé».

Ce fameux yé-yé se transforme rapidement en une mode suivie par la majorité des jeunes. Les expressions «dans le vent», «à gogo» et «jeunesse» alimentent les conversations. À la musique et aux idoles se greffe une nouvelle façon de vivre et de s'habiller. On est à l'ère du plastique et du nylon. Les filles achètent des pantalons-fuseaux extensibles qu'elles portent avec des pulls tigrés ou aux motifs en zigzag. Les costumes et les coiffures des années 60 ne ressemblent-ils pas à ceux du new wave des années 80? Les demoiselles se font crêper les cheveux et les messieurs portent des habits colorés. Les excentricités qui vont du cuir vernis rose aux grosses boucles d'oreilles en plastique semblent augmenter au fur et à mesure que l'économie québécoise reconnaît la force de travail des jeunes et en fait sa fierté. Les jupes raccourcissent, les audaces de la mode accompagnent les audaces de la société qui se refait.

La station de télévision CFTM 10, qui existe depuis 1961, cherche un moyen de profiter de l'engouement des adolescent(e)s pour le yé-yé. En 1962, elle met *Jeunesse d'aujourd'hui* à sa programmation. Selon la proposition de son animateur, Pierre Lalonde, cette émission usera du lip-sync comme moyen peu onéreux de présenter les artistes du palmarès aux téléspectateurs. Les chanteurs reprennent donc fidèlement leurs succès sans devoir payer aucun frais d'orchestre. La méthode fonctionne si bien que *Jeunesse d'aujourd'hui* se maintient parmi les émissions favorites de l'adolescence québécoise jusqu'à la fin du yé-yé en 1974. Cette émission devient alors le centre de gravité de la musique qui bouge. Son succès incite les régions à doter leur grille-horaire de demi-heures consacrées au yé-yé. Le canal 7 de Sherbrooke produit *Bonsoir copains* et ouvre son studio au public estrien.

Les animateurs de *Jeunesse d'aujourd'hui* vont varier. Pierre Marcotte, Michèle Richard et Joël Denis se passent le microphone selon leur disponibilité. Pierre Lalonde demeure néanmoins le nom que le public associe le plus spontanément à l'émission. Les numéros des vedettes s'y structurent à peu près tous de la même manière. Sur des podiums, des filles appelées «danseuses à gogo», habillées de mini-jupes à grosse ceinture, se démènent pendant que Jenny Rock, Donald Lautrec ou un(e) autre mime sa chanson. Le public, constitué en majorité d'écolières et d'adolescentes du début du secondaire, hurle à pleins poumons. Les cris redoublent si le succès se maintient à la tête du palmarès et si l'idole est un beau garçon.

Les chanteurs présentent un répertoire en langue française. Il arrive que des Européens profitent du lancement d'un nouveau 45 tours pour faire connaître ce dernier aux spectateurs de *Jeunesse*. Cependant, l'émission privilégie les artistes du Québec. Le yé-yé en engendre un si grand nombre. Par ailleurs, les Québécois reprennent souvent les versions européennes. Les compositeurs à succès se faisant rares, on se retrouve à chanter des versions de versions. Nos yé-yés ne parviennent ainsi qu'à une gloire limitée, éphémère, partagée. Le public oublie vite ceux qui disparaissent pour s'attacher aux nouvelles têtes. Et ainsi tournent les 45 tours.

4.1 Quelques têtes d'affiche

Étant donné la grande quantité de vedettes, il devient malaisé de nommer tout le monde. Toutefois, on peut indiquer les personnalités qui ont vraiment marqué le phénomène gogo. Pendant que Michel Louvain tient le premier rang en 1961 avec «Louise» et en 1962 avec «Sylvie», Michèle Richard s'impose de plus en plus comme reine du yé-yé. Adolescente, elle se rallie les compliments des Sherbrookois avec «Main dans la main» et conquiert la province avec «Quand le film est triste» (d'abord chanté par Sylvie Vartan en France). En 1963, la télévision montréalaise l'élit découverte de l'année en même temps que Pierre Lalonde. Mais Michèle Richard décroche le succès non seulement à cause de ses chansons rythmées («Les boîtes à gogo», version de la version française de Vartan, «À la fin de la soirée», «Je suis libre»), mais surtout à cause de son apparence particulière, de son «look» dirait-on aujourd'hui. Elle n'hésite pas à se couvrir de paillettes et à porter des coiffures gonflées qui suscitent l'envie des adolescentes. Elle se maquille aussi abondamment. Sur des photos de 1966-1967, elle évoque l'Américaine Cher.

Avec Louvain et Richard, qui symbolisent pour toute une jeunesse le couple idéal (même si Michel et Michèle ne sont que des amis), le beau Pierre Lalonde figure sur la liste des grandes idoles. Il provoque moins de crises que son prédécesseur, mais il sait s'attirer la passion de ses jeunes fans. «Nous on est dans le vent» (du Français Michel Page), «Caroline», «C'est le temps des vacances», ces succès obtiennent vraiment les meilleures cotes d'écoute. En 1963, Lalonde se fait appeler le Perry Como canadien. En 1965, il gagne le prix du meilleur interprète d'un 33 tours. Cette même année, Donald Lautrec, un nouveau poulain d'Yvan Dufresne, se voit attribuer le titre enviable de révélation de l'année. Il fait danser la jeunesse francophone sur «Le ska», «Tu dis des bêtises», «Manon, viens danser le ska», «Loop de loop», et bien d'autres.

142

La radio contribue certes à l'invasion du yé-yé. Les stations de radio AM élargissent la place qu'elles allouaient à la chanson québécoise. De nouveaux canaux s'ajoutent également. Et les compagnies de disques Apex, Starr et Rusticana y trouvent des instruments de promotion extraordinaires. Et bien qu'un titre ne reste jamais longtemps au sommet des listes, ces compagnies parviennent à court terme à amasser des gains substantiels. Elles savent profiter du «hit» qui pointe.

Le twist amène, chez Rusticana, Pierre Lebon et les Séparatwist (le seul groupe dont le nom se rattache à l'actualité politique québécoise) qui nous invitent à nous contorsionner sur «Québec twist». Du côté rock, Léo Benoît propose le «Rock'n'roll dans mon lit», «Le rock'n'roll c'est bon». Pierret Beauchamp nous initie à la bossa-nova avec «C'est la faute au bossa-nova». Chez d'autres compagnies de disques, on a déjà nommé Lautrec et son ska...

En réalité, la province se voit traversée par les modes rythmées des Amériques. Qu'une danse soit rapide et lente, il suffit qu'elle marche bien aux États-Unis pour que nous l'essayions. Certains interprètes yé-yés se spécialisent dans les «slows» ou les valses : Robert Demontigny, Tony Massarelli, Claude Valade, Norman Knight, Chantal Pary, Jean Nichol, Ginette Reno («Tu vivras toujours dans mon cœur», «La dernière valse»). D'autres préfèrent nous faire bouger. Ce sont Nanette, Tony Roman, Chantal Renaud («Comme un garçon»), Jenny Rock, Joël Denis («Yaya»), les duettistes Danielle et Michelle («Je me sens bien auprès de toi»). Renée Martel (très populaire en 1967 avec «Liverpool» et plus tard avec «Je vais à Londres», «Johnny Angels») ajoute souvent un peu de western à son répertoire. Elle a d'ailleurs commencé sa carrière très tôt à CHLT TV en chantant avec Marcel Martel, son père, des chansons de cow-boys. Elle récidivera.

4.2 Les groupes

Du côté des groupes, les vedettes s'accumulent à peu près de la même façon que chez les solistes, et avec les mêmes tentatives d'originalité. Les Classels axent leur répertoire sur le charme que rend bien la voix forte du chanteur Gilles Girard. Ce groupe débute en 1963 et réussit durant tout l'âge d'or du yé-yé à occuper les meilleures places du palmarès. Il ne craint pas d'affronter les mélodies qui demandent du souffle, comme «Avant de me dire adieu», «Le sentier de neige», «Les trois cloches», ni de s'afficher avec des vêtements tout blancs et des perruques blanches. Je crois bien que ce sont les Classels qui déclenchent le mouvement d'excentricité qui sévira chez la plupart des groupes d'ici. L'idée des habits étranges circule cependant en France et du côté anglo-saxon. Il est assez difficile de préciser l'année de naissance de chacun des groupes mais, parmi les premiers, l'on repère les Baroncts, les Classels, les Excentriques, les Clover Boys et les Tear Drops. Une bonne partie des groupes yé-yés québécois découle du succès montant des Beatles, eux-mêmes jugés excentriques à cause de leur longue chevelure (on les appelle «têtes de moppes», souligne-t-on dans *Le mémorial du Québec 1953-1965*). Les Beach Boys, les Shadows, The Mamas and the Papas, The Shirelles et The Supremes alimentent tous la fièvre du reroupement chez les garçons et les filles. Mais ce sont néanmoins les étoiles de la beatlemania qui l'emportent avec «Love Me Do», «I Want to Hold Your Hand», «Yesterday», «Help», «Penny Lane», etc. Le spectacle qu'ils font au Forum de Montréal en 1964 ne fait qu'augmenter une passion déjà grande.

Le groupe Les Mercey's fournit un bon exemple de l'influence anglaise. Le nom qu'ils se sont donné vient du Mersey-sound, ce son que les émules des Beatles en Angleterre tentent d'imiter. La Mercey est «une rivière qui coule à Liverpool[16]». Les Sinners, nés en 1965, s'inspirent grandement des quatre Anglais dans le choix de leurs accords de guitare. Ils reprennent d'ailleurs «Penny Lane» sur un de leurs microsillons. Les Bel Canto vont se faire photographier sur Abbey Road et explorent le studio d'enregistrement des Beatles...

Les artistes populaires d'ici laissent aussi pousser leurs cheveux et profitent surtout de ce que le marché s'intéresse aux groupes. S'ajoutent les Gants noirs, les Gants blancs, les Habits jaunes, César et les Romains («Splish splash»), les Chanceliers — où Michel Pagliaro fait ses premières armes avant d'interpréter en solo «Comme d'habitude» de Claude François et «Pour toi pour toi» —, les Houlops, les Jaguars, les Lutins («Laissez-nous vivre», «Monsieur le robot»), les Gendarmes, les Bel Air, les Manchilds, les Alexandrins, Le Cœur d'une génération, les Aristo ou Aristocrates — qui prennent le nom d'un groupe français dont les membres ont des noms à particule —, le 25e Régiment, les Monstres, les Shadols (on reconnaît là les Shadows), et j'en passe.

Du côté des groupes de filles, le public des années 60 applaudit les Beatlelettes, qui ne cachent pas leur origine, et des noms plus imposants comme celui des Miladies et des Coquettes. Les journaux de 1967 à 1969 mentionnent, parmi les plus grands succès yé-yés, «Trois p'tits vagabonds», «Sugartown» et «Monsieur Dupont»[17] des Miladies ainsi que «La licorne», version de «The Unicorn» des Coquettes. Les formations féminines chantent diverses adaptations, dont quelques-unes du duo Lennon-McCartney et d'elles-mêmes (c'est le cas des Miladies), et infiltrent à travers leurs mélodies à l'anglo-saxonne des éléments de folklore québécois. Les Coquettes gagnent par exemple l'adhésion du public en 1969 avec leur version du «Petit sauvage du Nord» de La Bolduc.

4.3 Récupération du folklore

Des années 50 à la fin des années 60, de grandes métamorphoses ont marqué l'histoire du Québec. Les citadins ne méprisent plus les traditions, car celles-ci signifient l'appartenance sans remémorer l'idéologie «habitante» et rétrécissante de Duplessis. La Révolution tranquille les sépare irréversiblement du prétendu obscurantisme passé. Elle donne à croire que le Québec sait faire et que la province est un État.

Au début de 1960, les yé-yés ne font pas ou très peu de folklore. «La p'tite mam'zelle Marianne» de Lalonde ne trouve pas grand parente au sein des répertoires d'avant 1966-67. Quelques chansons enracinées ou poétiques viennent rarement étinceler au ciel de la musique à gogo. Les Sépara-twist nomment le territoire dans certains de leurs morceaux à la Chubby Checker, Louvain nous amène dans le décor du Carnaval de Québec avec «Sylvie» de Nolès et interprète «Feuilles de gui» de Ferland en 1962. Ce sont des exceptions. Michel Louvain semble viser désespérément le succès américain. Lalonde nous quitte en 1968 pour animer le *Peter Martin Show* à New York. Il y invite bien sûr quelques Québécois afin de mêler les cultures. Les yé-yés ne clament surtout pas la différence, ils cherchent l'internationalisme.

Cependant, les chanteurs populaires des années 60 ne sont pas anti-nationalistes, mais ils affichent une nonchalance, sinon une indifférence vis-à-vis la question de la souveraineté culturelle et économique du Québec. D'où que vienne une chanson, ils l'interprètent si celle-ci constitue un succès possible et peut rapporter de gros sous. Car le yé-yé dépend entièrement du marché, des goûts en vogue. Comme ce qui est un «hit» aux États-Unis le devient aussi au Québec[18], l'industrie du 45 tours investit dans les versions. Et tant que la cause nationaliste ne suscite qu'une mince adhésion, le yé-yé ne s'en préoccupe pas.

145

Mais tout au long des accomplissements de «l'équipe du tonnerre» et de leurs successeurs, cette adhésion augmente et se manifeste même dans la chanson des masses. Le «Poor Quebec» nationalise son électricité en 1962. En 1961, la scolarité obligatoire s'étend jusqu'à l'âge de seize ans et, en 1964, se crée le ministère de l'Éducation qui laïcise l'enseignement. En 1965 se bâtissent les grands barrages de la Manicouagan. La chanson de Georges Dor, «La Manic», devient un tube que même les yé-yés entonnent à leur tour. Dans la même période, le groupe Les Cailloux ramène le folklore dans les médias électroniques. Ces collégiens donnent une dimension historique aux vieilles chansons d'autrefois, et comme ils les interprètent avec beaucoup de maîtrise, ils plaisent à diverses couches de la société.

1965 correspond aussi à l'inauguration du métro souterrain de Montréal. Ce dernier dépasse en longueur celui de Toronto et installe la métropole parmi les grandes cités du monde. Elle le devient davantage lors de l'Exposition internationale de 1967, année d'ouverture des premiers cégeps. L'Expo attise la fierté des Québécois tout autant que l'avait fait la Manic. Durant six mois, elle attire à sa «Terre des hommes» des millions de visiteurs. Elle engendre deux grands succès de la chanson : «Un jour, un jour» de Stéphane Venne, interprété par Donald Lautrec, et «La Ronde» de Marc Gélinas.

Si le «Vive le Québec libre!» du général De Gaulle en juillet 67 n'aboutit pas à une chanson qui en porterait le titre, il renforce l'esprit indépendantiste qui mûrit depuis 1963 autour de la revue *Parti pris*, du F.L.Q. et du R.I.N. Des milliers de francophones accueillent De Gaulle avec des bannières où s'inscrivent : «Bienvenue au pays de Kébek», «Au Québec, tout en français»... Les remous de cette affaire effraient tellement la haute finance que Daniel Johnson se voit obligé de renier les principes qu'il a établis dans *Égalité ou indépendance*.

De Gaulle a touché la corde sensible de ce peuple qui, de plus en plus clairement, s'aperçoit que l'exploiteur, c'est l'Anglais, que le seul moyen de se réapproprier une identité certaine consiste en un sérieux retour aux sources. À l'émission *Jeunesse d'aujourd'hui*, un grand blond nommé Serge Turbide chante «Le petit cordonnier» en exécutant avec ses jambes des mouvements hérités de Presley et du charleston. En 1968, l'on réapprivoise La Bolduc, qu'on avait jusque-là méprisée, avec Marthe Fleurant dite La Bolduc 68. Celle-ci bouge à peu près autant que Jenny Rock en train d'interpréter «St-Tropez» lorsqu'elle s'écrie : «Oh oui, on en a des légumes!» ou «La Pitoune, oui, c'est une belle fille».

5. LE PREMIER TOURNANT

Pendant que le yé-yé se fait de nouvelles racines, la langue québécoise retrouve les siennes. La pièce de théâtre *Les belles-sœurs* illustre une forte représentation de l'est de Montréal et du joual qu'on y parle sur les planches du Rideau Vert. La langue à jurons devient le sceau de la majorité, de l'identité non seulement contre l'impérialisme canadien-américain mais aussi contre le colonialisme culturel français qui s'est établi avec force depuis *Les insolences du Frère Untel* (1960) et les divers échanges Québec-Paris à partir de 1961: création par le Parti libéral de l'Office franco-québécois pour la jeunesse, caution de la Délégation générale du Québec à Paris, accès plus facile aux universités parisiennes[19]... Dans les départements d'études littéraires, on conteste les classiques français et, depuis 1963, *Parti pris* vante l'intérêt et les vertus du langage prolétaire de chez nous. Michel Tremblay et André Brassard affichent devant le grand public quelque chose qui était réclamé depuis bien longtemps. La critique, scandalisée et fascinée, consacre ce type de théâtre, et la dramaturgie québécoise remplace les pièces au français trop écrit par des drames ouvriers ou politiques écrits dans une langue vernaculaire.

Le joual apparaît dans la chanson lors d'un spectacle-événement, *L'Osstidcho*. Ce spectacle, présenté à deux reprises puis une dernière fois sous le nom d'*Osstidchomeurt*, réunit le jazz, le rock fleuri de la Californie et une poésie québécoise déparisianisée. Il donne au Québec l'électrique Robert Charlebois que le public identifie en 1969 à *Lindberg*. Charlebois apporte en effet un rock intégré qu'il sait marier aux mots d'ici. Sa poésie casse la vieille thématique hivernale et pittoresque des chansonniers pour y inscrire la ville, le travail ainsi que les rêves américains des yé-yés. Moins dupe que ces derniers, il n'hésite pas à chanter, en anglais : «I don't want to sell my Laurentian to the crazy Americans[20].»

Le phénomène Charlebois résout, en alliant le rythme à la poésie nationaliste, la vieille querelle des chansonniers et des yé-yés. Il pousse les uns à reconnaître davantage leur appartenance et les autres à renouveler leur langage et leur son. Avant Charlebois, la musique populaire pour jeunes et la chanson à texte habitent des îles séparées. Les chansonniers recherchent l'accueil du public français, ils s'adressent à des étudiants ou à des adultes et rejettent les variétés de CFTM. Ils jugent le yé-yé «kétaine» et fondé sur les apparences plutôt que sur le talent. Les yé-yés traitent les poètes chansonniers de «brailleurs à guitare[21]» et n'osent pas leur demander des chansons.

Rares sont ceux qui se risquent à interpréter les Ferland, Lévesque, Vigneault, Leclerc. Les Bel Canto semblent ceux qui ont le moins craint de mêler le style chansonnier et le yé-yé. En 1966, sur un microsillon intitulé *Seul*, ils chantent «Jack Monoloy», ils interprètent aussi Ferland, Létourneau, Brel et Aznavour. En 1969, un tiers vient bouleverser la dualité que seuls quelques chanteurs n'alimentaient pas, l'entre-deux de la poésie et du pop: Marc Gélinas, Tex Lecor, Georges Langford...

5.1 Échauffements

En même temps que Charlebois donne un solide coup de barre à la chanson, des événements politiques viennent échauffer le nationalisme québécois. En 1969, le bill 63 qui consacre la liberté de choix dans la langue d'enseignement suscite de nombreuses contestations. Des manifestations très imposantes s'organisent en faveur de la protection du français. La nouvelle loi favorise trop nettement l'anglais. Le rejet du bill 63 est le point de départ de revendications répétées et insistantes qui aboutiront en 1975 à la maladroite loi 22 de Robert Bourassa, puis à la loi 101 qui fait du français la seule langue officielle au Québec en 1977. Le nationalisme, qui accorde 10 % des votes au R.I.N. en 1966, donne en 1970 24 % du suffrage au souverainiste Parti québécois dirigé par René Lévesque. En 1973, le même parti est favorisé par 31 % des voix et se fera élire le 15 novembre 1976 avec 72 députés.

Il faut bien le dire, la valorisation de l'indépendance n'enchante pas le fédéral. Tous les moyens sont bons pour ébranler la conviction des Québécois. Autour des élections de 1970, le coup de la Brink's convainct le peuple que les capitaux investis dans la province fuient vers l'Ontario et favorise la victoire du libéral Bourassa. On découvre trop tard que le nouveau premier ministre est un pantin d'Ottawa. Le théâtral défilé des camions vides soulève la colère des felquistes qui n'acceptent pas la tromperie. La révolte aboutit à l'enlèvement de James Cross et au meurtre de Pierre Laporte. La violence donne beau jeu au(x) pouvoir(s) qui adopte(nt) des mesures de guerre. La police arrête environ 500 personnes dans les alentours de Montréal. À partir d'octobre 1970, les rapports de force s'établissent nombreux entre les souverainistes et le fédéral.

Révélatrice comme un tour de scrutin, la chanson populaire de cette époque inscrit dans ses textes l'amour de soi-même que Leclerc et Vigneault avaient commencé de clamer («Tu te lèveras tôt» date de

148

1958 et «Mon pays» de 1964). Le groupe La Révolution française chante «Québécois», y précisant que «le Québec saura faire et ne se laisse pas faire». Avec «Lindberg», «Québécois» sera le plus gros tube de l'année. Claude Dubois poétise Montréal, la grande ville où l'on peut se sentir perdu, et se révèle un chanteur socialement engagé avec une chanson du type «Comme un million de gens». Jacques Michel, sans toujours préciser les causes qu'il soutient, compose lui aussi (après une période yé-yé : «Dinosaure», «Yéyé contre yaya», «Yé yé yé») des textes mordants. Ce sont «Amène-toi chez nous», «Un nouveau jour va se lever», etc.

Depuis *l'Osstidcho* et l'affirmation d'identité contre le bill 63, le palmarès change d'allure et le yé-yé subit des difficultés. Les groupes qui comptaient plus sur le charme de leur chanteur que sur la collaboration des talents se séparent. Simon quitte les Lutins pour interpréter «Adieu jolie Candy» et «Luxembourg» en solo. Les Sultans deviennent Bruce et les Sultans, et ils éclatent finalement pour céder la place à Bruce Huard (il enregistre «Toi et moi» en 1970, «Un tout petit peu d'amour» en 1971). De nombreuses autres formations, pas assez solides pour s'adapter au nouveau tournant, s'éteignent les unes après les autres. S'effondrent les Gants noirs, Gants blancs, Hou-lops et compagnie. Même les Classels ne peuvent plus tenir le coup. Les équipes qui durent composent elles-mêmes une partie de leur matériel ou possèdent un talent réel qui leur conserve l'attention du public. Les Bel Canto continuent leur route et raflent en 1969 le trophée Méritas (popularité). Ils décrochent en même temps une bourse du ministère des Affaires culturelles. Les Sinners perdent des membres au profit de La Révolution française, mais se reforment à partir d'anciens Merceys pour ne disparaître que vers 1975. Les Baronets se séparent en 1972.

Plusieurs solistes subissent le sort des groupes. Danielle et Michelle, Tony Massarelli, Jenny Rock et d'autres quittent la scène des médias. Serge Laprade se consacre à l'animation de quiz télévisés. La plupart des chanteurs à succès se retrouvent dans une période creuse et sentent le besoin de se rajeunir. Leurs spectacles n'attirent plus les foules si bien que les soirées de music-hall qui, en 1964-1965, permettaient aux yé-yés de s'établir en pleine force sur la scène même de la Place des Arts, se trouvent annulées. Dans *Ma vie, c'est la chanson* (p. 267), Michel Louvain parle d'«enterrements de première classe».

Du côté des poètes, au contraire, c'est enfin l'accès aux chaînes de télévision populaires. Les chansons «Ste-Adèle, P.Q.» (Ferland), «Tout écartillé» et «Les ailes d'un ange» (Charlebois), «L'oiseau en cage» (Georges Dor), «L'étoile d'Amérique» (Léveillé), etc., parviennent à escalader le palmarès de Radiomutuel au cours des années 1969-70.

5.2 «C'est le début d'un temps nouveau[22]»

On assiste à une période d'ajustements rapides, tant du côté musical que du côté social. Jean-Pierre Ferland allège ses textes et insiste davantage sur la richesse des orchestrations. Il produit par exemple «Mon ami», «Quand on aime on a toujours vingt ans». Pierre Létourneau, issu des boîtes à chansons, élargit son audience avec «Tous les jours de la semaine». Les Karricks épurent le folklore des traces yé-yés et enclenchent avec «Au chant de l'alouette» et «Yes a Pichou» un mouvement néo-folkloriste que suivront plus tard Louise Forestier («La prison de Londres», «Fils de bûcherons»), Yves et Toup et quelques autres.

Certains yé-yés poursuivent l'affirmation nationaliste de La Révolution française. Les nouveaux Sinners chantent «Québec, nous t'aimons» et emploient le joual. Les Scarabées se hissent au sommet du palmarès en décembre 1971 avec «Le cœur de mon pays». D'autres vedettes des années 60, parmi les plus connues, changent leur répertoire afin d'être pris plus au sérieux. Pierre Lalonde interprète des chansons de Stéphane Venne : «Attention, la vie est courte», «Youppie». Michel Louvain qui, depuis 1967, ne s'adresse plus qu'à un public adulte, commence à lorgner du côté de la Place des Arts. Il n'y accède toutefois qu'en 1977, après l'immense succès de «La dame en bleu».

Le yé-yé continue de durer pendant encore un certain temps. On n'y chante plus «La mini-jupe, c'est la mode du temps», mais une relève assure la continuité des ballades sentimentales et des histoires d'adolescence. L'émission *Donald Lautrec chaud* accueille les Anne Renée, Steve Fiset, Michel Pilon, Anna Bell... Elle permet aussi au public d'entendre Michel Pagliaro qui est devenu un rockeur électrisé. Lautrec se met à l'heure de *Jésus-Christ Superstar* et des mouvements pacifistes américains avec «Hosanna» et «Alleluia». Après la disparition de son émission, il joue dans les films *Gina*, *La pomme, la queue et les pépins*... D'après *Échos-Vedettes* du 20 au 26 septembre 1981 (p. 35), Donald Lautrec ne produit aucun microsillon entre 1971 et 1981.

Tout comme les premières vedettes du yé-yé, l'émission *Jeunesse* change quelque peu. En 1970, un nouvel animateur,

Jacques Salvail, vient en rajeunir le caractère. La séparation des Beatles ne favorise certes pas l'éclosion de formations importantes, mais les couples connaissent un certain bonheur durant la courte période qui sépare l'âge d'or du yé-yé et l'ère du rock québécois. Liette et François se spécialisent dans la chanson tendre comme «On n'oublie pas le premier amour». Les Alexandrins reprennent leurs prénoms, Luc et Lise, pour chanter «Angela, mon amour» et «Béatrice», entre autres. La vague des couples trouve peut-être quelque influence chez les duettistes du *Sonny and Cher Comedy Hour* qui connaît chez nous une haute cote d'écoute. Le succès du film *Love Story* (1970) alimente sans doute lui aussi le phénomène. Les duos de même sexe gagnent également une certaine faveur.

Toutefois, le public n'a plus le même engouement pour les versions innocentes qui avaient cours durant les années 60. Les anciens fans de Jenny Rock et des groupes à la Beatles fréquentent maintenant les cégeps. Plus scolarisés, les adolescents commencent à s'intéresser à la qualité des pièces musicales et ils apprécient davantage qu'autrefois les chansons porteuses de messages. Le public qui s'épate devant les prouesses des néo-yé-yés fréquente encore l'école primaire. Patof, Nestor, le nouveau Zabé de «Ce qu'on est bien dans son bain» et Karo avec ses «Bibites» font encore rire ce public. Ils amusent aussi certains adultes, mais ils ne répondent pas aux exigences d'un public grandissant pour qui la chanson doit dorénavant se prendre au sérieux.

Les adolescents se posent de plus en plus la question de l'appartenance nationale et s'impliquent plus que ne l'ont fait les jeunes «dans le vent». Autour de l'époque où Marc Hamilton (ex-Monstre et ex-Shadol) atteint le sommet du palmarès avec «Comme j'ai toujours envie d'aimer», ils entendent Pagliaro chanter sur des harmonies rock «J'ai marché pour une nation»; les Contretemps entonnent «La marche du président» de Charlebois et Vigneault; la Nouvelle frontière (où se trouvent Marie-Claire et Richard Séguin) chante «La ballade des bourgeois». L'enracinement se prolonge. Vers 1973, Beau Dommage présente ses premiers spectacles à l'U.Q.A.M.

Après le passage des Rolling Stones au Forum, en 1972, et durant l'invasion de vedettes rock telles que Bowie et Elton John (tous deux viennent en 1974), les jeunes renvoient le yé-yé rose bonbon chez les enfants. Ce n'est pas sans raison si la plus grande idole de la chanson légère des années 70 est un gamin. René Simard a l'âge de la moitié de son public. L'autre moitié se compose de parents qui reconnaissent en lui un fils possible, l'enfant idéal. Il éclipse tous les autres et gagne rapidement un statut international. Que chacun se rassure : si les adolescents fixent des auto-collants de «Québec français» ou de «Vive le Québec libre» aux fenêtres des écoles, s'ils se droguent et se mettent à l'écoute de l'underground, l'enfant sage et docile demeure. Les 15-20 ans pendant ce temps s'enorgueillissent du rock nationaliste qui se prépare à envahir les médias.

6. DE 1974 AU RÉFÉRENDUM

L'année 1974, comme 1969, dessine un tournant dans la chanson québécoise. Les vedettes marquantes du yé-yé s'en sont allées ou se sont métamorphosées. L'émission *Jeunesse* disparaît de l'antenne pour être remplacée par *Showbizz* qu'anime Claude Dubois. Comme il déteste le yé-yé, Dubois ne présente que des rockeurs et des artistes qui l'intéressent. Lalonde reprend le flambeau en 1975 mais *Showbizz* demeure différent de *Jeunesse*. Même si des chansons comme «La la la polka» de Guy Boucher ou «Loin de vous» d'Yves Martin gagnent encore le palmarès, le yé-yé s'éteint. Les succès éphémères se dispersent dans la marée du rock patriotique.

Le mot «québécois» écarte tous les autres et devient la marque de commerce de notre industrie artistique. Un grand événement vient rassembler les énergies diffuses. Il s'agit de la Superfrancofête, qui se déroule dans la capitale provinciale en août 1974. Cette manifestation cultuelle rassemble des francophones du monde entier. Pour la première fois, les Québécois se vivent comme une majorité reliée par la langue aux autres continents et non simplement comme six millions de petites têtes perdues dans une mer d'anglophones. Ils en profitent pour chahuter les premiers ministres Bourassa et Trudeau lors des discours d'ouverture parlementaires. En 1975, le microsillon *J'ai vu le loup, le renard, le lion*, tiré du spectacle de Leclerc, Vigneault et Charlebois pendant la fête, obtient un succès inespéré. Le disque québécois prend du muscle. Les albums se vendent mieux que les 45 tours. Et les réjouissances de la Saint-Jean deviennent l'occasion de spectacles où les chansonniers et la relève alimentent tour à tour le sentiment d'appartenance de la foule.

Depuis *Les belles-sœurs*, le théâtre et le cinéma québécois se développent d'une manière surprenante. Les films *Les ordres* et *Bingo* remplissent les salles et Le Patriote, une boîte à chanson très fréquentée, obtient du gouvernement provincial une subvention pour s'agrandir et présenter du théâtre. Les pièces politiques en joual de Jean Barbeau et les drames populaires de Michel Tremblay sont à leur sommet. Les arts de la scène et du grand écran fournissent à la chanson des éléments de fierté et une certaine promotion. Les chansons-thèmes de films par exemple tournent beaucoup dans les stations de radio. Les gens aiment «Le temps est bon» qui est tirée du long métrage *Les mâles*; ils aiment aussi «Bingo» et «Les colombes».

Le disque québécois occupe 60 % de la programmation radiophonique AM francophone en 1974[23]. La chanson anglophone se réduit à 10 %. La fièvre amoureuse du pays nous donne le courage de prendre notre place. Les chansonniers se politisent davantage. Leclerc, ayant sorti «L'alouette en colère» en 1973, s'engage plus profondément encore dans la lutte pour l'indépendance du Québec avec «Le tour de l'île» en 1975. Vigneault prend position par rapport aux problèmes linguistiques des pilotes de l'air dans «I went to the market» et entonne, lors des fêtes de la Saint-Jean 1975, un «Gens du pays» qui se transforme quasi en hymne national des Québécois. Certains chanteurs, plutôt connus pour leurs ballades romantiques, connaissent eux aussi la fièvre de la patrie. Chantal Pary, en 1974, clame de toute sa voix : «J'ai le goût du Québec aujourd'hui. J'ai retrouvé mon vrai pays.» Son 45 tours s'établit au sommet des palmarès. Les voix nouvelles s'impliquent elles aussi. Priscilla, découverte au Festival de la chanson de Granby, compose «Mon beau pays» et «Dis-moi». Gilles Valiquette s'impose avec «Je suis cool». Les groupes : Beau Dommage, Harmonium, Maneige, Ville-Émard Blues Band, Aut'chose, Offenbach, Sloche, le Pouls, Morse Code, Jim et Bertrand, Octobre, etc., présentent au public des textes souvent travaillés et une musique intégrant le rock dur, le classique et/ou le folklore. Leur son, même s'il s'inspire parfois plus du jazz que du rock (cela est clair chez plusieurs groupes), est identifié au rock québécois. Il arrive que l'on préfère l'appeler simplement «québécois» — les jeunes écoutent du québécois, dit-on.

La base de cette musique demeure américaine (souvent californienne), mais elle s'intègre à ce que la culture d'ici possède déjà. Le résultat garde une grande originalité. Tous, héritiers de Charlebois, essaient d'inventer. Il existe bien quelques versions, par exemple «Lady Marmelade» que reprend Nanette Workman, mais la plupart des succès rock sont composés ici. Ceux-ci varient en qualité. Les plus remarquables demeurent *L'heptade* et *Les cinq saisons* d'Harmonium, *Beau Dommage* et *Où est passée la noce?* de Beau

Dommage, les disques de Maneige, de Jim et Bertrand, de Diane Dufresne, de Claude Dubois, etc.

Au milieu des années 70, le québécois triomphe. Même si le disco commence à arracher des plumes à certaines formations vers 1976, le goût des produits fabriqués ici se maintient. Certains artistes accordent même le nouveau rythme américain à une thématique québécoise traditionnelle. Patsy Gallant reprend «Mon pays» de Vigneault pour en faire une version de discothèque. Boule Noire joint au disco des textes sur le bien-être de la vie campagnarde («Loin de la ville» en est un exemple) et André Gagnon compose «Wow». Le disco produit de nouvelles vedettes imitant les modèles des États-Unis et des émissions plus ou moins originales (*Disco-tourne* est une copie de *Feel like dancin'* qui est diffusée aux réseaux anglais). Néanmoins, le sentiment d'appartenance ne s'amenuise pas. Les adolescents sont parfois divisés dans leurs goûts, mais plusieurs d'entre eux vouent un amour égal aux rythmes nouveaux et aux Paul Piché, Michel Rivard, Diane Tell, Daniel Lavoie, Gilles Rivard, Corbeau, etc., qui constituent la relève à l'orée de l'année historique du référendum pour la souveraineté économique et politique du Québec. Des francophones hors-Québec viennent comparer leur enracinement au nôtre et se retrouvent en pleine gloire : Édith Butler, Zachary Richard et Angèle Arsenault ne cessent de se faire entendre à la radio. Les belles années du nationalisme québécois sont les belles années de notre chanson populaire.

CONCLUSION

Le temps a été long où le Québec ne pouvait maîtriser ni incorporer le flot des productions étrangères qui entraient en lui. Durant les années 60, les jeunes qui viennent des classes populaires manifestent du scepticisme envers le savoir-faire d'une province colonisée. Ils répètent sous une forme traduite (ou consomment les répétitions) les succès du palmarès américain et cherchent à imiter les autres, qu'ils imaginent supérieurs, plutôt qu'à transformer le matériel étranger et à en tirer un son personnel, différent disent les Anglais.

Le yé-yé évolue cependant au rythme de la Révolution tranquille. Il accompagne celle-ci car, comme elle, il apporte la bougeotte dans un territoire où le corps et l'action devaient céder à une morale contraignante et religieuse. À mesure que «l'équipe du tonnerre» de

Jean Lesage améliore la position économique du Québec, les jeunes, bien sûr, développent un goût pour leur patrimoine.

Les journalistes qui ont collaboré à *Une certaine Révolution tranquille* (éd. La Presse) font durer cette période jusqu'en 1975. Sans doute allongent-ils un peu le temps, mais les quinze ans accordés correspondent à peu près à la durée du yé-yé qui tombe avec l'émission *Jeunesse* en 1974.

Le yé-yé connaît un stade embryonnaire de 1958 à 1961, une période forte de 1962 à 1968 et une époque de transition de 1969 à 1973. Ces tranches de la chanson populaire se rattachent aux réalisations sociales et au progrès de la prise de conscience nationaliste. Plus l'affirmation d'appartenance s'inscrit dans la chanson de masse, plus le yé-yé s'affaiblit. Les goûts se tournent vers une musique enracinée et capable d'utiliser adroitement l'inspiration américaine. Dans le sillon tracé par Charlebois, le rock québécois associe un français souvent joualisant à des sons électriques et c'est dans les guitares de gens comme Offenbach, Corbeau, Aut'chose et Michel Pagliaro deuxième manière qu'il prendra toute son ampleur et s'affranchira complètement des impérialismes français, américain et anglais. Le yé-yé, en rythmant les mots de la langue française, aura posé la première pierre.

*Tous mes remerciements à Richard Perreault dont la collection de disques et les archives m'ont été d'une aide plus que précieuse.

Notes

1. *Le mémorial du Québec, 1939-1952*, p. 321.
2. Michel Louvain, *Ma vie, c'est la chanson*, p. 42.
3. Bruno Roy, *Panorama de la chanson au Québec*, p. 45.
4. Selon Benoît L'Herbier, Louvain réussit à vendre plus de 80 000 exemplaires de ce disque. *La chanson québécoise*, p. 122.
5. *Ibid.*, p. 123.
6. Michel Louvain, *Ma vie, c'est la chanson*, p. 49.
7. *Ibid.*, p. 114.
8. *Ibid.*, p. 72.

9. *La Tribune*, 2 avril 1983, p. B3.

10. Jérôme Lemay, *Les Jérolas*, p. 82.

11. Elle éclate dans les revues, les manifestes des poètes et dans les partis de gauche.

12. Denis Monière, *Le développement des idéologies au Québec*, p. 291.

13. *Ibid.*, p. 292.

14. *Ibid.* (Citation de la thèse de doctorat de Claude Saint-Onge, *L'impérialisme US au Québec*).

15. Michel Rose, *Pionniers du rock'n'roll*, p. 10-11.

16. *Spécial pop*, p. 124.

17. Les Miladies interprètent cette chanson en portant des costumes. Deux des demoiselles se collent des moustaches postiches et s'habillent comme les Dupond et Dupont. La troisième porte une longue robe romantique.

18. Nanette (révélation de l'année 1967) explique ainsi le phénomène des versions dans *Blow up des grands de la chanson* de Michèle Maillé.

19. Denis Monière, *op. cit.*, p. 326.

20. Chanson «Petroleum» citée par Pascal Normand dans *La chanson québécoise, miroir d'un peuple*, p. 107.

21. Michèle Maillé, *op. cit.*, (n.p.).

22. Chanson interprétée par Renée Claude en 1970.

23. *Encyclopédie artistique 1975*, p. 156.

Ouvrages consultés

Almanach des vedettes : le monde du spectacle, Montréal, éd. Éclair, 1978, 346 p.

Barsamian, Jacques et Jouffa, François, *L'âge d'or du yéyé*, France, Ramsay («Image»), 1983, 315 p.

Beaulne, Jean, *Comment devenir vedette. Tous les secrets de la machine à fabriquer les idoles*, Montréal, Les presses libres, 1970, 123 p.

Bernard, Monique, *Ceux de chez nous*, Ottawa, Agence de presse artistique enr., 1969, 152 p.

Coll., *Le mémorial du Québec*, t. VI, 1939-1952, Montréal, éd. du Mémorial, 1979, 373 p.

Coll., *Le mémorial du Québec*, t. VII, 1953-1965, Montréal, éd. du Mémorial, 1979, 371 p.

Coll., *Le mémorial du Québec*, t. VIII, 1966-1976, Montréal, éd. du Mémorial, 1979, 373 p.

Coll., *Spécial pop (n° spécial)*, Paris, Albin Michel, 1967, 360 p.

Coll., *Une certaine Révolution tranquille; 22 juin 60-75*, Montréal, La Presse, 1975, 337 p.

Encyclopédie artistique 74, Montréal, éd. Éclair (TV Hebdo), 1974, 319 p.

Encyclopédie artistique 75, Montréal, éd. Éclair (TV Hebdo), 1975, 342 p.

Lemay, Jérôme, *Les Jérolas*, Montréal, Québécor, 1983, 220 p.

Le monde du spectacle, vol. V, Ville d'Anjou, Publications Éclairs, 1976, 340 p.

L'Herbier, Benoît, *La chanson québécoise*, Ottawa, éd. de l'Homme, 1974, 181 p.

Louvain, Michel, *Ma vie, c'est la chanson*, Montréal, éd. Héritage plus, 1982, 495 p.

Maillé, Michèle, *Blow up des grands de la chanson québécoise*, Ottawa, éd. de l'Homme, 1969, non paginé.

Millières, Guy, *Québec, chant des possibles*, Paris, Albin Michel (Rock'n'folk), 1978, 190 p.

Monière, Denis, «Après 1945 — De la tradition au rattrapage de la modernité», in *Le développement des idéologies au Québec; des origines à nos jours*, Montréal, Québec/Amérique, 1977, p. 291-370.

Normand, Pascal, *La chanson québécoise : miroir d'un peuple*, Montréal, France/Amérique, 1981, 245 p.

Richard, Michèle, *Michèle Richard raconte Michèle Richard*, Ottawa, éd. de l'Homme, 1969, 158 p.

Rioux, Marcel, *La question du Québec*, Montréal, Parti pris (Aspects), 1978, p. 265-267.

Rose, Michel, *Pionniers du rock'n'roll*, Paris, Albin Michel (Rock'n'folk), 1981, 188 p.

Roy, Bruno, *Panorama de la chanson au Québec*, Montréal, Leméac, 1977, 156 p.

Victor, Christian et Regoli, Julien, *Vingt ans de rock français*, Paris, Albin Michel (Rock'n'folk), 1978, 151 p.

Vincenthier, Georges, *Une idéologie québécoise : de Louis-Joseph Papineau à Pierre Vallières*, Montréal, Hurtubise HMH (Cahiers du Québec), 1979.

Autres sources

Échos-Vedettes, Dimanche-Matin, La Tribune, Le Journal de Montréal, les palmarès Radiomutuel, CHRC et La Québécoise de 1967 à 1976; pochettes de disques.

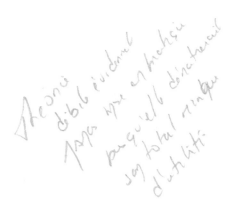

De la méthodologie dans l'étude
de la chanson populaire

Robert Giroux

Notre propos se veut théorique et méthodologique. Dans le fatras des discours qui traitent des pratiques culturelles en général et de la chanson en particulier, nous sommes souvent frappés par la place qu'y tient l'anecdote (la cocasserie d'un événement par exemple ou le nombre de camions qu'exige le déplacement de la quincaillerie nécessaire à la tournée Victory des frères Jackson), le commentaire superficiel sur l'être d'exception qu'est l'artiste de scène ou encore les conclusions hâtives issues de la confusion entre des manifestations de mode et des manifestations de génération, etc. Le personnage de Raoul Duguay est changeant et amusant, mais il nous apparaît intéressant de nous interroger aussi sur les raisons qui font en sorte que ce qu'il propose *marche* et qu'un public le suit fidèlement. Pourquoi *ça* et pourquoi à ce moment-là, et à qui cela s'adresse-t-il?

Devant la prolifération de discours impressionnistes («journalistiques»), nous tentons de mettre au point certaines grilles théoriques à partir desquelles il serait possible de rendre compte de la complexité de plusieurs phénomènes interreliés les uns aux autres. Par exemple :

— la structuration d'*une* chanson isolée : étude des paroles, de la musique, de l'interprétation;

— la typologie préalable de laquelle elle s'inspire ou qu'elle transgresse : les modèles musicaux de telle ou telle culture, par exemple;

— les unités constitutives et la grammaire propre à chaque réseau d'organisation du produit culturel qu'est *la* chanson : ses supports matériels, donc sa fabrication et ses circuits de distribution, ses lieux de manifestation, etc.;

— donc étudier les facteurs constitutifs d'un *champ* de production (de discours) et les mécanismes de fonctionnement qui régissent les interrelations des réseaux qui lui garantissent, à ce champ, son autonomie relative.

Nous procéderons ici, en allant du plus grand au plus petit, du plus englobant (le *champ* ou la forêt) au plus parcellaire (la *chanson* ou l'arbre) en passant par les intervenants qui l'habitent et les lieux où ils se manifestent (le studio, le spectacle, la radio, etc.).

Le tableau qui suit s'inspire des travaux de Pierre Bourdieu et se veut résolument sociologique. Rappelons ces articles devenus classiques comme «Le marché des biens symboliques», «La production de la croyance», etc., et bien sûr ces deux ouvrages, l'un magistral : *La distinction*, l'autre qui suscite la réflexion : *Questions de sociologie*. Ce premier tableau présente les unités ou les conditions qui rendent possible l'existence d'un champ de production (de discours) socio-culturel. Tout champ présuppose en effet l'existence articulée de cinq facteurs :

Champ de production d'objets socio-culturels

— des *objets* ou «produits», c'est-à-dire des chansons, avec divers supports matériels comme la musique en feuilles, le disque, la cassette, le vidéo, etc.;

— des *agents* ou des intervenants, socialement reconnus : des artistes (auteur, compositeur, interprète, arrangeur, etc.), des agents d'affaires (directeur artistique, éditeur, producteur, etc.) et des critiques, ceux qui évaluent l'intérêt des objets et des intervenants les uns par rapport aux autres;

— des *énoncés organisés*, institués, qui véhiculent des critères de valeur pour la classification et la sélection des produits et des agents; ces énoncés définissent, justifient, traduisent, transforment, organisent, classent et sélectionnent les objets au sein du champ de production, et évaluent les relations de ce champ avec les autres champs avec lesquels il entretient des liens étroits et/ou éloignés;

— des *lieux* de production, artisanaux et/ou industriels, avec leurs codes et leurs conditionnements technologiques et économiques : studios d'enregistrement, maisons de disques, etc.

* des lieux de manifestation et/ou d'exécution, avec leurs rituels propres : salles de spectacle, studios de radio, de télévision, plateaux de cinéma, etc.

* des lieux d'instances institutionnels, qui se manifestent dans divers appareils : la presse (journaux, revues, livres), les reconnaissances officielles, nationales et internationales (jury de subventions, de prix, etc.), l'école et son discours pédagogique, les associations diverses (sociétés d'auteurs, de perception des droits, syndicat des musiciens, etc.)...

* des lieux de consommation : salles de spectacle, de cinéma, disquaires, etc.

— enfin, des *consommateurs* de ce système, non seulement des produits que sont les chansons mais aussi de toute la pratique chansonnière elle-même, de tout ce système que nous sommes en train de décrire : jeune chanteur, auditeur de radio, acheteur de disques, spectateur, fan, etc.

Donc *la* chanson n'est pas seulement la somme des chansons que l'histoire a retenues (l'anthologie) ou que la mode impose à coup de renfort publicitaire (le hit, le tube éphémère); la chanson n'est pas qu'une liste de produits chronologiquement regroupés dans un chansonnier ou une discothèque. Elle est plutôt une *pratique sociale*, analysable selon un modèle systémique dans lequel s'auto-définissent des objets, des intervenants, des valeurs normatives (discursives), des appareils institutionnels, divers types de consommateurs, etc. C'est en effet ce système de titres, de fonctions, de rôles, de positions et de postures qu'il convient d'étudier si on souhaite rendre compte de l'ensemble de la pratique chansonnière comme phénomène culturel (national et/ou occidental)...

Les chansons comme objets n'existent et ne perdurent, comme objets culturels, que si elles sont prises en charge par un discours qui leur donne sens et valeur, que si elles circulent. Elles deviennent ainsi des produits *transformés* par (de) l'idéologie, c'est-à-dire par ce qui suscite et sanctionne *la croyance des sujets en la valeur* de la pratique, ce qui se traduit en termes de goûts et d'intérêts (incorporés et institués) auxquels les sujets s'identifient.

Ceci étant dit, il conviendrait d'ouvrir ici une parenthèse à propos de la notion même de champ et de son fonctionnement. D'où les cinq remarques suivantes :

— les facteurs constitutifs d'un champ sont variables d'une société à une autre, d'une culture à une autre (mais de moins en moins dans la version industrielle du champ);

— les étapes de la constitution d'un champ sont historiquement variables, liées à une autonomisation relative : désir de production, circulation de discours, compétition entre styles différents, autonomisation et, enfin, lutte pour la monopolisation du champ;

— le fonctionnement du champ manifeste deux types de logique selon les deux types de «valeur» que la traduction impose à l'objet : soit une valeur symbolique (sphère de production restreinte), soit une valeur économique (sphère de production large);

— les frontières entre les deux sphères sont souvent poreuses, surtout dans notre ère de production de masse; cependant, à l'intérieur de chacune des sphères, la logique de fonctionnement des instances critiques, les lieux d'exécution et de circulation, et les publics consommateurs visés sont relativement distincts;

— par ailleurs, l'autonomie de l'ensemble d'un champ est relative, puisqu'il entretient des relations plus ou moins étroites et déterminantes avec d'autres champs.

Fermons la parenthèse.

Dans le *Guide du spectacle et du disque* (M.A.C., 1978), François Arcand propose un tableau très opératoire. Il imagine une séquence qui va de l'artiste au public, avec toutes les étapes de transformation que la chaîne de montage fait subir au produit qu'est une chanson. Ces transformations présupposent l'existence de supports matériels diversifiés (la partition imprimée, le disque, la radio, le spectacle, etc.) et l'intervention d'agents spécialisés correspondants (l'éditeur, le producteur, le distributeur, etc.).

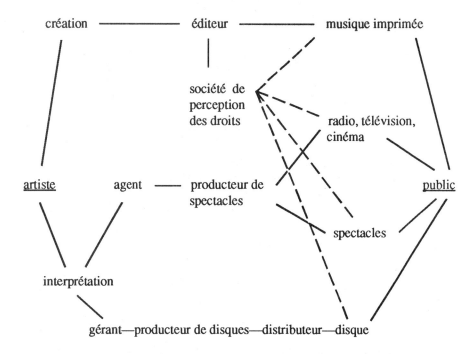

C'est cette interrelation des éléments constitutifs du champ qui faisait dire à Stéphane Venne : «La pire chose qui puisse arriver à un artiste, créateur ou interprète, c'est d'oublier ou d'ignorer qu'il est un maillon d'une chaîne de communication qui relie entre eux les gens d'une même culture ou d'un même marché. Un maillon. (...) L'art est collectif...» («L'artiste et son agent d'affaire», octobre 1976). Stéphane Venne distingue avec raison la communauté culturelle restreinte par la langue et le territoire d'une part et le marché dans lequel circulent les produits culturels; et quand il affirme que l'art est collectif, il ne signifie pas seulement que l'objet d'art est le produit d'une équipe, comme c'est le cas pour le film par exemple; il rappelle surtout que l'objet d'art est un produit, porteur de valeurs d'usage et de valeurs marchandes, le produit d'une pratique éminemment sociale, économique et technologique.

Le tableau sémio-sociologique que nous proposons maintenant à notre tour voudrait reprendre le tableau séquentiel de François Arcand. Nous voudrions l'articuler différemment, le compléter et le nuancer davantage. Nous pensons lui ajouter une «épaisseur» de si-

163

gnification, en tenant compte par exemple du fait qu'on peut être en différé ou en direct, qu'on peut se situer dans le sonore et/ou dans le visuel, etc. Notre tableau reproduit donc la séquence des étapes qui vont de la production de l'objet à sa consommation. Il tente également de rendre compte des différents modes concrets de production, donc des différents types de supports matériels et, par voie de conséquence, des diverses manières de s'approprier la chanson, tant chez les producteurs que chez les consommateurs.

À propos de la difficile question des *préalables*, notre position est très souple. À se demander si ce sont les modes de production qui créent les modes de consommation ou si ce sont les besoins des consommateurs qui commandent les types de produits culturels, nous répondons que les consommateurs sont certainement sollicités et manipulés par les impératifs du champ... mais qu'il en est aussi de même pour l'ensemble des créateurs... À savoir s'il nous faut privilégier une typologie préalable qui servirait de(s) modèle(s) aux auteurs-compositeurs-interprètes de chansons ou s'il nous faut au contraire étudier une stylistique propre à tel ou tel genre d'actualisation de ces modèles, nous cherchons à ne pas sombrer dans la problématique stérile de l'œuf et de la poule.

Tout cela pour dire que notre organigramme séquentiel général permet des lectures circulaires, un peu comme le modèle d'une chaîne de montage sur laquelle l'objet se transforme progressivement... tout en contenant en lui-même ses usages potentiels. Il s'agira pour l'analyste de ponctuer dans le tableau des unités de description susceptibles de rendre compte soit de la fabrication, soit du fonctionnement, soit de la circulation ou de la transformation de la chanson à l'intérieur du champ.

Ce tableau sera par la suite détaillé en autant de tableaux structurels. Cet organigramme séquentiel reprend donc les éléments constitutifs du champ de fonctionnement de biens culturels et les répartit selon quatre plans : la production proprement dite (subdivisée en trois opérations successives), la réception (subdivisée selon le type de public visé et atteint), enfin, la gestion et la gérance.

Le tableau 1.1 concentrera notre attention sur les types de réalisation que le mode industriel de production met à la disposition des créateurs.

Toute réalisation concrète présuppose en effet 1) un canal, 2) la modulation de ce canal en un code, et enfin 3) l'utilisation de techniques de fabrication de supports matériels. On peut alors retracer et hiérarchiser des «niveaux» de réalisation d'une chanson en partant

ORGANIGRAMME SÉQUENTIEL

	I Production		1.3 mise en marché		II Réception		III Gestion	IV Gérance
	1.1 réalisation	1.2 fabrication	promotion	diffusion	public large	public restreint		
pré-production (invention) et typologie préétablie				publicité distribution circulation	consécration commerciale institutionnelle		droits cachets	création et entretien de l'image (exposition et matraquage : le look)
en direct	spectacle →							
en différé	phonogramme vidéogramme pictogramme versions →			synchronisme différé-direct				
les intervenants et leurs opérations	éditeur (étiquette) réalisateur	producteur de disques, de spectacles, d'émissions de radio et de tété, etc.	publiciste	grossiste et détaillant : disquaire radio...	cote de vente gala prix	critique talk-show enseignement	agence	gérant, directeur artistique, l'ADISQ, le MAC

1.1 Réalisation

	PERFORMANCE EN DIFFÉRÉ			PERFORMANCE EN DIRECT	
canal	sonore	visuel			sonore
code	paroles et musique	icônes et images	graphes imprimé	paroles mélodie (arr., orchestration)	paroles et musique
technique	sonorisation	cinématographie	graphie et photographie	scénographie	

D phonogramme

E vidéogramme — 7

F pictogramme

A version de base (partition)

B version étendue

C spectacle

2 3 6 8 1 4 5

de la version de base (A) jusqu'à sa mise en spectacle (C) en passant par la version étendue (B), le phonogramme (D), le pictogramme (F) et le vidéogramme (E). Chacun de ces niveaux, à la fois superposés et complémentaires, peut être explicité selon sa spécificité, c'est-à-dire selon ses composantes, ses relations avec les autres niveaux de production, etc.

Dans ce tableau 1.1, on remarquera des chiffres allant de 1 à 8 au bout des flèches. Ces chiffres doivent signifier ceci :

— 1, 2 et 3 : la version étendue sert à illustrer le domaine de la sonorisation du spectacle, du phonogramme ou du vidéogramme, et cela avec plus ou moins de fidélité selon que le spectacle veut répéter la sonorisation du disque ou que le vidéogramme veut mousser le disque;

— 4 et 5 : les interrelations entre le spectacle et le phonogramme sont évidentes;

— 6, 7 et 8 : le pictogramme renvoie à la pochette du disque qui, elle-même, pourra servir à la conception d'un poster par exemple; ce pictogramme peut provenir d'une image du vidéogramme ou d'une photo prise lors d'un spectacle.

Voyons maintenant ce qu'est la version de base et ce que la version étendue viendra lui ajouter.

Le tableau A présente en effet la version de base de la chanson. Le *texte* de la chanson se compose d'une part des paroles et d'autre part de la mélodie (et non de la «musique» car nous faisons ici l'économie de l'arrangement, de l'orchestration, de l'interprétation et de la sonorisation, ce que nous ne retrouverons qu'au tableau B, celui de la version étendue). Chacun de ces deux codes, paroles et mélodie, se décompose à son tour en deux plans distincts, celui de l'expression et celui du contenu.

Dans une perspective sémiotique d'analyse, il s'agit de voir comment les niveaux linguistiques et mélodiques (paradigmatiques) s'articulent syntagmatiquement dans le texte. On fait le plus souvent intervenir un certain nombre de relations d'équivalence : on repère d'abord les répétitions, les parallélismes (Jakobson) et les équivalences horizontales à un même niveau textuel; puis on établit des relations d'équivalence verticales entre au moins deux niveaux textuels, de manière à repérer ou faire apparaître des structures de surfaces, des modèles d'organisation, des «patterns» qui construisent des relations entre les niveaux; enfin, on repère les relations d'équivalence (d'autres parallélismes) entre le texte et la mélodie.

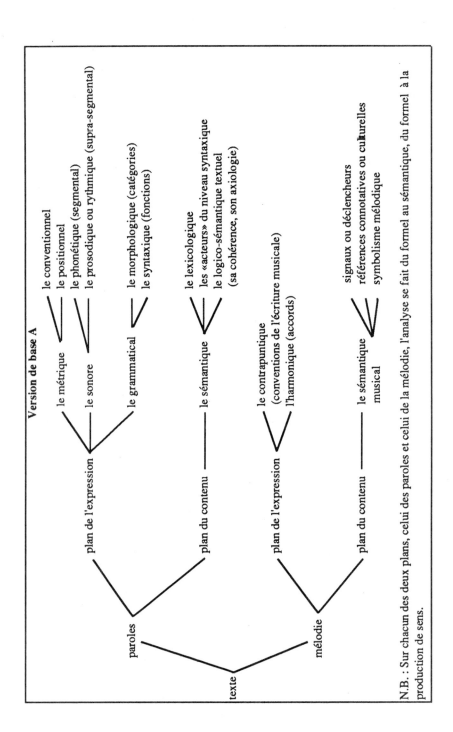

Version de base A

paroles — plan de l'expression
- le métrique
  - le conventionnel
  - le positionnel
- le sonore
  - le phonétique (segmental)
  - le prosodique ou rythmique (supra-segmental)

paroles — plan du contenu
- le grammatical
  - le morphologique (catégories)
  - le syntaxique (fonctions)
- le sémantique
  - le lexicologique
  - les «acteurs» du niveau syntaxique
  - le logico-sémantique textuel
    (sa cohérence, son axiologie)

mélodie — plan de l'expression
- le contrapuntique
  (conventions de l'écriture musicale)
- l'harmonique (accords)

mélodie — plan du contenu
- le sémantique musical
  - signaux ou déclencheurs
  - références connotatives ou culturelles
  - symbolisme mélodique

texte
- paroles
- mélodie

N.B. : Sur chacun des deux plans, celui des paroles et celui de la mélodie, l'analyse se fait du formel au sémantique, du formel à la production de sens.

168

syntagmatique

4 niveaux linguistiques paradigmatiques :

— le métrique (le conventionnel et le positionnel)
— le sonore (segmental) et le rythmique ou prosodique (supra-segmental)
— le grammatical (les catégories morphologiques et les fonctions syntaxiques)
— le sémantique : des «acteurs» du plan syntaxico-sémantique au logico-sémantique supérieur

1 niveau musical :

— le mélodique (le contrepoint, l'harmonie et l'iconisme mélodique)

Bref, et pour simplifier, disons que l'analyse sémiologique de la version de base consiste à délimiter x champs de validité (et non de viser à une lecture totale), à établir des réseaux d'équivalence sur le plan de l'expression et sur le plan du contenu, et à établir leurs corrélations. Il s'agit donc de retenir le principe d'équivalence comme constitutif ou spécifique au discours chansonnier. Par conséquent, il s'agira d'analyser différents niveaux linguistico-mélodiques et leurs corrélations, en établissant des parallélismes ou des couplages (horizontaux, à un même niveau, et verticaux, à plusieurs niveaux), constituant ainsi des modèles d'organisation textuelle de surface.
Ici encore, ouvrons une parenthèse sous la forme de quatre remarques complémentaires :
— au principe d'équivalence se greffe le principe de pertinence de la description; la pertinence d'une équivalence doit en effet se vérifier sur deux niveaux distincts au moins;
— on peut faire intervenir, afin de pousser l'analyse sur le plan sémantique : a) le système actantiel de A. J. Greimas et le système des modalités dans l'identification des acteurs; b) l'analyse sémique et isotopique; c) les valeurs connotatives ou culturelles des signaux sonores et rythmiques;
— à propos de la cohérence textuelle, se rappeler qu'elle s'évalue selon trois niveaux d'intégration : a) le logico-sémantique (la présupposition, l'implication, la conséquence); b) la pragmatique du

discours; c) les parallélismes de surface (par superposition au logico-sémantique et parfois par substitution);

— à l'organisation linguistico-mélodique, c'est-à-dire au système textuel, va se greffer un autre plan de signification, le *procès* discursif, lié à une pratique idéologique : scientiste (positiviste) et/ou esthétique (idéologique).

Fermons la parenthèse.

La version étendue (B) consistera en l'ajout, à la version de base, des éléments d'analyse relatifs à l'arrangement et à l'orchestration — pour le plan de l'expression—, et à la sémantique musicale, l'iconisme sonore par exemple, la symbolique instrumentale — pour le plan du contenu.

Dans l'ensemble, l'analyse consiste donc à se promener d'un niveau à un autre et à découvrir comment s'articule le métrique et le sémantique ou le syntaxique et le mélodique. L'espace nous manque pour illustrer ces opérations. Ne prenons qu'un exemple éloquent; il suffit d'une lecture un peu attentive pour constater que des chansons comme «Ils s'aiment» de Daniel Lavoie et «La tite toune» de Gilles Vigneault s'organisent différemment parce que les niveaux dominants ou prépondérants ne sont pas les mêmes dans l'une ou l'autre de ces deux chansons.

La métrique chez Vigneault est très régulière, obéissant à une convention littéraire très stricte, connue du parolier. Une ritournelle instrumentale précède chacun des doubles quatrains (formant un huitain) et un final instrumental connu agit comme une citation du folklore québécois. On nous propose donc un rappel folklorique connu à la fin de la chanson, la reprise d'une ritournelle qui scande régulièrement l'ensemble du texte (c'est la tite toune qu'évoque le titre), et enfin une forme fixe très structurante, bref tout un ensemble qui connote une culture littéraire et musicale traditionnelle : pourtant, la chanson n'a pas de refrain, elle n'est pas narrative, elle est abstraite (parsemée de majuscules); véhiculant des images étonnantes, elle se présente comme une suite d'impressions (une par strophe) sans liens logiques apparents.

La chanson de Lavoie n'est pas dominée par un découpage métrique : la longueur du mètre est très variable; le nombre de vers par strophe est aussi irrégulier, la rime est plutôt faible et les ré-pétitions de mots très nombreuses. La métrique est donc beaucoup moins fidèle que chez Vigneault. En revanche, le découpage en refrains et en couplets est très marqué : un leitmotiv revient obstinément en début de strophe à la suite d'un leitmotiv musical lui-même facilement mémorisable. Donc, en dépit de l'allure libre de la métrique et de l'électrification des instruments, la chanson de Lavoie est assez classique. Le découpage est très simple; il s'appuie sur des repères très marqués (dont le titre bien sûr), faciles à mémoriser. Le texte est très narratif : des amants menacés, cyniques et armés jusqu'aux dents s'aiment malgré tout comme des enfants, alors laissons-les s'aimer. Les relations entre les acteurs et entre les strophes obéissent à une logique simple : «enfants» et «avant» (le temps heureux) sont constamment mis en parallèle : dans le leitmotiv, à la rime, dans l'ensemble du récit.

Mis à part la deuxième strophe dont le sujet est «je» placé dans une relation polémique de moquerie avec «quelqu'un», mis à part cette strophe, l'ensemble de la chanson de Lavoie a tout pour être «populaire» : son thème, sa simplicité, son instrumentation et ses crescendos pathétiques. Celle de Vigneault ne pouvait pas avoir autant de «succès» : la structure est rigide mais sémantiquement éclatée; le thème est ainsi très complexe, et même s'il s'apparente à celui de Lavoie (la moderne menace de sauter!), la chanson elle-même se propose comme menaçante, agressive, en dépit de la familiarité musicale apparente qu'elle dégage. Les apparences sont donc bien trompeuses, et l'espace nous manque pour poursuivre plus avant cette analyse. Revenons à nos tableaux.

Le tableau C traite du spectacle. Ce dernier est analysable lui aussi selon les différents niveaux de signification qu'il manifeste et articule. Mais il n'est pas toujours facile de décortiquer ce qui relève à proprement parler de l'émission ou du visuel, de distinguer ce qui a trait à une stylistique de la voix et de l'instrument musical d'une part et ce qui relève des techniques de sonorisation d'autre part, sans oublier les aspects visuels et scéniques de cette sonorisation elle-même; et que dire de toute la mise en scène du spectacle, lui-même véritablement essaim de signifiants.

Le tableau D se veut une synthèse des opérations de prise de son et de mixage ainsi que des différents intervenants qui concourent à la réalisation du phonogramme. Dans le n° 83 de *Québec rock* (juillet 1984) consacré au studio d'enregistrement, on retrouvait un article intitulé : «Comment fait-on un disque?». On y étudiait avec beaucoup de clarté les trois grandes étapes de la réalisation d'un disque :

Spectacle C

paroles	musique	visuel de la chorégraphie (rituels)
diction chant	jeu instrumental	gestuelle chorégraphie mise en scène accessoires maquillage costumes décors éclairage

version étendue

+ facteurs supra-segmentaux de stylistique

rendus visibles par l'émission
(la gestuelle d'une production sonore vocale et instrumentale)

sonorisation
les techniques de manipulation
+ ses aspects visuels

+ scénographie
tous les aspects visuels du spectacle

fonctions du langage (Jakobson)	
comportements communicatifs (Scheflen)	
ÉTIQUE	ÉMIQUE

N.B. : Ce tableau ne serait complet que si nous lui ajoutions des indications concernant la mise en marché, la gestion, la gérance et la réception. Nous avons remédié à cette lacune en proposant à la fin de notre travail un modèle de fiche technique, valable pour toute chanson, quel que soit son support.

172

1) La pré-production, c'est-à-dire la planification des opérations qui mèneront à la bande-maquette ou démo, celle-ci devant transmettre l'«ambiance» d'une chanson, la valeur des arrangements efficaces (et moins leur exécution parfaite); sur le plan technique, l'artiste peut ici s'en remettre à l'opérateur de studio qui lui fournira l'aide nécessaire.

2) La production de la bande-maîtresse, là où s'imposent des choix importants : le studio, l'opérateur, les musiciens, le réalisateur, le déroulement des enregistrements jusqu'au mixage final. Le travail en studio augmente la possibilité de traiter les sonorités et d'atteindre la cohérence, la consistance et la constance dans le produit final. Ce dernier est en effet le résultat de tous les éléments enregistrés (instruments et voix) qui ont été mélangés, dosés, traités, et envoyés sur bande magnétique stéréo double piste.

3) La post-production. C'est ici qu'intervient la maison de disque (et le technicien du son) : gravure des matrices, pressage des copies, conception-impression de la pochette du disque, mise en marché, ce sont là les étapes classiques de la réalisation du phonogramme. Pour la mise en marché, la compagnie de disque fournira les services de représentation, de distribution, de promotion et de marketing, services indispensables à la circulation du produit et des discours le concernant, que ce soit chez le disquaire, à la radio ou ailleurs.

Il n'est pas dans notre intention de décrire d'une manière aussi détaillée les tableaux qui suivent. Le lecteur aura compris l'esprit dans lequel s'inscrit l'ensemble de notre travail. La description de certains secteurs d'activité exige d'ailleurs des compétences que nous ne saurions même envisager. Nous laissons donc à chacun le soin de compléter et de corriger ce que certains tableaux peuvent avoir d'incomplet ou de grossier, surtout en ce qui a trait à la fabrication, au marketing et à la gestion. L'interdisciplinarité a ses limites. L'organigramme séquentiel d'ensemble nous apparaît tout de même pertinent et opératoire. Il nous reste à le raffiner.

Phonogramme D

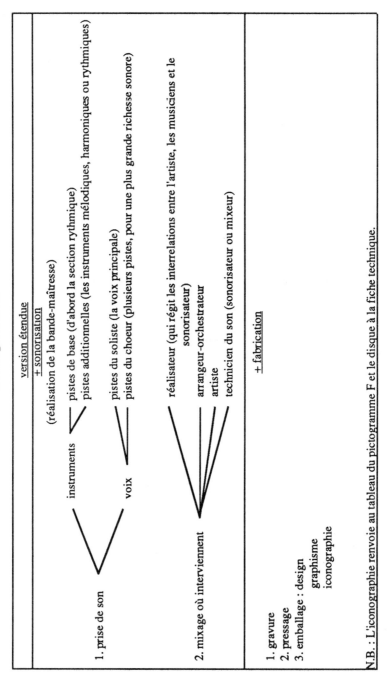

version étendue

+ sonorisation
(réalisation de la bande-maîtresse)

1. prise de son
- instruments
  - pistes de base (d'abord la section rythmique)
  - pistes additionnelles (les instruments mélodiques, harmoniques ou rythmiques)
- voix
  - pistes du soliste (la voix principale)
  - pistes du choeur (plusieurs pistes, pour une plus grande richesse sonore)

2. mixage où interviennent
- réalisateur (qui régit les interrelations entre l'artiste, les musiciens et le sonorisateur)
- arrangeur-orchestrateur
- artiste
- technicien du son (sonorisateur ou mixeur)

+ fabrication

1. gravure
2. pressage
3. emballage : design
   graphisme
   iconographie

N.B. : L'iconographie renvoie au tableau du pictogramme F et le disque à la fiche technique.

174

Vidéogramme E

version étendue	+ cinématographie	
1. scénarisation		
2. mise en scène accessoires et décor / costumes et maquillage / éclairages		
3. gestuelle et chorégraphie		
4. tournage, découpage et montage	——— cf. Spectacle C	
+ sonorisation	——— cf. Phonogramme D	
+ fabrication	(techniques cinématographiques de reproduction de l'image et du son)	
Cf. la note du tableau C.		

Pictogramme F

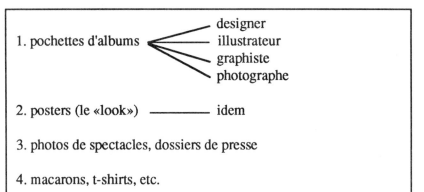

1. pochettes d'albums — designer / illustrateur / graphiste / photographe

2. posters (le «look») ——— idem

3. photos de spectacles, dossiers de presse

4. macarons, t-shirts, etc.

Fabrication 1.2

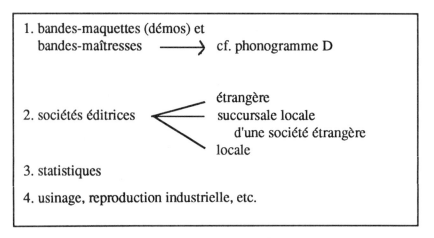

1. bandes-maquettes (démos) et bandes-maîtresses ——⟶ cf. phonogramme D

2. sociétés éditrices — étrangère / succursale locale d'une société étrangère / locale

3. statistiques

4. usinage, reproduction industrielle, etc.

Mise en marché 1.3

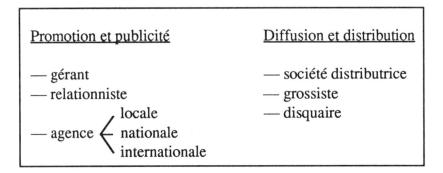

Promotion et publicité

— gérant
— relationniste
— agence ⟨ locale / nationale / internationale

Diffusion et distribution

— société distributrice
— grossiste
— disquaire

RÉCEPTION II

Public large	Public restreint
Manifestations de l'autonomie du champ (showbiz)	Récupération de l'autonomie de la production commerciale (large) par le champ de production restreinte qui lui accole ses critères d'évaluation, de classement et de sélection :
— publicité — journaux, revues et publicité indirecte — galas et talk-shows (les prix) — plusieurs interprètes pour une même chanson — associations temporaires d'artistes (et de producteurs) — rééditions (cd) : anthologies, disques d'or, de platine... «Greatest Hits» — métalangage autoréférentiel : vidéo sur disque, disque sur disque	— la critique — l'appareil scolaire : la chanson comme outil pédagogique ou comme objet de recherche — l'appareil politique : perception et utilisation de la chanson pour des causes nationalistes, syndicales, anarchisantes, etc.
Extension du champ :	
— théâtre (comédies musicales) — cinéma — livres (biographies, paroles de chansons, etc.) — design (vêtements, posters, etc.) — publicité associée à d'autres produits — extension géographique de la performance (en direct et/ou en différé) : tournées, adaptations, traductions, radios... et toutes les exportations du produit.	
Public très large :	
— radio, «petits journaux zartistiques», télévision, etc. — les cotes, les «charts», BBM, etc.	

GESTION III

Les intervenants

— sociétés de gestion, de perception des droits
— l'ADISQ
— sociétés gouvernementales et ministérielles

GÉRANCE IV

Les intervenants

— l'imprésario, l'agent artistique
— l'organisateur (de festival, par exemple)
— le conseiller artistique (le réalisateur)
— le producteur du spectacle, le promoteur local
— l'agence de placement

Les opérations

— maintenir le «look» d'une vedette
— rechercher de nouveaux talents
— rechercher des sources de financement

N.B. : Rappelons que le «booker» ou le «booking agent» cumule diverses
fonctions. Il faut lire le «répertoire des ressources» dans *L'industrie de la musique
au Québec* de François Arcand, M.A.C., 1980.

L'utilisation *théorique* de tous ces tableaux est évidente : intérêt sociologique avec le tableau du champ de production (de discours) de la chanson; intérêt méthodologique avec l'analyse de la version étendue par exemple. Leurs utilisations concrètes sont aussi multiples :

— description et classification des produits et, par extension, élaboration d'une stylistique et d'une typologie;

— raffinement de l'analyse «critique» en ne se cantonnant pas à une étude interne d'objets isolés mais, au contraire, en «réfléchissant» ces objets à l'intérieur du système qui les rend possibles; on privilégie ainsi une perspective sémio-sociologique à la Umberto Eco et à la Baudrillard;

— identification, positionnement et délimitation des fonctions des différents intervenants du champ.

Pour l'étude des objets isolés, des supports matériels tout particulièrement, on a pensé dresser une *fiche technique*, très descriptive, qui permettrait

— de mémoriser une somme considérable de données,

— de classer les produits selon différentes entrées (à «parolier» par exemple ou «pochette» de disque, etc.),

— de reconstituer le modèle sémio-sociologique et sa double entrée :

    — en différé : —la version de base et la version étendue
        (l'imprimé)
        —le disque (la sonorisation)
        —le vidéo (la scénarisation)
    — en direct : la scénarisation au complet (tout ce qui
        s'ajoute au différé),

— de reconstituer le modèle séquentiel de la production, de la circulation et de la réception des produits.

Bref, cette fiche technique de description permettrait de rendre compte de manière très économique de la naissance, de la survie, donc des transformations et des migrations d'une chanson (vidéo, album).

Fiche technique

Titre : chanson _____
      album/vidéo _____

Canal (onde)   sonore visuel

Code (modulation)   paroles musique icône graphe

Support matériel   statut : permanent   transitoire
                     actif   passif
          forme : cylindre
                 disque 78   album simple
                         45   double
                         33   coffret
                         12"
                 disque laser
                 cassette 8 pistes   vidéo   film
                        4 pistes   vidéoclip   télé
                 pochette de disque
                 poster
                 programme
          substance :   originale   copie

Version étendue de la partition   auteur
                                         traducteur
                                         compositeur
                                         interprète
                                         arrangeur
                                         adapteur
                                         orchestrateur

Sonorisation   studio d'enregistrement
                   réalisateur
                   technicien du son
                   musiciens :   soliste
                                    accompagnateur
                   «hardware» :   appareil
                                  encodage

Cinématographie   studio
réalisateur
technicien de l'image
scénariste
«hardware» :   appareil
                          encodage

Design   photographe
graphiste

Édition   éditeur
date
lieu
type d'édition : originale
                   adaptée :   traduction
                               adaptation
                 réédition :   collection d'auteur
                               anthologie

Fabrication   compagnie

Mise en marché   distributeur
grossiste
disquaire

Publicité   agence
relationniste

Réception   (dossier de presse)
statistiques
comptes rendus :   médias écrits : journal
                                   revue
                                   livre
                médias électroniques : radio
                                      télévision

              consécration : interne :   prix
                                  galas
                                  talk-shows
                      externe :   passage à d'autres champs

Tout en souhaitant que ces quelques réflexions méthodologiques puissent être utiles, nous sommes conscients qu'elles ont besoin d'être poursuivies, potassées à nouveau, toujours dans le but de mieux faire connaître les mécanismes de fonctionnement de cette merveilleuse pratique qu'est la chanson.

La production industrielle
et la chanson populaire

Jacques Julien

Il sera ici question de la chanson de production et de consommation de masse. Selon une typologie sommaire, il s'agirait donc de la chanson de variétés. Celle-ci porte de nombreuses traces de son association au modèle industriel. Quelques-unes de ces marques sont gravées dans la facture même du produit, d'autres tiennent aux étapes de sa mise en marché et de sa réception. C'est donc par le biais d'une sémio-sociologie qu'on peut approcher tout le phénomène.

En étudiant les rapports qu'entretient un produit culturel avec la production industrielle, on se laisse souvent emporter par un point de vue apologétique. Des thèses contraires et contradictoires sont défendues par les tenants d'une inspiration «démoniaque» et par ceux d'une production affairiste. Il faudrait plutôt tenter une voie médiane qui ne serait ni la terreur de Cassandre ni l'ébahissement de M. Jourdain.

De plus, quels que soient les dehors scientifiques dont on veut parer la recherche en sciences humaines, il faut avouer que la matière culturelle ne peut pas être abordée sans certains *a priori*. Le chercheur ne peut dissimuler qu'il est aussi son principal informateur. À mon point de vue, rien ne justifie d'adopter un jansénisme in-

183

tellectuel (tartuferie plutôt?) qui veut exorciser cette présence gênante du soi. Au contraire, il faut y mettre du sien.

À titre d'informateur privilégié, j'annonce donc, dans ma connaissance de la chanson, la coexistence de galaxies aussi éloignées que celles, pour ne retenir qu'un registre d'homonymes, de Georges Guétary, Georges Brassens, George Harrison et Boy George. Ce faisceau d'extrêmes expose l'angle panoramique de la chanson populaire en même temps que la permanence d'un fond où les généalogies peuvent batifoler.

J'indique par là aussi le roulement accéléré du répertoire. Cette mobilité est d'ailleurs mise en évidence dans la sphère bureaucratique par la succession des analyses gouvernementales.

C'est dire que, de cette matière mouvante et de son écho répercuté, je ne retiendrai qu'un fragment, le plus sonore d'ailleurs et le plus accrocheur. On prendra pour acquis l'écriture permanente de réseaux parallèles, alternatifs, qui ne transparaissent pas dans les cotes et dans les courbes de l'industrie.

SCIENCES HUMAINES ET INDUSTRIE

La production de type industriel occupe largement le champ de plusieurs travaux sur la culture. Symptôme ou indice, l'I.Q.R.C. a publié une recherche intitulée : *La culture : une industrie?*. Je soupçonne qu'il y ait quelque jouissance pour les artistes et pour les intellectuels à s'approprier le jargon et le profil des sciences exactes (courbes, statistiques, analyse de marché, etc.). On espère sans doute ainsi faire mouvement en direction des secteurs financièrement sains et robustes. Faut-il rattacher aussi cette tendance à la séduction générale exercée par le leurre conservateur qu'on maquille sous les couleurs d'une approche dynamique et réaliste du marché?

En même temps, cette tendance globale coïncide avec la prédominance de la sociologie sur les autres modèles. Tout ce qui a une incidence socio-économique est surévalué par une pseudo-analyse qui n'est souvent qu'une caution.

Une partie de ceux qui se désignent comme sociologues ou économistes sont des *ingénieurs* sociaux qui ont pour fonction de fournir des recettes aux dirigeants des entreprises privées ou des administrations. Ils offrent une rationalisation de la connaissance pratique ou demi-savante que les membres de la classe dominante ont du monde social. Les gouvernants ont aujourd'hui besoin d'une science capable de *rationaliser*, au double sens, la domination, capable à la fois de renforcer les mécanismes qui l'assurent et de la légitimer[1].

Assez curieusement, cette fascination pour une sociologie de la production industrielle n'a pas évacué la répulsion face au concubinage de l'art et du capital. Dans le document de l'I.Q.R.C., par exemple, l'interrogation du titre est plutôt optative : que la culture ne soit pas une industrie! Il est important de relever cette duplicité du discours tenu aussi bien par les artistes que par les technocrates. On persiste à broder sur le thème rimbaldien du créateur maudit, solitaire et pauvre. En même temps, on endosse le trois-pièces sombre à rayures fines pour vanter et encourager le libre-échange, appeler l'effondrement des petits pour la prospérité des gros. «Faut leur montrer qu'on est les meilleurs dans toutt», disait Charlebois. Quitte à se rabattre, quand la lutte est trop dure et que vient la disette, du côté de la providence gouvernementale.

C'est en tenant compte de ces équivoques que j'adopte le point de vue de la chanson populaire comme produit de l'industrie. Il s'agira donc d'une production de masse rattachée à la fois au réseau de la communication de masse et aux lueurs du show-business. Tout comme le cinéma (et c'est une comparaison que le vidéo accuse), la chanson populaire est le fruit du rêve («dream comes true») et du calcul. La matière première comporte deux composantes qu'on peut décrire par analogie avec le monde informatique : une composante molle (le «software») que sont les paroles et la musique, et une composante dure (le «hardware») que sont les appareils d'enregistrement et de reproduction et les supports de la performance en différé. Et tout comme pour l'informatique, il y a interaction entre les deux composantes majeures.

INDUSTRIE ET CHANSON : CONNIVENCES

On peut rendre compte du type de relations entre la chanson et l'industrie en dressant un inventaire des ressources et des exigences de chaque partie. D'une façon très générale, je dirais que la production industrielle se caractérise par certaines politiques que je formulerai ici sous forme de propositions :

1. le design d'un modèle simplifié de la chanson populaire;
2. la sélection de produits reproductibles;

3. la restriction de la production en vue de la rentabilité, ce qui entraîne une sélection plus sévère des innovations et le recours aux «remakes»;

4. l'organisation de la facture de l'objet autour de procédés iconiques afin de favoriser une consommation rapide et réflexe;

5. l'imposition du produit aux consommateurs par l'impérialisme culturel des diffuseurs;

6. la priorité accordée aux éléments de la technologie («hardware») aux dépens des éléments créatifs («software»);

7. le jeu du libre marché, étant entendu que l'opération se fait au profit des sociétés qui dominent le marché;

8. la production industrielle s'accommode mieux d'une idéologie conservatrice : la réussite personnelle, Dieu, la famille, la patrie sont aussi les valeurs que véhiculent les institutions métalinguistiques du show-business : journaux à potins, «talk-shows», galas, etc.

Appliquées au produit chanson populaire, ces exigences de l'industrie se nourrissent de certaines composantes traditionnelles des genres qu'elles exacerbent et réduisent en formule. On en retrouverait l'ensemble dans une poétique de la chanson populaire. Je n'en relèverai que quelques-unes qui font de la chanson une matière première attrayante, acceptable et rentable.

La chanson est une forme brève. Elle a un impact rapide et une consommation massive et continuelle. Sa reproductibilité se fonde sur certaines structures typologiques de même que sur la fabrication et la mise en marché de supports multiples et d'appareils sophistiqués. Autant d'éléments qui signalent la chanson aux investisseurs, à la fabrication manufacturière et à la mise en marché de masse.

Ce n'est pas d'hier que se manifestent des heurts entre celui qui paie et celui qui crée. Les biographies de musiciens résonnent des plaintes qu'arrachent aux artistes le manque de goût des patrons et les contraintes imposées. C'est ce qu'explique Stéphane Venne quand il affirme que : «Dans le métier que j'exerce, cette sorte de dépendance a aussi des conséquences esthétiques, il va de soi. Votre client a toujours raison, même quand vous trouvez qu'il n'a pas de goût ou qu'il a tort : il paie, donc il ordonne[2].»

Ce qui est nouveau aujourd'hui, c'est la pression efficace et systématique exercée au plan de la conception par les décideurs du marché, c'est-à-dire les investisseurs, les producteurs et les diffuseurs.

C'est ainsi qu'on peut revoir certaines contraintes propres à la facture de la chanson populaire et indiquer leur rapide évolution vers la production industrielle. D'abord la brièveté. Boris Vian a parlé des deux minutes trente secondes que le 78 tours a imposées à la chanson. «Il est fini le temps des complaintes en trente-deux couplets. Les 2 minutes 30 du disque 78 tours ont accoutumé le public à une chose précise; et l'Amérique, qui nous précède souvent dans le lancement des modes commerciales, en est déjà à la chanson d'une minute et demie à deux minutes[3].»

À la sortie de son microsillon *Super position*, Robert Charlebois soutenait que le médium exigeait maintenant des textes de vingt lignes au maximum[4].

Georges Brassens et Boris Vian ont souvent mentionné aussi la chute (le «punch») nécessaire en fin de couplet et en fin de chanson. Dans un article de *Rolling Stone*, Kenneth Turan démontre que ces petits rebondissements sont devenus tout le ressort de la chanson sur vidéoclip. «Unfortunately, the kind of visual style that groups both known and unknown inevitably employ is as unvarying as the Lord's Prayer[5].»

Depuis toujours, dans la typologie classique, la chansonnette a témoigné de ce recours constant aux recettes, aux trucs, à ce qui marche, au commercial facile. Le mercantilisme était alors un lieu d'affrontement entre la «grande» chanson (à texte) et la chanson kétaine. Aujourd'hui, tous doivent y passer, et ce sont maintenant comme de jolis bibelots d'inanité sonore qu'on entend vibrer à l'infini. Ultimement donc, la production industrielle tend à la folklorisation, sinon à la banalisation des styles. Ce qui était donc une tendance qu'on peut qualifier d'artisanale est devenu une pratique systématique exigée par la reproductibilité, assise fondamentale d'une production industrielle rentable.

Cependant, conformément aux mises en garde inévitables, il faut enregistrer de possibles dissidences. Puisqu'il s'agit d'une production culturelle, le système est gros et fort de sa propre contestation. On y trouve donc des productions déviantes qu'il essaie bien sûr d'encadrer, d'intégrer, d'anticiper ou même de produire artificiellement. Au Québec, cette résistance se fait bien entendre par moments dans la chanson des femmes «rockeuses» que nous montre le vidéo *On fait toutes du show-business*.

Toujours sur le plan de la facture, la pression industrielle s'exerce sur tous les éléments rythmiques. On pourrait recenser l'arsenal rutilant des batteries électroniques, elles-mêmes parfois complètement remplacées par le travail amplifié d'un ordinateur. C'est alors le foisonnement des formules répétitives formées sur les boucles du BASIC (Goto) et suggestives d'une robotisation cousine des pas de l'oie fasciste. C'est aussi la pétarade de bruits imitatifs empruntés au répertoire de *La guerre des étoiles* et des jeux d'arcade.

Comme en littérature, ce branchement informatique est l'objet d'un fétichisme et d'un discours de la méthode. La composition d'une chanson, témoigne David Foster, s'en trouve transformée :

> (...) just plug in a drum machine. And it's made songwriters go in an entirely different direction. It's made average songwriters be good songwriters because you can plug in the drum machine and all of a sudden you have a groove. And you can program a bass part into the sequencer and it'll play back without you having to play it. And on and on. You can literally build a whole track and not really know what you're doing. So it's made average songwriters good and good songwriters great and it's made songwriters producers and musicians producers (...)[6].

Pour les musiciens savants qui veulent ennoblir la chanson populaire, ces petites mixtures cybernétiques l'apparentent à la musique minimaliste d'un Steve Reich ou d'un Philip Glass. (N'y aurait-il pas aussi du Mahler chez Lionel Ritchie?)

De plus, les formules rythmiques sont projetées par une amplification à outrance. Conçue traditionnellement comme assise de l'orchestration, la section rythmique s'est gonflée au point de noyer complètement le reste de l'instrumentation. Sur les supports en différé, un volume d'écoute optimal est censé maintenir un équilibre entre les graves et les aigus. À condition, bien sûr, d'avoir le bon système. Sinon, passez chez votre quincaillier. En spectacle, dans les grands espaces, c'est la batterie qui malaxe la musique. Elle réduit la chanson à un massage sonore rudement conatif! On l'a bien éprouvé au Stade olympique avec le spectacle rose de Diane Dufresne.

L'enfant chéri de l'industrie du son, c'est évidemment la quincaillerie. Les catalogues et les revues abondent, vantant les derniers produits branchés : magnétophone, walkman, magnétoscope, disque compact, etc. Du point de vue appareillage, c'est la performance en différé, savante, dosée, raffinée, avant-gardiste qui s'impose comme matrice dont la performance en direct, si elle doit jamais avoir lieu, devra fournir la copie conforme.

> With a system that airtight (...) some rock artists have made nice reputations for themselves, thank you, without having to soil the hands of a single roadie[7].

188

For many people, video-clips are a performance substitute (...). Unfortunately, concerts are starting to resemble television substitute[8].

LA REPRODUCTIBILITÉ

On ne parle plus seulement de la production en série des supports physiques de la chanson. Cette tendance est déjà inscrite dans les copies manuscrites et se trouve toute moderne dans l'impression des recueils et des petits formats. Ce qui est nouveau, c'est la reproduction systématique d'un genre, forme et contenu. La reproductibilité sélectionne dans la typologie les genres dont la grammaire est la plus rudimentaire, la plus susceptible d'une systématisation.

L'industrie a horreur du vide. Puisqu'il s'agit d'une production en série, chaque composante est susceptible d'une fabrication autonome, à la pièce. Paroles, mélodies, thèmes, arrangement, instrumentation, personnages-vedettes, prises de son, prises de vue, pochettes, posters : il n'est pas un élément de la chaîne qui ne puisse être reproduit, réarrangé, agrandi et fractionné pour créer de nouveaux kits. On prévoit aussi d'autres débouchés pour recycler des portions de la performance. Ce sont les «lignes» du vêtement (t-shirts, jeans), de la coiffure, du cinéma, du gadget (break dance) qui s'enclenchent sur celle de la chanson populaire. La production de masse se ramifie aussi au domaine des biens de service. Les campagnes de financement, la publicité des agences gouvernementales, les campagnes civiques et humanitaires (Éthiopie) entrent en interaction avec les productions rythmiques les plus commerciales.

SÉLECTION, ÉLIMINATION

C'est au nom de la rentabilité que les compagnies productrices justifient une sévère sélection. Ceci consiste bien sûr à se fier uniquement aux valeurs certaines, c'est-à-dire aux gros noms dont la capacité de vente est démontrée. L'écart se creuse donc entre une poignée de vétérans qui se maintiennent et une hypothétique relève. On retrouve une sorte de reaganomanie que souligne Jon Pareles quand il passe en revue la production de 1984.

What seems to be happening is a sort of rock Reaganomics, as the richest part of the record business pulls away from the rest of it. Chart toppers, with enough capital behind them to market them across the universe, blanket the media and make a humongous profit. Down below, the also-rans starve or scrape by, minus a safety net : don't look for independent labels in the Top 200 without a magnifying glass. Apparently record buyers aren't willing to take many chances on unexposed music. Just as in the supply-side economy, nothing down from the top[9].

Curieusement, cette éthique industrielle trouve des connivences dans le credo des artistes. À l'idéologie conservatrice de la libre entreprise, correspond l'appel au talent et au professionnalisme. Se voyant comme les tâcherons de la chanson, les artistes s'auto-critiquent et s'auto-censurent. «Le système est bon», disent-ils. «Il faut travailler davantage. Try a little bit harder. Les travailleurs perceront toujours.» Ce panégyrique du «workaholic» est aussi un morceau choisi d'une anthologie consacrée à la production industrielle de masse. Il rattache l'artiste-producteur à la grande confrérie exemplaire des «executives» blancs chez IBM, ITT, AT&T autant que chez McDonald. C'est la confrérie de ceux qui réussissent dans le système et dont la saga est donnée en paradigme aux générations montantes.

ICONISME

La dominante d'une production industrielle de masse porte vers une schématisation du produit. Au niveau de la facture et de la gestion, cela se traduit par un recours outrancier à l'iconisme. Tout en reconnaissant une lointaine filiation peircéenne, l'iconisme est d'abord pris ici dans son sens banal d'illustration par imitation. Il est ainsi la forme la plus facile pour un système à double encodage comme la chanson populaire. Les rapports entre la musique et les paroles sont alors régis par toutes les combinaisons possibles d'une équivalence basée sur les éléments patents d'une sémantique superficielle et routinière. J'ai suggéré plus haut quelques exemples empruntés à l'orchestration informatisée. On pourrait signaler aussi les lieux communs d'un maniérisme vocal et/ou instrumental tel que dégagé par une stylistique associée à une typologie, la pacotille des accessoires et les redites de la mise en scène. La production d'une chanson industrielle est, somme toute, la mise en œuvre débridée d'un jeu de citations endogènes et exogènes. À la limite, on aboutirait à un tourbillon narcissique dans lequel s'insère le consommateur, comme pour s'agripper à un comportement social.

Cette tendance à la formule imitative dans l'encodage de base reçoit aussi son prolongement visuel. C'est le «look» de la vedette, raccroché de près ou de loin au système de la mode : androgynie, homosexualité, punkitude, néo-rococo. Le vidéoclip, le graphisme des pochettes et des posters, les revues et les journaux sont là pour imposer et diffuser l'imagerie visuelle.

Par-delà cet aspect banal de l'iconisme, on trouve une dimension moins connue, présente aussi dans les suggestions de Peirce. Je veux parler de la gestion par diagrammes dont l'usage, avec celui des statistiques, serait l'outil de base d'une gestion rentable. C'en est tout aussi l'emblème quasi héraldique : la flèche pointe-t-elle vers le haut, l'économie est sauve; si elle pique vers le gouffre, rien ne va plus. Dans les bureaux et dans les officines bureaucratiques, la flèche rouge sur fond quadrillé préside aux destinées des entreprises. Pour la chanson populaire, la fixation de la valeur marchande d'un titre, d'un album ou d'un vidéo tient à l'écho que répercutent les cotes du BBM.

Du côté de la réception, ce sont les mêmes instruments qui permettent de préjuger des goûts du public le plus large. Le raisonnement relatif à «le monde aime ça» s'articule sur les cotes saisonnières. Ainsi, entre l'artiste et le public, en parallèle à l'outillage technique, s'érige un appareillage gestionnaire dont l'un et l'autre sont otages. Si l'exigence d'adéquation voulait que la description ressemble à l'objet décrit, et donc que les diagrammes illustrent une réalité économique dans la fiction publicitaire, c'est plutôt le contraire qui survient. Participant au même mouvement de distanciation et de miroir, le diagramme est un stimulus orienté qui doit modeler le comportement du consommateur. Il sert aussi d'argument massue aux gestionnaires et aux gérants dans l'imposition des choix esthétiques.

LA DIFFUSION

La production industrielle d'un produit culturel se marque dans sa fabrication mais transparaît aussi dans sa mise en marché. Ce n'est pas seulement l'appareillage technique qui s'est perfectionné. La production industrielle, n'est-ce pas l'art de la vente, de la mise en marché, de la publicité. En ce qui concerne la chanson populaire, la radio demeure (l'est-elle ou veut-on le faire croire?) le médium le plus puissant pour mousser la promotion du produit. Plus de 60 % des ventes de disques seraient assurées par le passage à la radio. Dans ces conditions-là, on ne s'étonne pas de voir les stations exercer une certaine dictature. Il pourrait s'écrire des chapitres sur les relations entre la radio et la chanson. Je n'aborderai le sujet qu'en passant. Le renouvellement des licences devant le CRTC met à jour des révélations étonnantes[10]. L'institution fédérale impose une identification de départ (rock, AOR, MOR, dance music, etc.) à laquelle les diffuseurs agressifs tentent sans cesse d'échapper pour s'approprier une portion plus large du public. De plus, la définition d'un contenu canadien, si laxiste soit-elle, paraît encore trop chauvine pour ceux qui ne jurent que par les cotes, les sondages et les 40 grands succès. Dans les stations qui «marchent», la sélection des titres se fait, en dépit de tout le discours sur une gestion objective, à partir de pulsions instinctives parfaitement arbitraires[11]. Alors, que signifie exactement l'adage : «le public aime ça»? Finalement, et c'est par là que la boucle se boucle, la radio comme transmetteur veut influencer la forme et le contenu du produit. «S'ils veulent tourner chez nous, disent les disque-jockeys, ils n'ont qu'à produire le style de chanson qui tourne chez nous!» Autre face du même disque : «À force d'écouter le son de telle radio, dit l'auteur-compositeur, tu finis par écrire dans le même style.»

CONCLUSION

Pour tout dire, la production industrielle ne constitue qu'un volet de l'activité culturelle. Des motifs économiques, sociaux, des innovations techniques et des incertitudes épistémologiques lui ont permis d'occuper toute la place. La conséquence la plus apparente et la plus grosse d'effets est la distorsion que ses propres supports font subir à la chanson.

Prenons les consommateurs. Le vidéoclip, raccroché à la montée spectaculaire du magnétoscope, fait en sorte que la chanson doit être vue autant qu'entendue. Le sens n'est plus le résultat d'une algèbre des structures mais un effet du «look», de la semblance, du paraître. La chanson est un produit qu'on sélectionne sur l'image, au comptoir, tout comme son t-shirt, sa gomme à mâcher, sa liqueur douce ou son lait, bref son paraître-avec. Qui chante et quoi au juste? «Who cares»! C'est la chanson qui va avec le walkman, le magnétophone extroverti, les cheveux montés en gelée et les chaussettes lime.

Et les créateurs dans tout cela? Ils suivent le mouvement. (Je parle des industrialisés, pas des artisans, des peaufineurs, des oracles.) On cherche son créneau, on lance son produit, on entretient son «look», on se vend, soi, comme automate à musique. Passage des publicistes et des «media men» dans la chanson : Bowie et Gotainer. Ne pas faire de vagues, mais en enfourcher une, la bonne, qu'on surfera jusqu'à la prochaine.

C'est du moins le scénario qu'imaginent les diffuseurs et les gestionnaires. L'artiste et le public sont tenus en otages, ostracisés l'un et l'autre et manipulés par le *factotum* industriel. Il reste tout de même une ressource — pas la plus payante, c'est le hic — qui fasse contrepoids aux lourdeurs industrielles. C'est la tournée, le spectacle, la performance en direct. Pas la performance copie conforme du vidéo ou du disque, mais celle-là, interactive, où le public et l'artiste, par les appareils qu'on voudra, se retrouvent branchés à/pour l'oxygène d'une chanson.

Notes

1.   Pierre Bourdieu, *La recherche*, n° 112, juin 1980, p. 741.

2.   Mémoire présenté au ministère des Affaires culturelles, 1984.

3.   Boris Vian, *En avant la zizique*, Paris, 1966 (1971, 10/18), Éditeurs français réunis, p. 54.

4.   *Le Soleil*, 6 avril 1985, p. D-3.

5.   Kenneth Turan, «The Art of Revolution», *Rolling Stone*, n°s 437-438, December 1984-January 1985, p. 132.

6.   David A. Grierson, «David Foster», *Canadian Musician*, March 1985, p. 37.

7.   Kenneth Turan, «The Art of Revolution», *Rolling Stone*, n°s 437-438, December 1984-January 1985, p. 75.

8.   Jon Pareles, «Work Hard, Play Hard», *Rolling Stone*, n°s 437-438, December 1984-January 1985, p. 135.

9.   *Idem*, p. 137.

10.   Qu'on relise : Nathalie Petrowski, *Le Devoir*, 30 mars 1985, p. 30 et Louise Cousineau, *La Presse*, 26 mars 1985, p. B-1.

11. Mireille Simard interviewe François L'Herbier (CKMF) et Bob Beauchamp (CKOI-FM) dans *Le Devoir*, 21 janvier 1984, p. 13 et 16.

Lecture politique de la
chanson québécoise

Bruno Roy

*Et les crapauds chantent
la liberté.*

Félix Leclerc

La chanson québécoise a duré assez longtemps pour avoir une histoire. Son territoire n'est pas qu'imaginaire. Devenue une marchandise politique qui a servi de lieu public d'échange, son influence dépasse son propre domaine. Son mode de représentation, variable selon les époques, appelle une analyse thématique qui ne convient pas entièrement à une analyse socio-politique du phénomène qu'elle constitue. Comment donc faire l'analyse politique de la chanson au Québec?

Il va de soi que les chansons ne peuvent être comprises en faisant abstraction de la société dans laquelle elles sont ou furent produites. Comme institution culturelle, la chanson québécoise apparaît sous la forme d'un système idéologique imposant une certaine forme de pensée et d'action. Il n'y a pas si longtemps encore, on la voyait comme une possibilité historique de transformation politique.

Au Québec, à travers les chansons, on peut donc retracer les marques d'une conscience nationale inquiète des perspectives d'assimilation qu'un environnement linguistique et géographique accentue. Réduire cette chanson à cette seule dimension n'offre cependant pas un tableau complet de la chanson et de son rapport au politique. La chanson folklorique comme symbole de résistance collective, la chanson patriotique en affinité avec la «durée française» en Amérique du Nord, la chanson engagée des années 60 liée à la question nationale, la chanson contreculturelle qui remet en question les fondements traditionnels de la contestation sociale, la chanson directement politique qui accuse le pouvoir et les gouvernements, telles sont quelques «formes» qui témoignent d'une conscience des rapports de force qui se sont concentrés dans la mémoire historique du peuple québécois.

Ce dont a parlé et parle encore la chanson, ce qu'on a dit sur elle et sur ses auteurs, les conditions de son évolution, tout cela appartient au contenu socio-politique du discours qui tente de la définir. Mon analyse s'éclairera, pour chacune des étapes qui ont marqué l'évolution historique de notre chanson, du discours idéologique qui la traversait. Et parce qu'elle s'inscrit aussi dans la chaîne des produits commercialisés, la chanson nous oblige à la questionner à travers les formes qui l'ont conduite à son état présent.

Maintenir à vif la conscience est peut-être la première efficacité de la chanson d'ici. En ce sens, toute expression culturelle au Québec qui a pris la forme d'une chanson et qui joue le rôle de conscientisation est facilement identifiable à un art engagé. On comprendra que, dans le cadre de ce court essai, cette pratique ne peut faire l'objet d'une étude détaillée. Par ailleurs, certaines contradictions accompagnent les manifestations de la chanson au Québec. Celles-ci sont en rapport direct avec la société d'où les chansons proviennent. Car ce qui fut un réveil politique dans les années 60, par exemple, n'apparaît pas aujourd'hui «aussi flamboyant que les chansons qu'il a suscitées[1]». Cela doit pouvoir s'expliquer.

L'APPARTENANCE MYTHIQUE

La forme première de la chanson politique fut folklorique. Cette chanson d'alors (1760-1840), bien avant d'être historique, s'est fait l'écho de l'actualité et des options journalières du groupe dont elle s'est fait le porte-voix. Car elle a exprimé les étapes d'un combat quotidien de l'existence collective.

Cette chanson sera circonstancielle et obligatoirement éphémère. C'est à la fois son dynamisme et son sort. Aussitôt que l'actualité changera, cette chanson aura perdu un peu de sa fonction sociale. Ainsi en était-il des chansons d'élection qui soulevaient, tout comme l'élection elle-même, une atmosphère toujours particulière.

La chanson politique, plus largement, était aussi l'occasion d'une verbalisation des sentiments de la population. Sans remettre en cause les institutions politiques et sociales, l'habitant canadien manifestait un esprit d'indépendance. Lequel esprit contestataire se résumait par sa désobéissance soutenue à l'endroit des gouverneurs et des intendants non canadiens. Indisciplinés, les Canadiens français ne s'écrasaient pas devant l'autorité royale. Revenchardes, leurs chansons vont opposer à un discours de soumission un discours de résistance. Il émet des doutes sur l'interprétation historique qui présente la société canadienne, après la Conquête, comme une société repliée sur elle-même. N'est-ce pas d'ailleurs ce que révèlent les chansons de cette époque : même soumis et repliés, les Canadiens français, surtout avant la rébellion de 1837-1838, ont gardé un «goût» d'insoumission. À l'égard du clergé, ce n'est guère plus complaisant. La chanson traditionnelle rejette le rigorisme et l'intransigeance de l'Église. Combien de (leurs) chansons font œuvre de chair plutôt qu'œuvre de foi. Et comme l'écrit Robert-Lionel Séguin : «Peur et contrainte n'étoufferont pas ce cri de liberté. Par nécessité, la chanson folklorique sera libertine et contestataire[2].»

Les chansons politiques retracent l'histoire de la résistance et de l'affirmation collective. Or, depuis la rébellion des Patriotes, le mouvement national et anti-colonial se fonde sur l'action de la petite bourgeoisie, laquelle s'appuie sur la société paysanne. Les chansons qui suivirent ces événements, en servant d'appoint à l'identification nationale, iront à l'encontre de l'idéologie dominante. Les chansons s'alimentent, comme toujours, aux événements liés à l'actualité. Elles parlent de problèmes qui se révèlent à l'attention du peuple. Voilà comment les luttes parlementaires constitueront le thème majeur des chansons de cette époque. En fait, de 1837 à 1950 environ, le projet de conservation et de survivance de la nation sera double : il aura le caractère catholique et français. L'expression idéologique, qui trouvera dans la chanson qu'on appellera patriotique un véhicule populaire, confie sous la forme d'une mission apostolique un mandat universel : construire au Canada une Nouvelle France dont les frontières religieuses et civilisatrices enrichiraient l'humanité entière.

Ce qui domine, c'est de rester français. L'attachement à son «pays natal» est indéfectible. La chanson patriotique est devenue, comme la fête commémorative, le véhicule de cette «pensée secrète d'une race[3]». Ici, le culte du héros sera une manifestation du culte patriotique. L'on se doute bien que l'incontestable supériorité de la race n'est pas innée. Les chants patriotiques, en renvoyant à notre passé national, lient directement notre avenir à ce passé glorieux. Cette chanson est d'autant plus vive qu'elle élabore les traits communs qui lient les héros au peuple. De même que le héros grandit par ses exploits, le Canadien français en pense plus long sur lui-même.

La réalité restera donc apparemment inchangée. Le champ des luttes s'étant élargi, liant langue et foi, héros et prophètes, drapeaux et évangile, la chanson entreprendra son «œuvre d'éducation nationale». Les chansons patriotiques le disent : c'est un devoir d'obéir aux valeurs tirées de l'histoire. Le mythe de la mission providentielle servira de référence majeure à l'idéologie politico-religieuse et à son corollaire appliqué au social, l'idéologie ruraliste. La chanson ne sera que le reflet de cette idéologie : du chant patriotique à *La bonne chanson*. Peut-on parler de «stérilité du peuple»? Edmond de Nevers est bien tenté de répondre avec sévérité : «Nous sommes restés patriotes, mais de ce patriotisme inactif et aveugle dont on meurt[4].»

L'appartenance mythique, certes, c'est aussi idéologique. Une conscience collective qui ne nous renvoie qu'à notre passé national sous forme de «patrimoine culturel» est en elle-même incapable d'assumer l'essor des valeurs modernes. C'est ainsi qu'une certaine folklorisation de nos symboles «nationaux» a fait perdre au chant patriotique le sens premier des événements. Ceci a été démontré : le colonialisme culturel consiste à éliminer la conscience de l'événement en élevant celui-ci au rang de symbole.

Il n'y a pas à se surprendre que l'entreprise de l'abbé Gadbois, *La bonne chanson*, ait collaboré, dans les années 40, au renforcement de l'idéologie de survivance et de conservation. *La bonne chanson* participe à cette idéologie qui consiste à retrouver cette vision spiritualiste du monde qui a animé nos ancêtres, redressant ainsi cette vision matérialiste réinstallant le règne de Dieu là où, semblait-il, la pratique religieuse s'était affaiblie. Inscrite dans l'esprit traditionaliste et paysan, *La bonne chanson* combat la mentalité urbaine en défendant un modèle de comportement dont la valeur est éminemment morale. Devant l'engouement pour la chanson américaine, pour la chansonnette française, pour la radio, l'abbé Gadbois déplore l'affaiblissement de l'esprit français; il condamne son esprit de plus en plus matérialiste.

Prolongeant le chant patriotique et les valeurs de sauvegarde, *La bonne chanson* est de son époque. La cueillette des chansons traditionnelles, aspect essentiellement ethnographique, va constituer l'autre versant de l'âme canadienne dont il devient impérieux de sauvegarder les traits. Par leurs recherches, les folkloristes[5] ont d'abord voulu sauver un patrimoine menacé par la disparition de la tradition orale. En effet, le phonographe et la radio allaient irrémédiablement perturber les us et coutumes des gens.

L'on ne doute plus, en effet, que la recherche sur le folklore vise la conservation d'un patrimoine national par l'étude scientifique des traditions ancestrales. Pour Marius Barbeau, la cueillette de nos traditions a une portée politique. C'est cette portée qui crée un sentiment d'urgence, car même devenant le butin des folkloristes, on ne doit pas conclure que la survivance française au Canada soit chose assurée :

> Et il faut bien l'avouer, le Canadien de langue française, qu'il vive en ville, qu'il soit de l'université, qu'il s'appelle habitant ou ouvrier, ne tient guère au passé. Aussitôt qu'il sort de son milieu, il cesse d'être traditionaliste. La nécessité, à défaut du goût, le porte à l'évasion, sinon à l'exil, à la nouveauté. Sans doute a-t-il déjà jeté par-dessus bord la meilleure partie de ses vieilles coutumes[6].

Tout cela, la chanson patriotique, *La bonne chanson*, la cueillette des chansons folkloriques, malgré leur ambiguïté idéologique, n'a pas empêché la société de passer d'une conscience collective latente à une conscience collective manifeste. Le discours idéologique a mis en évidence, pour lui et parfois contre lui, la continuité d'un fort sentiment national. Et ce peuple fêtard, à travers ses contradictions historiques, a su maintenir le sens de l'événement, c'est-à-dire le sens de l'adaptation à son milieu. Toutes leurs chansons nous montrent l'envers d'un préjugé : les forces sous-jacentes de la résistance qui sont aussi celles d'une culture populaire authentique.

Ce qui est significatif dans la chanson «canadienne» d'alors, c'est aussi ce qu'ont fait La Bolduc et le Soldat Lebrun. La première ne remettait pas en cause le système politique en place, tenant plutôt une manière de chronique sociale. Son patriotisme rendait hommage à la race canadienne-française alors que ses principales chansons intervenaient dans les débats de l'époque. De plus, ses chansons faisaient constamment écho aux requêtes des chômeurs. La cible a souvent été l'étranger. Ses revendications étaient nettes : les patrons favorisent la main-d'œuvre étrangère; la concurrence est déloyale et l'effet du chômage est le découragement. Cette attitude de xénophobie généralisée trouve ses fondements dans les effets du colonialisme de l'époque. Les chansons de La Bolduc renforcent l'état de congruence entre elle et son public, et cela même au niveau des valeurs culturelles. Quant au Soldat Lebrun, ses chansons ont été exactement un antidote à l'angoisse de la Deuxième Guerre mondiale, reprenant à son compte certains symboles du chant patriotique. Ainsi, dans ses chansons, à travers le mythe de la mère canadienne-française dont *La bonne chanson* avait glorifié le rôle, est vécue l'absence maternelle. Sans être le moindrement politiques, les chansons du Soldat Lebrun parlaient des drames individuels et familiaux qu'engendre cette guerre mondiale. Ses chansons resteront donc éloignées de la propagande nationale. Après 1945, l'effritement du monolithisme idéologique fera apparaître des pratiques culturelles qui conduiront à l'éclosion d'une chanson désormais appelée québécoise.

L'expression d'un nationalisme nouveau, dans les années 50, trouvera de plus en plus de sympathisants. Avec Roger Molet, Michèle Sandry, Marc Gélinas et bien d'autres parmi les plus contestataires, Fernand Robidoux ouvrira une boîte ultra-nationaliste, voire carrément indépendantiste : Le Cochon borgne. Mais c'est Félix Leclerc qui, même s'il n'avait pas fait démarrer le moteur, conduira la locomotive de la chanson québécoise. Le style d'imitation cédera sa place à un style d'affirmation. La fin des années 50 annonce précisément un nouveau type de chanson, ouverte sur la réalité québécoise justement, et qui la fera accéder à sa modernité.

DU POÉTIQUE AU POLITIQUE

Durant les années 60, l'unanimité de la chanson est sa première force politique. Les liens qui existent entre elle et la culture recouvrent de près les lignes de structure de la participation sociale. Ici la culture révèle une dimension politique sous-jacente à l'expression de l'une et de l'autre. Poursuivie par l'affirmation de son identité, la chanson québécoise, devenue publique, absorbe par le fait même les mouvements de conscience de ceux qui la faisaient mais aussi de ceux qui l'écoutaient.

La relation entre une certaine pratique de la chanson et l'éveil de la conscience collective a installé la culture québécoise dans un fort sentiment national. Tout en secouant les préjugés sociaux, culturels et politiques, la chanson québécoise ne cesse de dire et de redire l'*homo quebecensis*. C'est donc la chanson plus sociale qui a d'abord intéressé les chercheurs puisque cette chanson jouait un rôle de définisseur de la «nation», semblable à celui de la chanson folklorique.

L'importance de la chanson des années 60 réside dans l'aptitude à dire de toute une jeunesse qui cessait de se percevoir comme canadienne-française et qui s'affirmait de plus en plus comme québécoise. «On était des voix, expliquait Gilles Vigneault, mais ce sont leurs mains qui ont tout changé[7].» Devenue québécoise, la chanson fait désormais partie intégrante du discours d'affirmation de notre «être national». La chanson poétique, puis politique, fut un dépassement de la culture traditionnelle puisqu'elle fut un engagement directement lié à une nouvelle conscience collective, génératrice d'une autre «visée». Et c'est ce qui donne suite à cette «autre visée» qui est politique. Car, ce qu'a réalisé la chanson québécoise, c'est la mise en veilleuse du fatalisme et de la soumission des vaincus. D'une culture ethnique, nous passions à une culture nationale, donc majoritaire.

C'est au «Grand six pieds», chanson de Claude Gauthier, que revient l'honneur d'avoir éveillé un «soupçon de conscience nationale». Pour certains, cette chanson aurait été le premier témoin de la montée du nationalisme. La dimension d'analyse politique se trouve dans le thème de l'étranger. Ce motif est repris sous toutes ses facettes : l'autre, c'est l'Anglais, l'autre, c'est le voleur de pays. Combien de chansons de Félix Leclerc se révoltent contre l'étranger : «Race de monde», «My neighbour is rich», «L'encan», «Chant d'un patriote», «Le tour de l'île». Ici, la présence anglaise détermine un paradoxe qui est aussi l'expression juste du drame fondamental et permanent de la collectivité québécoise : habiter un pays qui ne lui appartient pas. Depuis «L'alouette en colère» (F. Leclerc), depuis «Y diront rien» (C. Dubois), depuis «Lettre de Ti-cul Lachance» (G. Vigneault), tels des rebelles, les chansonniers racontent le Québec se dépossédant; ils décrivent un Québec pillé, un Québec vendu. Les chansons parlent de cette constante dépossession.

«Le grand six pieds» et «Bozo-les-culottes» auront été les premières chansons à déceler la nature exacte de l'exploitation. Elles vont démontrer essentiellement que c'est la conscience de l'oppression qui rend l'oppression davantage insoutenable. Cette idée sous-tend toute la thématique de l'aliénation coloniale. Cette conscience collective de la notion de pays va donc s'élaborer en même temps que le processus de décolonisation.

À travers ces questions, c'est le colonialisme québécois qui subit son procès. Gilles Vigneault l'a magistralement résumé :

Oui. Nous sommes le pays le plus développé des pays sous-développés. Colonisés culturellement par la France, économiquement par les États-Unis, institutionnellement par l'Angleterre et politiquement par le Canada. Comme colonisation, ce n'est pas mal[8].

Le concept de décolonisation, validé par le contexte international des années 60, va focaliser le discours idéologique sur l'idée majeure de la libération nationale. La chanson fait se rejoindre les voix dans un dessein commun : libérer l'homme, c'est-à-dire le libérer de sa mentalité de colonisé et de sa conception de la vie. Voilà comment la notion de territoire réel amène le passage du poétique au politique. Cette notion dans la chanson, bien que marginale, trouvera son expression à travers la revue *Parti pris* dont l'écho retentira dans les spectacles de *Poèmes et chansons de la résistance* en faveur des prisonniers politiques de l'époque.

Au plan du discours, les chansons nous précisent ceci : la révolution au Québec sera forcément nationale. Et ce que les chansonniers ont expérimenté, à leurs débuts plus particulièrement, c'est de ne pouvoir éviter le creuset social, même s'ils ne se concevaient pas comme un outil de la révolution ou comme un instrument révolutionnaire, puisqu'ils n'avaient pas de prétentions idéologiques. Il n'y avait pas chez eux d'articulation théorique soutenue et, encore moins, une théorie de la décolonisation québécoise dont les perspectives sont la lutte des classes et la décolonisation, ce que l'écrivain Paul Chamberland appelait un socialisme décolonisateur.

Pourtant, à plus de vingt ans de distance, «Bozo-les-culottes» et «Réjean Pesant» de Paul Piché soutiennent cette même idée de Pierre Vadeboncœur : «Les travailleurs ne peuvent se désolidariser de la nation.» Question nationale et question sociale sont intrinsèquement liées. Nombre de chansons tentent de faire voir et de faire comprendre les rapports sociaux de domination. Combien ont fait le procès de la naïveté des Québécois qui se sont laissé dominer? Les chansons nous font comprendre que l'oppression nationale amène la dépendance politique et économique. Dans sa préface au *Portrait du colonisé*, Jean-Paul Sartre écrit que «c'est le colonialisme qui crée le patriotisme des colonialismes[9]». Le patriotisme porte en lui la destruction du système colonial. Avant de nous parler d'une libération nationale, la chanson nous a donc parlé d'une tentative de libération coloniale. L'une conduit à l'autre. Le pays intérieur de Gilles Vigneault procède de cette double libération. Nos chansons se réclament donc à la fois d'un pays et d'une identité singulière.

Si les chansonniers ont manifesté leur adhésion au courant idéologique du Parti québécois, par exemple, c'est qu'ils ont cru à la solution politique. Leur adhésion fut entière : «Si j'avais un nom, ce serait Québec», nous dit Félix Leclerc. Nous pensons que l'option souverainiste choisie par la plupart de nos chansonniers a marqué l'acuité de leur rôle. Ils ont dit OUI au pays après avoir dit OUI à notre identité.

En fait, les chansonniers ont empêché que ne se tiennent deux discours sur le même pays : «Mon non est québécois». Les résultats du référendum de mai 80 ont bien montré les ambiguïtés de l'affirmation de soi. Une situation coloniale n'est jamais claire. Pour reprendre encore Memmi, relevant le défi de l'exclusion, le colonisé s'accepte comme séparé et différent, mais son originalité est celle délimitée et définie par le colonisateur, ici, Ottawa. Adhérant à «Mon non est québécois», les supporteurs du NON ont continué à souscrire à la mystification colonisatrice.

Provisoirement donc, la majorité des chansonniers se sont joints au Parti québécois. C'est depuis plus de vingt ans, cependant, qu'ils appartiennent au mouvement nationaliste. Ils ont contesté la forme classique de l'injustice nationale, celle qui — est-ce un hasard? — prend la forme d'une amputation de territoires, d'une assimilation linguistique, d'un noyautage d'une culture, nommément la culture québécoise. Les chansonniers ont combattu le processus idéologique, c'est-à-dire cette infiltration lente de la pensée dont la fonction, au lieu de susciter un questionnement, fixe des réponses («peu importe la question, votez non», par exemple) en voilant le champ des possibles.

Ainsi, lors de la grande marche du Québec du 17 avril 1982 pour protester contre le rapatriement de la Constitution, des comédiens, dont Gilles Pelletier, ont repris des textes de Félix Leclerc, de Gilles Vigneault et de nombreux autres chansonniers afin, justement, d'illustrer ce que représentent toujours leurs chansons : LE QUÉBEC DOIT ÊTRE RECONNU COMME PAYS. C'est exactement en ce sens que le poète Gaston Miron nous dit de prendre garde de ne pas faire dévier notre revendication politique sur le plan culturel. La conscience du pays s'élargit et débouche sur le problème politique.

En reconnaissant les ambiguïtés de leur pays, dont a témoigné le NON au référendum de mai 80, les chansonniers maintiennent à vif une conscience, non seulement historique, mais aussi politique. «Je suis d'octobre et d'espérance», chante toujours Claude Gauthier.

Le thème récurrent, le premier pourrait-on dire de notre chanson, c'est le rejet du colonialisme historique dont le corollaire est la reconnaissance du pays. Au Québec, parce qu'il marque sa différence, le créateur agit comme si son pays était indépendant. Lorsqu'il écrit ou chante, il le rend tel. Tel est le sens du mot «créer» : rendre possible. Le chansonnier incarne une variété d'hommes et de femmes à l'image même de tous les possibles du pays qu'ils plaident depuis toujours. Notre chanson a provoqué le sens de notre évolution collective. Et le projet politique, ici, consiste à réduire l'écart entre l'identité québécoise et la société québécoise.

L'AFFRONTEMENT DES COPIES

À la fin des années 60, cette partie de l'Amérique chante donc en québécois. Aussi, même en accédant à sa propre modernité, dont l'influence américaine serait le premier soutien, il est erroné de prétendre que la chanson identifiée aux groupes québécois des années 70 ait tué le nationalisme auquel s'étaient identifiées les premiers chansonniers. Il est vrai que la notion d'un nationalisme univoque a perdu progressivement de son efficacité idéologique et que l'on a cru l'indépendance réalisée. Même la nouvelle génération d'artistes y croyait. «Mais il va falloir que le Québec passe un stade. Ça me faisait drôle de chanter «Notre pays» sur scène, avoue Marie-Claire Séguin, parce que c'était la première fois que je prenais conscience que c'était acquis[10].»

Le nationalisme univoque reste un raccourci idéologique qui a été véhiculé par deux concepts que la chanson québécoise a fortement diffusés. Le premier concept est tout résumé dans un mot : québécois; il suppose le passage du territoire à une identification culturelle. Le deuxième concept est celui de l'imaginaire collectif favorisant la représentation à sens unique du groupe dominant. Lionel Groulx n'avait-il pas affirmé, dès les années 1900, que l'indépendance du Québec paraissait inscrite dans sa géographie et dans son histoire? N'avait-il pas clamé bien haut sa profession d'espérance en 1937 : «Notre état français, nous l'aurons»? Du territoire à la culture, le nationalisme univoque s'est développé à la faveur de notre différence «ontologique». Toutefois, il y a un autre volet à cette même question : «Comment peut-on être séparatiste quand on est un pouce et demi en haut des États[11]», se demande Robert Charlebois.

Il est clair que certaines questions devaient être situées dans le contexte de la contre-culture plutôt que dans celui de la question nationale. La jeune génération d'artistes n'a pu être entièrement politisée au sens où, par exemple, les péquistes le voulaient bien. Les Séguin, Harmonium, Brault et Fréchette, Jim et Bertrand, Beau Dommage se sont trouvés sollicités par des idéaux autres : l'écologie, l'action communautaire, l'abolition du vedettariat, etc. Tout en étant d'accord avec le mouvement souverainiste, ils ne s'y sont pas engagés de façon partisane ou exclusive.

Chez eux, la notion de pays, revue et corrigée, s'éloigne de la conception traditionnelle et abstraite et nous renvoie, désormais, aux origines. Lieu de naissance certes, mais aussi lieu léthargique, le pays qu'on nous empêche de posséder, c'est aussi celui qu'on refuse aux autres : «Dans ma peau rouge et pacifique, chante Raoul Duguay, j'ai mal d'avoir été vendu pour quelques fourrures historiques.»

Vers la fin des années 70, l'identification nationale ne peut ignorer les diverses composantes socio-culturelles du territoire québécois. Les peuples autochtones et les minorités culturelles sont au centre de cette redéfinition du nationalisme que la contre-culture oppose à la logique impérialiste, contestant par le fait même les rapports de domination. Certes, les chansons contre-culturelles elles-mêmes ne sont pas à l'abri des contradictions qui traversent le système et qui ont justement fourni le terrain sur lequel elles naquirent.

Le nationalisme entretient des affinités naturelles avec la contre-culture. Même traversée par des idéologies diverses, la société moderne empêche l'homme de devenir créateur. L'impérialisme ne développe-t-il pas des stratégies totalitaires qui, en détruisant les petites cultures[12], dépossèdent les individus de ce qui les différencie. L'aboutissement de tout impérialisme est la dissolution des solidarités culturelles. La culture, facteur de cohésion, voit son extension réduite aux dimensions du folklore. Pourtant la culture, dans la contre-culture, c'est d'abord un vécu, c'est-à-dire une expérience qui est transmise non comme vérité mais comme réalité.

Les groupes québécois sont apparus au moment où la jeunesse était moins farouchement nationaliste, en même temps que plus ambivalente. Ils appartiennent à la contre-culture des années 75, définissant la révolution comme la somme des libérations individuelles provoquées dans la conscience.

Les groupes québécois, nés dans le sillage de la révolution individuelle, ont été inspirés par la «réhabilitation du désir». L'association de Raoul Duguay avec les Séguin, par exemple, représente cette mise sur des valeurs autres que le matérialisme. Pour eux, le stress n'est pas idéologique mais existentiel; leur mode critique est émotionnel, non analytique. C'est ainsi que la «pop music» déjoue le contrôle culturel comme les groupes québécois déjouent le contrôle idéologique. Il n'y a pas à se surprendre qu'ils partagent avec la contre-culture la recherche émotionnelle d'une nouvelle identité.

Ici, sans nier la crise sociale ou politique, ou même nationale, la chanson accentue les traits de la crise écologique, laquelle est aussi spirituelle. En ce sens, l'action écologiste n'est pas «productiviste» puisqu'elle s'éloigne du modèle industriel. C'est la société de consommation, on ne l'oubliera pas, qui a amené d'une certaine façon la conscience écologique. De toutes parts, la terre court à sa perte : énergie nucléaire, pluies acides, pollution, agriculture, urbanisme, etc. Au total, la nature est considérée comme une marchandise. Les valeurs écologiques dépassent la lutte entre le prolétariat et la bourgeoisie. C'est plutôt le citoyen qui s'oppose au technocrate, la qualité de la vie à l'aliénation quotidienne, l'énergie naturelle à l'énergie nucléaire. Voilà comment les groupes québécois sont plus en relation naturelle avec la contre-culture qu'avec le mouvement ré-volutionnaire traditionnel.

Globalement, la «pop music» est la formulation nouvelle d'une expression musicale. Elle aussi, du point de vue des jeunes qui la consomment, est l'expression d'une violence qui a trouvé une corres-pondance musicale en l'«acid rock», musique psychédélique et élec-tronique par essence. La dynamique même de leur statut social, se ré-vélant souvent comme une condition d'aliénation, détourne leur cul-ture et leurs chansons de la question politique. Fuyant les normes en l'absence de tout avenir, les jeunes ressentent l'isolement social comme une absence de signification de la vie qui les entoure. Il y a chez certains chanteurs rock (Plume, Francœur, Corbeau, Marjo, Dufresne) une manière de nous délivrer du scandale. «Le rock est subversif parce qu'il encourage ses auditeurs à se définir librement vis-à-vis les tabous sociaux[13].» Plume ou Francœur, par exemple, ajoutent une intervention à vif sur le social. Ils touchent le cœur fêlé des drop-outs. Ils ont en commun avec les jeunes un pattern psychologique : rejeter toute forme de domination. Anti-social ou anti-poète, lâche Francœur! «Traduis-moi en anglais, s'exclame-t-il, pis t'as du Bob Dylan. (...) J'ai fabriqué mon disque (*Le cauchemar américain*) avec en tête l'horrible ignominie des génocides séculaires — le Québec n'est pas exempt : ces gens-là ont la guerre dans la peau[14].»

Les thèmes de la chanson moderne proposent un diaporama de notre époque : la délinquance sociale, la misère des pauvres, les maladies industrielles, le béton aliénant, l'incommunicabilité, le racisme, le pouvoir exploiteur, les guerres, l'absence d'amour, les grèves, l'injustice, la jeunesse apathique, l'indifférence généralisée, etc. «Changeons la vie» devient presque le slogan de la chanson contre-culturelle. Et si l'on veut parler précisément des groupes québécois, ce qui est clair dans leurs chansons, c'est que la question politique n'est pas étouffée. Leurs thèmes, la parole des femmes, l'écologie, la conscience cosmique illustrent davantage l'existence d'un nouvel ordre politique. Cette prise de conscience de l'oppression n'est certes pas isolée des courants idéologiques dominants car elle témoigne, justement, de cette influence historique et contemporaine.

Au Québec encore, la contre-culture des années 75-80 est nettement du côté du féminisme. Elle a provoqué la prise de parole de tout un collectif féminin. Il reste que, même distant des premières manifestations contre-culturelles, ce mouvement élargit le mouvement hippie du début. Mouvement plus émotionnel que rationnel.

Provoquer le changement et non plus l'espérer! Le point de vue est féministe et politique. Le féminisme ne veut pas déboucher, par exemple, sur l'abstraction des rôles dans le couple, mais sur une reconsidération des rapports entre hommes et femmes, laquelle reconsidération commence par le langage du corps.

> Le féminisme en moi, déclare Suzanne Jacob, pose comme absolu la permission de son corps et veut à tout prix posséder sa matérialité en dehors des modèles imposés et dépossédants. Je crois que l'intuition féministe est aujourd'hui l'intuition la plus révolutionnaire au niveau politique et sociologique parce que la femme revendique la possession de son corps et de son être[15].

D'une autre façon, Diane Dufresne (qui n'écrit pas alors les paroles de ses chansons) parvient à proposer une image libérée de la femme. Et cela passe par la liquidation des tabous sexuels à travers son personnage qui, moins qu'un symbole, reste un signe vivant d'émancipation personnelle. Ni son personnage ni ses chansons ne sont militants, politiquement parlant. Refaire la femme, par le corps, c'est l'acte premier de la libération. Diane Dufresne fera la conquête de son corps en l'exposant, oui, mais aussi en le maîtrisant.

Il est d'autres chanteuses, telle Marie Savard, qui refusent de se définir par rapport à la culture masculine. Dans le show-business, Savard veut prendre sa place. «Après avoir rempli notre rôle de reproductrices, sommes-nous plus intégrées à la collectivité de nos mères», se demande-t-elle. Si Marie Savard chante l'histoire des femmes dans son rapport au matriarcat, c'est que cette histoire, pour elle, est un non-lieu tout comme, pour les femmes, le mariage est une perte d'identité. Bien que ses positions soient nettes sans être fermées, Marie Savard est probablement la chanteuse qui se rapproche le plus du discours féministe radical. Elle vise à conscientiser les femmes pour qu'advienne le changement.

Si chanter au féminin commence par des paroles de femmes, ces paroles doivent s'imposer à l'intérieur même du show-business québécois. Si, dans l'imaginaire, des images de femmes échappent aux stéréotypes, ces mêmes images doivent trouver, dans la réalité même, leur prolongement. Personne n'ignore que dans le monde de la chanson, à l'instar des autres domaines, les stéréotypes de la culture sont unisexes et les règles du jeu masculines. C'est ce qui fera dire à Hélène Pedneault, dans sa conférence qui porte sur «les femmes et le show-business», que «la chanson québécoise est marquée par le silence des femmes[16]».

En effet, le monde du spectacle québécois est un bel exemple qui fait saisir la difficulté, pour une interprète, d'être femme dans un milieu dominé par les hommes. Aussi, quand la femme se met à écrire ses propres chansons, cela devient souvent une chanson de lutte, une forme à tout le moins subversive, parce qu'il y va justement d'un changement de rapport qui vise, pour l'artiste féminin, à faire reconnaître le droit d'écrire, c'est-à-dire le droit à la création intégrale. Cette histoire de solitude, car c'est de cela qu'il s'agit, la solitude des femmes dans la chanson, reste à être mieux comprise. Interdire le droit de parole aux femmes, c'est manipuler la culture, c'est aussi l'amputer de tout un dynamisme créateur.

LA GLOIRE ET LA NOTE

C'est parce que l'artiste, au Québec, est devenu un leader d'opinion que la critique a été plus soutenue à son égard. Et puis la chanson québécoise a-t-elle été véritablement un échappatoire à l'oppression coloniale? N'a-t-elle pas été un commerçant du nationalisme à rabais, un marchand d'identité comme d'autres sont marchands de cigarettes? Et quand la contre-culture se regroupe autour du rock'n'roll, répond-elle à la demande des fournisseurs d'amplis ou conteste-t-elle la société technologique? De plus, en tenant compte des résultats du référendum de mai 80, il est bien difficile de démontrer l'efficacité de la chanson, conséquemment de sa parole sur les hommes et les femmes d'ici.

Il ne faut pas nier que la chanson québécoise n'a pas toujours su éviter le stéréotype. On a reproché à Gilles Vigneault d'utiliser trop souvent le mot «pays» à la manière d'une recette. Il fut un temps, d'ailleurs, où l'on jugeait la valeur d'un chansonnier à la dose de son patriotisme. Leurs chansons servaient d'appât à la propagande nationale. Notons encore que celle-ci n'allait pas seulement dans un sens unique. «Mon pays» de Gilles Vigneault a déjà servi les intérêts des organisateurs des Fêtes du Canada. Quelle fête recouvre quel pays? Une chanson contre la loi 101, du groupe Concept, dit ceci : «il est bon de comprendre, il n'y a qu'à éliminer la loi». La chanson peut servir les intérêts du pouvoir. Ici, ou bien les musiques de l'unité nationale se vendent mal ou bien l'on tente de se les approprier à des fins partisanes.

Ce qui est questionné, donc, c'est le rapport de la chanson à l'exercice du pouvoir. La récupération, peu importe à qui elle profite, est souvent perçue comme une forme larvée de réussite. Voilà comment la contestation, puisque récupérée par le système, peut devenir une mode. A-t-on échangé le «droit de parler au Québec» contre le «droit de divertir»?

Si l'artiste peut chanter ce qu'il veut, force est d'admettre que les mécanismes de contrôle idéologique s'actionnent au profit d'une censure toujours arbitraire. Quand Pauline Julien, dans «Les gens de mon pays», ménage un spectaculaire crescendo : «Je vous entends demain parler de liberté», on comprend mieux l'inquiétude des dirigeants de Radio-Canada qui, pendant les troubles d'octobre 70, ont interdit cette chanson. Comme bien d'autres : «On a marché pour une nation» (Michel Pagliaro), «Un nouveau jour va se lever» (Jacques Michel) et l'inévitable «Mon pays» (Gilles Vigneault). L'ordre public, c'est l'argument; ici et partout. Bien sûr, lorsque les chansons sont réprimées, elles prennent alors valeur insurrectionnelle. La censure s'indique au soin que certaines gens ou institutions mettent à la dissimuler. Il faut bien constater, par exemple, que la musique québécoise dans les supermarchés (autre côté de la médaille), si cela avait réussi, n'aurait pas échappé au système d'écoute et de surveillance sociales. Cette musique se présente comme un système de sécurité pour l'identité québécoise, mais, dans les faits, ne cache-t-elle pas à la manière de Musak une entreprise de vente standardisée et stéréotypée? Pourtant, ce déguisement culturel par le biais de son uniformisation est une activité importante du rapport social qu'il instaure. Plume ou Francœur sont-ils présents à la radio? Et la chanson qui crie l'injustice à coups de notes révoltées, où l'entend-on? L'impérialisme, qu'il soit des médias ou de l'État, empêche la liberté du créateur.

Au Québec, l'artiste doit se frotter à deux difficultés s'il ne veut pas être récupéré : le nationalisme et l'argent. Nous touchons ici à la contradiction la plus fondamentale à laquelle un artiste doit faire face dans une société bourgeoise comme la nôtre. Un nationalisme au contenu indéterminé ne peut-il pas être un des aspects du marché de consommation de masse capitaliste québécois? Je crois que oui, dans la mesure où ce nationalisme ne reçoit pas de contenu politique précis. La chanson ne peut pas se permettre d'être associée de près à un programme politique précis (ou de s'y substituer) sans qu'elle devienne sectaire et se coupe ainsi du marché de masse.

Fondamentalement, tout le problème idéologique est là : l'homme est libre de posséder comme il est libre de partager. «On a l'impression, constate Raymond Lévesque, dans le monde, qu'il y a eu 56 batailles, mais c'est pas vrai... il y a eu UNE seule bataille et c'est la bataille pour un monde plus juste[17].»

Dans cette perspective, les chansons engagées ne le sont pas au nom d'une organisation ou d'un parti. Elles sont d'abord et avant tout l'éveil d'une conscience des rapports de domination. Nul doute que l'on reconnaît, chez les artistes, que les luttes du mouvement ouvrier, par exemple, sont des luttes menées contre la domination capitaliste. Paul Piché, pour sa part, souhaite rendre plus démonstratif le potentiel subversif de la lutte sociale au Québec dans la conjoncture nord-américaine. D'ailleurs, des chanteurs professionnels s'unissent à l'occasion aux efforts des syndiqués dans leurs revendications.

S'engager dans le débat social et politique, ne plus se réfugier dans la culture, cela donne à la chanson québécoise une manière sociale d'actualiser son rôle. La chanson peut constituer un fragment de solidarité ainsi que le chante Raymond Lévesque sur son disque produit en collaboration avec la F.T.Q. : *Raymond Lévesque chante les travailleurs*. Ni ses chansons ni celles de Piché, par ailleurs, ne peuvent porter le nom de chansons syndicales ou chansons d'union. Il reste que, sous l'impact des luttes ouvrières et d'une remise en question personnelle, plusieurs chanteurs commencent aujourd'hui à prendre une certaine distance par rapport à ce qu'ils font comme chanson. La montée des luttes a fait apparaître une nouvelle pratique de la chanson, les chanteurs comme les travailleurs se devant d'être solidaires. Sans être intrinsèquement révolutionnaires, les chansons participent aux luttes ouvrières. On retrouve d'ailleurs un recueil de chansons du mouvement ouvrier qui privilégie les œuvres composées par des syndicalistes, des grévistes, des membres de groupes populaires, voire de groupes musicaux progressistes ou de chanteurs professionnels : *Chansons de lutte et de turlute*. Ce recueil est produit conjointement par la C.S.N. et le S.M.Q. Certaines chansons connues sur disque s'y trouvent : «Heureux d'un printemps» (P. Piché), «Réveillez-vous» (S. Tremblay), «La valse du premier mai» (Charivari), «Mon homme est en chômage» (M. Savard).

Chansons de lutte et de turlute est un recueil-instrument au service des organisations syndicales. Même ignorées par la culture officielle, les chansons, bien que sélectives, n'en portent pas moins les luttes depuis l'époque des chantiers jusqu'aux dernières négociations du secteur public avec le gouvernement, sans oublier de passer par la Crise d'octobre. En fait, aucun objet culturel, y compris la chanson, ne saurait être compris sans référence à la conscience d'une époque.

FAIRE ENTENDRE DES MUTATIONS

Pratiquer la dissidence n'a rien de gratuit. La chanson a à lutter aussi pour un certain avenir politique. Mais telle qu'elle existe présentement, elle suscite bien peu une volonté de lutte populaire. Le constat est sévère, selon Nathalie Petrowski :

Si la musique est prophétique, elle augure mal pour le Québec. Car la musique au Québec, ces jours-ci, est au point mort, complice servile d'un coma culturel qu'elle entretient et contre lequel elle n'a même plus la force ni le courage de se révolter. Complètement assimilée par le moule américain et son idéologie industrielle, elle se veut aujourd'hui propre, professionnelle, impersonnelle, «slick» et chromée à la Diane Tell, musak pour une société de centre d'achats qui sommeille[18].

À bon droit, on peut parler d'un ressac politique de la chanson. Celle des années 80 se réduit souvent à la juxtaposition d'auditeurs individuels que l'usage du walkman caricature. La chanson doit faire rendre aux individus leur solitude d'individus afin de les regrouper dans l'unité organique d'un groupe social comme cela se passe dans les grands rassemblements.

Mais la lutte a ses propres exigences. De la solitude à la «solidaritude»! Il est des rassemblements qui peuvent se transformer en véritable symbole de solidarité : «Les soldats deviendront troubadours...». La chanson, par le biais de spectacles, reste une manière commune et universelle de témoigner de la générosité de l'homme et de la femme autant que de leur conscience. Aussi, même durant les années 80, la chanson québécoise prend position devant les foules : les nombreux téléthons, les spectacles pour sauver Québecair, Passeport pour la paix (spectacle de 30 chansons), Soirée de solidarité pour la Pologne, Veillée de la grande corvée (spectacle d'appui aux travailleurs forestiers), Spectacle pour la paix et le désarmement, célébration du 10e anniversaire du Centre de désintoxication Le Portage, Spectacle pour les anciens travailleurs de la Baie James, spectacle de Ginette Reno au profit d'œuvres de l'Association des auxiliaires bénévoles de l'hôpital Notre-Dame, concert pour la fibrose kystique, l'épopée musicale féministe *Rose Tango*; Gilles Vigneault s'associe au mouvement de défense des femmes battues, Claude Dubois offre sa participation à une tournée de spectacles *Conspirateur de l'an 2000* pour regrouper les jeunes et leur donner un soutien moral, etc. Tout cela est-il moins politique que les grands rassemblements pour l'indépendance ou pour la libération des prisonniers politiques?

L'affirmation de nouvelles valeurs n'évacue par pour autant l'occupation du territoire. La dénonciation de l'ennemi, ce n'est pas seulement le colonisateur, c'est aussi l'exploiteur, c'est aussi le complice des injustices. Car, exploré dans les conditions de colonialisme historique que nous connaissons, le thème de la domination donne un sens au combat collectif. Après 1970, la révolte prendra sur elle de défendre des valeurs fondamentales dont la plus précieuse peut-être : la liberté. Mais l'exercice de la liberté peut-il tolérer l'injustice? L'émergence d'une subversion culturelle a son point d'appui dans la rencontre des êtres. Et, dans la chanson, le code où s'exprime la communication annonce des rapports nouveaux. *Traces et contrastes* de Louky Bersianik et Richard Séguin en est une très belle illustration.

Ce qui a changé dans la chanson québécoise, c'est qu'elle ne renvoie plus à une image figée de nous-mêmes. Elle ne fixe plus des identités convergentes qui empêchent les gens d'évoluer. Un constat s'impose : il n'y a plus de courant. Les tendances sont multiples. La chanson ne porte plus de drapeau mais appuie des valeurs; elle ne secoue plus des symboles mais tente de secouer les gens. L'écriture des femmes dans la chanson, la présence accrue des professionnels de la chanson dans les mouvements ouvriers, la diversité des voix, la défense prioritaire des droits humains, la dénonciation des régimes totalitaires, les manifestations pour le désarmement, etc., tout cela fait apparaître un temps nouveau de la chanson québécoise. Cela répond à ce que Jacques Attali souhaite : la musique est faite pour être une participation à un jeu collectif dans une recherche permanente de communication. Il y a là une double perspective : libération du moi et affrontement des copies. Cette double perspective de la démarche déplace le centre des valeurs publiques comme l'appropriation du milieu, la conscience écologique, le décloisonnement de la pensée, etc. Toute invitation au changement que lancera la chanson sera un espoir de la gauche. Sans illusions, cependant, nous rappelle Sylvain Lelièvre :

> On peut suivre l'histoire de la chanson et constater que, en général, la chanson précède légèrement les grands mouvements politiques du pays. Elle est une sorte de sismographe de la réalité québécoise. On peut observer que, juste avant le référendum de 1980, il y a eu comme un silence de la chanson québécoise, suivi du résultat que l'on sait. (...) À partir de 78, il n'y a plus d'artistes ou même de groupes marquants qui dominent la réalité de la chanson d'ici. Il y a une sorte d'éclipse de notre chanson depuis 1979, qui correspond tout à fait à la parenthèse politique que l'on connaît[19].

Quant à la question nationale proprement dite, elle a connu un soubresaut à l'automne 84 par la mise au rancart de l'option souverainiste par le Parti québécois lui-même. Pour Vigneault, cependant, «ce mouvement qui secoue le P.Q., c'est nettement mieux que la stagnation qui prévalait depuis longtemps[20]». S'il importe aux chansonniers de savoir si le peuple accédera à l'existence nationale sur le plan politique, il reste qu'ils ne peuvent plus rien tant que la volonté politique n'aura pas été exprimée clairement.

La chanson québécoise, d'hier à aujourd'hui, témoigne du combat constant des conditions concrètes de vie et de survie. Comme mode de représentation, elle doit être vue comme une pratique sociale de la culture. N'agit-elle pas sur la société et la société n'agit-elle pas sur elle? «C'est ce que nous créons qui nous définit, pense Pierre Vadeboncœur, ce n'est pas ce que nous définissons[21].» Le social, dans la chanson d'aujourd'hui, passe par l'individu. Cette expérience — une certaine expérience de l'individu — s'est et pourra s'opposer à l'expérience québécoise. Toute la dimension américaine de notre chanson peut, ici, être interrogée positivement.

En fait, la chanson doit dépasser la résistance culturelle pour échapper à cette logique de l'ambivalence qui nourrit, depuis l'échec de la rébellion, ce qu'il est convenu d'appeler notre «équivoque nationale». La tâche du chansonnier n'est sûrement pas d'y collaborer. La chanson peut nous aider à reconnaître notre situation objective maintenant qu'elle nous a permis la valorisation de soi. Sans nier le nationalisme, la chanson peut nous indiquer où se trouve le pouvoir réel. C'est ainsi qu'elle n'a pas épuisé son cycle. Si elle veut rester une authentique chanson «engagée», elle doit être axée sur le dévoilement des rapports de domination. La vraie chanson engagée doit chanter toutes les luttes.

Le show-business, et tout ce qui l'entoure, désigne certes une profonde colonisation institutionnelle et culturelle. Or, comme le pense Attali, la musique est là pour faire entendre des mutations. Car la société est beaucoup plus que les descriptions que l'on en fait. La chanson moderne, rupture culturelle, annoncerait-elle une mutation dans les codes de la musique, dans son mode d'audition et même dans son économie?

En cela, le musicien, même officiel, est dangereux, subversif, inquiétant, et on ne pourra détacher son histoire de celle de la répression et de la surveillance[22].

Illich, dans *Le chômage créateur*, a bien démontré que la reconstitution sociale commence par la naissance du doute chez les citoyens, et pour lui, les valeurs d'usage non marchandes constituent le pivot de toute culture viable à long terme : «Ce seraient, au contraire, les valeurs d'usage créées et personnellement appréciées par les gens qui constitueraient le pivot de la société[23].»

Du disque au spectacle, l'objet culturel que la chanson constitue fait route avec notre conscience qui nous fait naître à un autre monde. La chanson québécoise s'inscrit dans le mouvement réflexif de la culture qui, à son tour, réorganise l'existence des valeurs. Elle devient donc une façon spéciale et consciente de vivre ici. Comme participante de la culture, plus précisément comme pivot de la conscience collective, de l'identité nationale et de l'engagement social, la chanson représente toujours un choix de valeurs qu'il reste à accorder à la réalité. Et pour la chanson d'ici, il n'y a qu'une chance : celle de la vigilance sans repos.

Notes

1.   Gilles Vigneault, *Pour une chanson*, Radio-Canada, 5 décembre 1984.

2.   Maurice Carrier et Monique Vachon, *Chansons politiques du Québec*, Montréal, Leméac, tome I.

3.   Marius Barbeau, *Festival de la chanson et des métiers du terroir*, programme souvenir, mai 1928, p. 8.

4.   Cité par Georges Vincenthier, *Une idéologie québécoise*, Montréal, Cahiers du Québec/HMH, 1979, coll. Histoire, p. 41.

5.   Dès 1946, les publications de l'Université Laval marquent une étape importante de ce mouvement en faveur des recherches sur le folklore.

6.   Marius Barbeau, *Les archives du folklore*, publications de l'Université Laval, Éd. Fides, 1946, p. 8.

7.   François-Régis Barby, *Gilles Vigneault : Passer l'hiver*, Paris, Le Centurion, 1978, p. 106.

8.   *Ibid.*, p. 121.

9.   Albert Memmi, *Le portrait du colonisé*, Montréal, L'Étincelle, 1972, 146 p. (préface de Jean-Paul Sartre).

10.   *Séguin*, Montréal, Éd. de l'Aurore, 1977, p. 32.

11.   Réentendre une chanson de 1966 de Robert Charlebois «Presqu'Amérique», lire aussi *La conquête des esprits* de Yves Eudes (Maspero, 1982) qui analyse l'appareil d'exportation culturelle américain vers le tiers-monde. Personne n'ignore que la pénétration culturelle et idéologique constitue un objectif majeur pour les États-Unis, ces derniers n'ignorant pas que c'est une arme politique de premier plan.

12.   Michèle Lalonde et Denis Monière, *Cause commune*, Montréal, Hexagone, 1981, manifeste pour une internationale des petites cultures.

13.   Richard Goldstein, cité par Albert Raisnier, *L'aventure pop*, Paris, Laffont/Éd. du jour, 1973, p. 150.

14.   Lucien Francœur, *Mainmise*, novembre 1976, p. 14.

15.   Suzanne Jacob, *Le compositeur*, juin 1979.

16.   Citée par Nicole Campeau, *Le Devoir*, 19 septembre 1981, p. 31.

17.   Raymond Lévesque, *Journal de Montréal*, 23 février 1973, p. 19.

18.   Nathalie Petrowski, *Le Devoir*, 10 avril 1982, p. 17.

19.   Sylvain Lelièvre, *Québec français*, mai 1982, n° 46, p. 43.

20.   Gilles Vigneault, *Le Devoir*, 24 novembre 1984, p. 32.

21.   Pierre Vadeboncœur, *Trois essais sur l'insignifiance*, Montréal, Hexagone, 1983, p. 65.

22. Jacques Attali, *Bruits*, Paris, P.U.F., 1976, p. 23.
23. Ivan Illich, *Le chômage créateur*, Paris, Seuil, 1977, p. 29.

N.B. : Ce texte a été repris, modifié et disséminé, dans le livre de l'auteur: *Pouvoir chanter*, VLB éditeur, 1991.

Aimer Clémence
ou
se voir autrement

Réal D'Amours

L'apport de Clémence DesRochers à la chanson québécoise est multiple. Plus de vingt-cinq ans d'une carrière singulière laissent des traces perceptibles dans l'institution artistique d'une culture aussi «enclose» que celle du Québec. Présente dès les premières manifestations de ce qu'on pourrait appeler la révolution chansonnière — moins tranquille même si parallèle à l'autre —, elle débute en 1958-1959, avec Jacques Normand, au cabaret Saint-Germain-des-Prés, à Montréal. Comme elle le disait à Christian Larsen : «Depuis ce temps, on me prend pour acquis[1].» Elle a connu cette évolution de la chanson québécoise qui a fait passer les artistes des cabarets-boîtes de nuit aux boîtes à chansons, des atmosphères enfumées et des «cigarettes girls» au filet de pêche et coquillages à plus de mille kilomètres de la mer. Ces différentes conditions du métier d'artiste de scène, elle les connaît bien pour les avoir vécues, mises en scène, en chansons et en monologues. Les références au métier dans l'œuvre sont d'ailleurs nombreuses. De «La danseuse espagnole» des débuts au «Chic Marcel» du *Dernier show*, Clémence ne manque pas d'ironie en regard des exigences capricieuses et des conditions précaires de ce métier.

Avec l'équipe des Bozos de la première heure, elle crée des chansons dont elle dit que ce sont «des histoires sur des musiques d'accompagnement[2]». Ses spectacles, se confondant volontiers à des revues (*C'est pas une revue, c't'un show*), regroupent de nombreux artistes : Yvon Deschamps, Gilbert Chénier, Marc Favreau, Pierre Labelle, Chantal Renaud, Louise Latraverse et plusieurs autres, dont Diane Dufresne elle-même, dans le rôle d'une jeune fille qui vend des fleurs de plastique dans un club (*Les girls*). C'est d'ailleurs à ce moment-là que Diane Dufresne rencontre François Cousineau qui signait alors les musiques du spectacle. On sait le tandem qu'ils formeront par la suite.

En tant qu'auteure de chansons, de monologues et de revues, Clémence DesRochers joue donc un rôle de «stimulateur» dans l'industrie du spectacle de l'époque en associant son travail à celui d'une multitude d'artistes québécois.

En 1968, elle ouvre avec sa revue *La grosse tête* le Patriote à Clémence, une boîte à chansons que les propriétaires du Patriote, en bas, lui ont dédiée. On l'appelle alors «l'ouvre-boîte». «Moi j'ouvre des boîtes pis j'ferme des bars[3]», chantera-t-elle plus tard. Sa présence dans l'institution artistique québécoise ne se manifeste pas seulement par les shows ou les revues qu'elle crée — *Le vol rose du flamant* (1966), *La grosse tête* (1968), *Les girls* (1969), *La belle amanchure* (1970), *C'est pas une revue, c't'un show* (1971), etc. — mais aussi par sa participation aux téléromans *Les Plouffe*, *La côte de sable*, *Le pain du jour*, *Quelle famille!*, à l'émission pour enfants *Grugeot et Délicat* et encore par son travail d'auteure de chansons pour des artistes comme Claude Léveillée («La complainte du marin») ou Pauline Julien («Deux vieilles»).

Le rôle qu'on lui accorde est celui de commentatrice «satirique et nécessaire de nos mœurs et de nos manières[4]», de «voix de ceux qui ne parlent pas[5]», celle qui dit «la nostalgie de ceux qui voient passer le bonheur[6]». Elle-même estime que son travail est directement relié à sa capacité d'observation, qu'il s'agit en quelque sorte d'une mise en scène de la vie quotidienne. En somme, cette fonction d'«écho de nos vies» vient du fait que l'on prête à son discours la valeur de celui que l'on ne saurait tenir. Cette relation public/artiste légitime l'œuvre tout en la rendant convaincante. La distanciation nécessaire et inévitable qui vient de la «représentation scénique» permet à l'artiste une latitude expressive qui est à la limite de l'interdit collectif. Autrement dit, en se rapprochant le plus possible des tabous d'un collectif donné, en l'occurrence son public, Clémence établit une relation de complicité en se faisant le porte-parole singulier de chacun. C'est ainsi que, pour la plupart des fans de Clémence, c'est une relation d'amitié qui les rattache à elle. Cette étrange «intimité publique» est entretenue par ce jeu qui consiste à s'approcher juste ce qu'il faut de l'interdit pour aiguiser chez le spectateur le sentiment de transgression, mais pas assez pour susciter un sentiment de culpabilité ou d'outrage. C'est ainsi que le «p'tit vert gai» qui doit accompagner la routine du «P'tit poodle» fait sourire qui comprend (question de codes), que plusieurs Gérard reconnaissent ce frère Jacques dont la femme «dépense, dépense, dépense» tandis que lui «y paie, y paie, y paie. Pis c'est ça un homme[7]!».

Chacun porte donc le discours de l'artiste là où ses propres limites l'y autorisent, dans la mesure exacte de sa capacité de décoder les dessous du discours.

C'est de ce phénomène d'identification qu'est venu le succès de Clémence DesRochers. L'insuccès qui, comme il se doit, s'associe à la non-popularité, donc à un public restreint, devient la clé du succès en fournissant à chacun de ses fans l'occasion de se marginaliser, de s'identifier à un groupe «d'initiés», donc d'établir une forme de distinction sociale. Dans un certain sens, Clémence n'est pas devenue «populaire», elle aurait plutôt agrandi sa «gang de chums»... Une mise en scène de l'insuccès contribue tant et si bien à entretenir ce rapport privilégié avec le public que, malgré la chanson, «le monde aime mieux Clémence DesRochers».

Cette chanson, «Le monde aime mieux Mireille Mathieu», marque le début de la reconnaissance élargie de Clémence. Curieux paradoxe qui fait qu'une chanson de la défaite devient celle de la victoire : d'un public restreint de petites salles composé en grande partie de jeunes, d'intellectuels, de gais, elle passe donc vers 1976 — correspondance innocente entre l'accréditation de l'institution artistique et l'accession au pouvoir d'une idéologie de l'identité? — à un public plus vaste. Il s'agit en quelque sorte d'un glissement d'une «gauche avertie» vers une «gauche investie».

En critiquant dans cette chanson l'institution culturelle québécoise et la place que celle-ci lui réserve, Clémence s'affirme et désamorce ce qui jusqu'alors constituait une entrave à sa carrière. Curieusement, ce n'est pas longtemps après avoir chanté «J'ai jamais fait la Place des Arts» qu'elle monte sur la scène de ce haut lieu de l'industrie du spectacle. Ce passage devient, succès oblige, «Enfin elle fait la Place des Arts» dans la même chanson adaptée par Hélène Pedneault pour le show *Moi c'est Clémence que j'aime le mieux!* de

Renée Claude. Cette étape dans l'accession à la reconnaissance que constitue le passage à la Place des Arts permet de discerner le rapport dialectique qu'établit cet élément de l'institution culturelle avec l'inévitable fonction distinctive qu'il assure sur le plan social. Le passage à la grande Place accrédite donc un succès qu'on pressentait. Voilà tout le pouvoir de consécration de ce genre d'institution.

Les différences entre les deux versions de la même chanson portent en elles des indices intéressants de l'évolution du contexte socio-culturel. De 1976 à 1980, on passe curieusement de 2000 à 3000 disques vendus (d'ailleurs, Clémence aimait bien rire du temps où elle ne «pognait» pas en disant à son public qu'il pouvait toujours se procurer son dernier disque «en prime avec trois paires de basculottes à la pharmacie du coin!»), ce qui représente une hausse appréciable de 50 % du chiffre de vente... Alors que Clémence dit vouloir partir «en sabbatique à Paris / Chanter la Seine et ses banlieues / Où le monde aime moins Mireille Mathieu», dans la version chantée par Renée Claude, on souhaiterait voir Mireille «rester à Paris / Chanter la Seine et ses banlieues». Pourquoi cette inversion de situations? Une banale erreur d'adaptation du texte original ou un secret désir de voir la Mireille subir l'affront des tomates existentialistes? Une autre différence éloquente tient à ce qu'il en coûte, dans la deuxième version, 50 $ pour deux pour assister au spectacle de Mireille alors qu'en 1976, 20 $ suffisaient à «péter le budget». Inflation réelle de l'économie ou symbolique du texte? Cachet plus élevé ou augmentation du coût de location de la salle? Un peu de tout ça, peut-on imaginer. Quoi qu'il en soit, il n'en reste pas moins qu'une période de quatre ans a suffi pour transformer une chanson d'affirmation par l'ironie en chanson de confirmation et d'affection.

Si la mise en scène de l'insuccès a contribué, comme on l'a vu, à la reconnaissance de Clémence DesRochers, cela ne suffit toutefois pas à expliquer le phénomène. En fait, la singularité de la carrière de Clémence tient à ce qu'elle se partage en deux activités complémentaires : la chanson et le monologue (on pourrait même ajouter la chanson-monologue, pensons par exemple à «Faut que tu fesses ta vie/J'y pense» où le texte qui est récité dialogue avec l'autre qui est chanté, ou encore à «La vieille rockeuse»). Les spectacles de Clémence ont toujours fait place autant à l'une qu'à l'autre activité. D'ailleurs, chez elle, l'importance accordée aux chansons profite de l'accueil fait aux monologues pour s'imposer. Comme elle le déclare elle-même, ses monologues relèvent de sa capacité d'observation alors que ses chansons, autres que fantaisistes, tiennent davantage de l'introspection.

On peut, sans grands risques de se tromper, affirmer que le grand responsable du succès de Clémence, c'est l'humour de ses monologues ou de ses chansons fantaisistes. Les chansons plus intimistes ont, en quelque sorte, su s'imposer parce qu'elles ont profité du chemin ouvert par la production humoristique.

Autre observation, Clémence DesRochers est avant tout une femme de scène. En effet, la seule vente de disques ne saurait justifier sa popularité actuelle. Soulignons que le fait qu'une artiste attirant un vaste public à ses spectacles ne peut en déduire, comme corollaire, que son disque «marchera» est observable aussi bien chez Diane Dufresne que chez Clémence DesRochers. Cette distorsion vient du fait que le produit est différent : acheter un disque se résume à acheter un son tandis que le spectacle offre l'image vivante en sus. De plus, le caractère éphémère du spectacle renforce ce sentiment enivrant de «l'expérience unique».

Alors qu'au début des années 1980 la chanson québécoise connaît des années de «vaches maigres à l'os», la cote de Clémence, elle, ne cesse de monter. Cette résistance aux années difficiles tient sans doute à ce besoin du public de contrebalancer la misère de vivre par le rire, question de thérapie collective. L'humour, par l'absurde faut-il le souligner, représente le meilleur placement dans l'actuel marché québécois : on n'a qu'à penser à l'extraordinaire succès de Ding et Dong. Alors que le tissu culturel qu'a pu constituer la chanson québécoise à une certaine époque s'effiloche sérieusement — les raisons sont multiples : hégémonie culturelle du bloc anglo-saxon, échec politique de l'idéologie de l'identité, récession économique, etc. —, l'humour (ou la dérision?) prend une place de plus en plus prépondérante, raflant ce qui reste du gâteau une fois que la culture (club...) internationaliste a pris la grosse part.

Dans ce fatras d'intérêts divers, Clémence vise juste en n'oubliant pas ce rapport de «parenté» qui fait que son public n'est pas cet attroupement anonyme d'individus représentant un cachet, mais plutôt une vaste famille réunie où chacun se reconnaît comme faisant partie du clan. Voir Clémence en scène, c'est la rencontrer; c'est aussi se distinguer des autres car la fonction d'un ami est de nous rendre différent de ceux qui ne vivent pas cette amitié.

Notes

1. Christian Larsen, *Chansonniers du Québec*, p. 93.
2. Martine Corrivault, «Clémence DesRochers, la voix des silencieux», *Le Soleil*, 28 décembre 1968, p. 28.
3. Dans la chanson «Le monde aime mieux Mireille Mathieu».
4. *La grosse tête*, p. 11.
5. Martine Corrivault, *art. cit.*
6. *Idem.*
7. «Faut que tu fesses ta vie/J'y pense».

Bibliographie

Le monde sont drôles, nouvelles, suivies de *La ville depuis*, lettres d'amour, Montréal, Éditions Parti pris, collection «Paroles», n° 9, 1966, 131 p.

Sur un radeau d'enfant, poésie, chansons, monologues, Montréal, Leméac, collection «Mon pays mes chansons», n° 2, 1969, 199 p. (présentation de Marcel Dubé, ill.)

Le rêve passe..., théâtre, Montréal, Leméac, collection «Répertoire québécois», n° 27, 1972, 56 p.

La grosse tête, Montréal, Leméac, collection «Mon pays mes chansons», n° 5, 1973, 136 p. (présentation d'Alain Pontaut)

J'ai des p'tites nouvelles pour vous autres et des dessins, Montréal, L'Aurore, collection «L'amélanchier-album», 1974, 83 p.

Le monde aime mieux... Clémence DesRochers, Montréal, Éditions de l'homme, 1977, 225 p. (préface de Marc Favreau, illustrations de Jean Daigle)

J'haïs écrire, Montréal, Éditions Trois, 1987, 117 p.

À consulter

Pour la période 1965-1975, voir :

Cormier, Normand *et al.*, *La chanson au Québec, 1965-1975*, Montréal, ministère des Affaires culturelles, Gouvernement du Québec, 1975, 219 p. (Bibliothèque nationale du Québec. Bibliographies québécoises, n° 3.)

Boissonnault, Pierre, Josée Fiset et Chantale Gendron, «Aimer Clémence aujourd'hui», *Québec français*, n° 49, mars 1983, p. 32-33.

Cambron, Micheline, «*Le monde sont drôles*, recueil de nouvelles et de monologues de Clémence DesRochers», *Dictionnaire des œuvres littéraires du Québec*, tome IV, 1960-1969, p. 589-590.

Gaulin, André, «*Sur un radeau d'enfant*, recueil de poésies et de chansons de Clémence DesRochers», *Dictionnaire des œuvres littéraires du Québec*, tome IV, 1960-1969, p. 841-842.

M.M., «Le monde aime mieux Clémence!», *Mainmise*, n° 61, août 1976, p. 5-7.

Pedneault, Hélène, *Notre Clémence, tout l'humour du vrai monde*, Montréal, Les Éditions de l'homme, 1989, 447 p.

Discographie

Clémence DesRochers, vol. I, Select, M-298.047.

Clémence... sans pardon, Gamma, GM-104.

Clémence DesRochers, Alouette, SAD-520.

Le vol rose du flamant, Dynagroove, PC/PCS 1024.

La belle amanchure, Tremplin, TNL-2001.

Il faut longtemps d'une âpre solitude... pour assembler un poème à l'amour, Polydor, 2424 087.

Je t'écris pour te dire, Franco Disque inc., FR 790.

Comme un miroir, Franco Disque inc., FR 793.

Mon dernier show, Franco Disque inc., FR 41001 (album double).

Chansons des retrouvailles, Diskade (distributeur), Les éditions Galoche (producteur), EG-001.

Plus folle que jamais, Diskade (distributeur), Les éditions Galoche (producteur), EG-002.

Disque-hommage de Renée Claude, *Moi c'est Clémence que j'aime le mieux*, Pro-Culture, PPC 6016.

Clémence DesRochers
et l'imaginaire social de l'Estrie

André Gaulin

> *Je me tiens debout sur un radeau d'enfant.*
>
> Clémence DesRochers

Une manière de séparer chanson et chansonnette pourrait consister, entre autres, à porter davantage attention à l'imaginaire social des œuvres. Plus grand serait l'écart entre le réel et la vision du monde projetée, plus personnel et intériorisé deviendrait l'imaginaire social chanté. La chansonnette s'imposerait alors plus comme un calque de la réalité sociale alors que la chanson en prendrait ses distances. Cet élément de distinction fondé sur le texte — il y en aurait aussi musicalement et scéniquement — aurait l'avantage d'éviter les jugements de valeur. L'ordre d'excellence pourrait s'obtenir dans l'un et l'autre champ fréquenté même si, du côté de la chansonnette, il deviendrait évident que la pérennité de l'œuvre ne saurait être la même.

Ainsi, Clémence DesRochers apparaîtrait comme une chansonnière et Oscar Thiffault plutôt comme un chansonnettier. Même s'il faut reconnaître en ce dernier un pionnier de la chanson québécoise dont un succès comme «Le Rapide blanc» (500 000 copies) a été repris par Jeanne d'Arc Charlebois ou Marcel Amont, Thiffault, même original, se rapproche d'un vécu collectif presque sté-

225

réotypé : «L'enterrement de Nicodème» ou «Au pays de Bill Wabo» en sont deux beaux exemples. Sa musique est marquée à la fois par le folklore et surtout le western. Certains de ses succès sont passés parfois dans la tradition orale, et ce n'est pas un mince mérite. On les verra remonter sur la scène à l'occasion de plusieurs séances des «Soirées canadiennes». Ainsi le «Embarque dans ma voiture» ou «En passant par la Matawin» ou «Il mouillera plus pantoute»[1].

À l'encontre de la chanson de consommation, la chanson de Clémence DesRochers rejoint le monde intimiste du micro-espace. La chansonnière chante de manière privilégiée l'univers du cercle familial dans un décor précis. «La chaloupe verchères» illustre à merveille ces atmosphères ovifères, la remontée mythique de la rivière Saint-François, image enfantine de la force gargantuesque du père-rameur, écho sonore de la mère chanteuse, vie engagée contre le courant, vers là où l'herbe est plus verte, l'eau plus claire. Éclate en cette chanson la blessure du soleil, «l'été brûlant», le souvenir d'avoir frôlé le bonheur, la démultiplication des années d'enfance, «les étés fous» («L'été brûlant, les étés fous»). Ne reste plus dès lors, dans l'univers de la chansonnière, qu'une saison : l'été (le j'ai été). Chaque retour de cette saison participe à l'enfance, à l'espace scellé de la mémoire, à l'extase de la vie donnée à profusion : «On a eu un bien bel été» rechantera «les mûres mûres», l'ancienne harmonie fragile, le passage éphémère des oiseaux.

La structure d'espace et de temps de l'univers clémentien s'en trouve influencée. L'hiver glace le cœur, fatigue, sépare, assoit comme dans «Ça sent l'printemps». L'été, au contraire, reprend possession du jardin, regarde «pousser les fleurs» dans l'ancienne terre désertée. «Si tu veux attendre avec moi / Que les oiseaux reviennent / Si tu veux souffrir ces semaines / De silence et de froid» («Cet été je ferai un jardin»). L'hiver ainsi vécu comme un orphelinage prive le cœur de l'amour, totalement retrouvé en été qui fait que «La ville est redevenue plus belle / Les jours sont chauds, les soirs plus longs» («Quelques jours encor»). S'étonnera-t-on que, dans cette symbolique, l'automne soit malvenu, lui qui apeure les oiseaux dans les branches tombées que l'on brûle, lui qui ramène soudain «Un matin de gelée blanche / Du jardin dénudé» («On a eu un bien bel été»). Plus étonnante encore, cette peur du vent des chansons du micro-espace, le vent qui fait frémir la claire fontaine (presque celle de la chanson folklorique), autant la chanson dans la gorge du père (ou de la mère qui chante Frou Arlaine, «La chaloupe verchères») que la surface/miroir de la rivière perdue d'enfance : «La voici ma chanson

226

qui crie / (...) Sur le haut des plus hautes branches / Que le vent penche et fait gémir / La nature en train de frémir / La voici ma chanson qui flanche» («Tempête»). Sans appartenir au cycle du micro-espace, une chanson comme «Ton départ», une des plus belles de Clémence avec «La ville depuis», en est tout imprégnée, chanson d'amour perdu dont on ne sait s'il s'adresse à l'amant ou au père.

Cette peur du changement de temporalité, de l'espace diurne au nocturne, de la chaleur utérine du jardin, pourtant dilaté en saison, à l'ailleurs, de l'espace enclos à l'aventure fait peur à l'enfant qui va cesser de vivre l'éternité de l'innocence. «Quand tout à coup (elle) (s') aperçoi(t) / Que le temps passe, que la vie va», emportant les êtres chers et les choses, l'ancienne enfant prend le mors d'une «peur folle de la longue aventure...» («Quand tout à coup je m'aperçois»). «C'est bientôt septembre, le temps des vents fous / (...) Je passais mon temps à vivre de vous» («Fin de saison», voir aussi «Fin d'un été»). C'est à la fois ce qu'un contemporain de Clémence, Sylvain Garneau, chansonnier dans l'âme, appelait le «ressouvenir» et qui lui donnait le vertige, c'est encore aussi cet attachement nelliganien démesuré au monde de l'origine, cette hésitation à briser les liens. Le coup d'envoi, comme dans *L'amélanchier* de Jacques Ferron, est difficile à donner. La chansonnière le sent bien qui prêtera à la mère, dans une sorte de vision inversée, ces paroles : «Partez mes enfants, partez! / Malgré le vide qui me désarme / (...) Trop de souvenirs nous enchaînent! / Je n'aime pas briser mes liens» («Où sont les enfants?»). On peut d'ailleurs noter dans cette chanson mise en musique par Marc Larochelle l'importance des voix fondues en chœur qui soutiennent le refrain. Souvent, l'on peut remarquer aussi l'absence de refrain dans les chansons de la mémoire comme «La chaloupe verchères», «L'homme de ma vie», «Enquête», «Full day of mélancolie», ces deux dernières chansons comportant une sorte de refrain-leitmotiv dans le couplet lui-même.

Le micro-espace estrien de DesRochers pourrait bien ressembler au monde immobile de Gilles Vigneault[2], un monde figé dans l'instantané de l'enfance :

J'entends les cloches à Saint-Benoît
Un bateau flotte sur l'eau claire
Entourée d'arbres centenaires
Voici ma vieille maison en bois
Mes parents passaient par ici
Avec leur cheval Capitaine
Quand ils couraient la prétentaine

227

De Rock-Forest à Saint-Élie

(«C'est toujours la même chanson»)

La mémoire n'a pas quitté la photo malgré les pieds qui ont exilé dans la vie. «Les demoiselles Céleste», «La grand'maigre et la courte grasse (...) habillées de noir / De la boîte à lunch au chapeau» repassent toujours dans «leurs trop longs manteaux». À Sherbrooke comme en Nouvelle-Angleterre ou à Saint-Grégoire de Montmorency, «la vie d'factrie» n'a pas d'histoire. Seule leur en fait une, émouvante et raccordée à la sienne, Clémence DesRochers qui exprime l'inavouable (au sens de Paul Chamberland) :

Quand la sirèn' crie délivrance
C'est l'cas de l'dir', j'suis au coton
Mais c'est comm' dans ma p'tite enfance
La cloch' pour la récréation
Y'a plus qu'un' chos' que je désire
C'est d'entrer vite à la maison
Maint'nant j'ai plus rien à vous dire
J'suis pas un sujet à chanson...

(«La vie d'factrie»)

Voilà la complicité de Clémence avec son public. Elle lui demande : «Veux-tu encore de ce jardin plutôt étroit / De ce domaine où je t'amène / C'est toujours le même poème / Que tu reçois» («C'est toujours la même chanson»). La question *pro forma* reste sans réponse puisqu'il y a connivence entre une femme qui se chante et un public restreint. Ce public fidèle connaît comme son monde à lui «papa Miller» («Full day of mélancolie»), maman Miller, qui était si belle («Vous étiez si belle»), les «Deux vieilles» qui rient «L'été quand il fait beau soleil» et qui — n'est-ce pas l'été — font avoir moins peur de la mort. Le père DesRochers reste un peu leur père. Le «lien effrayant[3]» qui le lie à sa fille, son plus beau poème, lie ce public devenu «bons amis» à «L'homme de (sa) vie[4]». Tous retrouveront le monde en-allé des «Chansons anciennes et lentes». Ce partage des mêmes chansons, celles de Clémence, celles de la tradition orale, les poèmes du père à la Rose en-allée («Avec les mots d'Alfred, une chanson pour Rose / Ma mère mon amie et parfois mon enfant») les souderont tous dans le même micro-espace et la même macro-mémoire.

Macro-mémoire si, et c'est peut-être là une lumière jetée sur ce qui rattache une chansonnière et un public, dans la mesure où la maison de l'Estrie reste une typologie de la maison «vieille», «Entourée d'arbres centenaires», maison d'une langue qui nous soit natale pour reprendre Gaston Miron, près de laquelle tournent les «chevaux de labour» («Full day of mélancolie») qui rappellent aussi «Celui-là de jadis dans les labours de fond / Qui avait l'oreille dressée à se saisir réel[5]». Réalité difficile et longue à saisir dans une transition qui n'abouche pas de l'enfance à la maturité ou du monde de la dépendance à l'univers souverain.

En tout cas, un titre comme «Enquête», une chanson bien connue des fans, signale une remontée vers l'univers des signes et des repères. On ne sait plus trop bien si l'inquisition concerne la vie estrienne de la chansonnière — «le *vieux* chien Bijou», le jeu de la cachette dans le foin, la «*vieille* poupée écossaise» ou la vie laurentienne tout simplement. Cette allée-retour de l'auteure se termine sur une métamorphose de celle-ci en personnage quasi séculaire; elle devient (revient) seule/ensemble :

Comment allez-vous depuis mon départ
J'ai changé vos noms en images
Vous êtes partis j'y reviens encor
Ne me demandez plus mon âge

(«Enquête»)

L'a-t-on noté d'ailleurs, la version musicale de Cloutier pour cette chanson est introduite par le timbre de la comptine «J'ai un beau château», marquant ainsi la précarité d'un univers menacé d'abolition[6]. Est-ce pour cette raison que Clémence DesRochers, dans son disque *Chansons des retrouvailles*, affirmera «C'est toujours la même chanson que je chante...», qu'elle entendra «toujours les mêmes voix», hantée par «la même maison». Ces retrouvailles de l'après-référendum de 1980 sont autant celles du micro-espace que du macro-espace. Là encore, l'indication musicale de Marc Larochelle est significative : le couplet de la chanson «Je t'en ai parlé tant de fois» reprend le phrasé sonore de «Sur les quais du vieux Paris» et la présence de l'accordéon-musette qui suit ne fait que renforcer le rattachement de la chansonnière à la tradition culturelle française, non pas en ce sens où nous sommes un champ vague de la francophonie mais en ce sens où nous sommes de langue française tenant feu et lieu en Amérique.

Dans cette tradition, de la meilleure, Clémence DesRochers n'est pas sans rappeler, au niveau mémorial, un Charles Trenet. Sa «Chaloupe verchères» est son «Oiseau des vacances», son «Enquête» équivaudrait à «Rachel dans ta maison». Et la blessure de ne pas voir durer l'univers de Montauban ou de Montpellier qui se retrouve également à la fin de «Papa pique et maman coud» atteint aussi le cri, rare chez l'un et chez l'autre, dans «La chatte surprise», une des rares chansons de Clémence où la musique, sémantiquement, termine le texte («J'ai mal à ma vie / Je ne pleure pas : je crie». Suit la conclusion musicale comme dans le «Fernand» de Jacques Brel).

Ce cri reste plus feutré dans la puissante chanson du «Géant», renouvelée avec l'interprétation de Renée Claude[7]. Cette chanson, dans la version première, est introduite par un court monologue «Ousqui sont toutes?», en langue française d'avant la télévision, l'accompagnement sonore étant de Jacques Perron :

> Ousqu'est allée Madame Côté,
> Qui racc'modait toute la journée (...)
> Ousqu'a lé la bonn' femme Ferland
> Du Pit de sable ousqu'y a des c'rises
> Qui faisait l'ménage des églises
> Ousqu'a lé Madame Coderre,
> Que son mari était sévère
> Y posait des clôtures partout (...)
> Ousqu'y sont toutes allées sans moé...
> Sans moé...
> Sans moé...

C'est la brisure complète du monde ovifère familial, «le vendredi de ce temps-là», avec la mort de la mère, en 1964, évoquée dans les titres significatifs de «Face au jardin froid», «Avant», «Maman». C'est le temps qui reprend ses droits, obture le paradis ancien, avance comme une marée impérieuse et implacable. À ce titre, il faut souligner la modernité troublante du refrain («Le géant») qui, dans sa prose allongée, marque bien l'envahissement du «Jardin d'antan[8]». Implacablement montent le temps et les versets de ce refrain comme la marée :

> Et pendant ce temps
> Y'avait un géant
> Qui marchait lentement vers nous
> On ne s'en doutait pas du tout
> On n'entendait pas son pas
> Sournois
> Comme le vent noircit le bois
> Sans qu'on le voie
> Et pendant ce temps
> Y'avait un géant

Telle est la mort qui nous gruge et qui fait si lyriquement chanter Clémence DesRochers, dans la ferveur, entre le chaud et le froid, elle et nous tous «nous frôlant à l'envers du silence (...) farouche(s) et tendre(s)» comme le dit si bellement le Jacques Brault de «Louange VI». De cette brûlure la plus rapprochée du soleil (René Char), en ses mots et manières, avec souvent la mélancolie que viennent tromper les monologues, Clémence chante. Comme Tinamer de Portanqueu, l'enfant devenue femme a pris son envol. Elle envisage de vivre et même «L'été quand il fait beau soleil» s'imagine en vieille dans le circuit de la marée humaine. On peut supposer même que, parmi nous, elle nous lancerait cette question de l'estran de notre vie commune :

> Dites donc, vous autres, est-ce qu'ils sont passés chez vous ou plutôt, dites-moi, est-ce que vous pourriez me dire si vous figurez dans les statistiques sur le bonheur?

Notes

1. Rarement, chez Clémence DesRochers, une chanson ressemblera à du folklore, à part l'intention de l'auteure de la calquer comme dans «La gigue des perles rares» ou «La traditionnelle chanson» ou d'imiter le western comme avec «Je t'écris pour te dire». Une seule chanson, «La complainte du marin», mise en musique par Claude Léveillée, pourrait se rapprocher d'une certaine thématique des folklores de la mer.
2. Birgit et Gilles Vigneault, *Natashquan/Le voyage immobile*, Québec, Les nouvelles éditions de l'arc, 1977.
3. *Mainmise*, août 1976.
4. «Si nous devenons bons amis / Je t'amènerai un dimanche / Dans ma maison en bois de planches / Rencontrer l'homme de ma vie» («L'homme de ma vie»).
5. «Dans les lointains» de Gaston Miron, dans *L'homme rapaillé*, Montréal, Les Presses de l'Université de Montréal, 1970.
6. Ce fond sonore de la comptine a d'ailleurs servi à la publicité du NON pendant le référendum de 1980.
7. «Moi c'est Clémence que j'aime le mieux», Pro-Culture, PPC-76, 1981.
8. Titre d'un poème de Nelligan dont la portée est collective autant qu'individuelle.

*Les chansons directement liées à l'espace imaginaire de l'Estrie sont les suivantes : «C'est toujours la même chanson» avec Marc Larochelle, «La chaloupe verchères» avec Gaston Brisson, «On a eu un bien bel été» avec M.L., «Enquête» avec J.-M. Cloutier, «Ton départ» avec M.L., «Les demoiselles Céleste» et «La vie de factrie» avec Jacques Fortier, «Ousqui sont toutes» avec Jacques Perron, «Full day of mélancolie» avec M.L., «Vous étiez si belle» avec M.L., «L'homme de ma vie» avec P.-F. Breault, «Avec les mots d'Alfred» avec M.L., «Le géant» avec J.P., «Ça sent l'printemps» avec André Gagnon.

D'autres titres de chansons ou poèmes sont encore en rapport avec l'Estrie, tirés des livres *Sur un radeau d'enfant* (Montréal, Leméac, 1969) ou *Le monde aime mieux... Clémence DesRochers* (Montréal, Éditions de l'homme, 1977). Ainsi, dans l'ordre de la pagination pour le premier livre : «Face au jardin froid», «Avenir», «Ah! que j'aurais le goût!», «Maman», «Un jazz de Nouvelle-Orléans», «Apprendre à vivre», «Quand tout à coup je m'aperçois», «Tempête», «Dans la cour de chez mon grand-père», «Ces mots», «Fin d'un été», «Fin de saison», «Avant», «Hommage à Gigi la lanterne», «La robe de soie», «Le gigueur de ville», «Le vent d'automne recommence». Pour le deuxième titre : «Quelques jours encor», «L'amante et l'épouse», «Je ferai un jardin», «Galerie d'Anjou».

TABLE DES MATIÈRES

Achevé d'imprimer
en août 1993 sur les presses
des Ateliers Graphiques Marc Veilleux Inc.
Cap-Saint-Ignace (Québec).